NO FEAR OF THE FUTURE

不畏 将来

吴重生 著

作家出版社

前　言

这是一位中年父亲自我完善的教育探索，也是一位北大学生家长家庭教育实践的真实记录。翻开书，你可看到一位奔波于南北之间的"陪读家长"的心路历程，一位中年家长对孩子的深情告白，一位十分接地气的作家真挚而干净的文字。这些文字带着花香、冒着热气，给人指引。

"现在的教育，越来越'内卷'了！"聊起教育的话题，许多人会发出这样的感慨。"内卷"的根源是什么？如何才能做到不"内卷"？就业形势严峻、市场竞争激烈只是表象，根源在于人们做不到"不忧过往，不畏将来"。家长的焦虑情绪会直接传染给孩子，让背负沉重学业负担的孩子倍感辛苦。"学习的本质是快乐的"，似乎成了一个遥不可及的梦。本书作者却以亲身经历告诉你，这个梦是可以实现的。

书中有实操案例、经验教训，堪称一本给新手家长的指南书，一味给困惑家长的"醒脑丸"。书中可觅温暖的时间表、爱的路线图、共同成长的任务书。

这是一部有态度的书，作者说的是掏心窝子的真话；这是一部有力量的书，家长如何发挥引导力、关怀力、包容力和托举力？翻开书，你会找到一串金色的钥匙。

目 录

第一辑　仗剑万里望家国

女儿的梦　/003

以父母名义捐建学校的堂妹　/007

教育家，"家"教育　/011

为学弟学妹高考加油　/017

与一棵桑树的风雨守望　/021

一把铅笔刀的"溢出价值"　/025

女儿的手撕台历　/029

游百馆：私人定制的高效研学　/032

找到身边的榜样　/037

一本走读运河的"少年中国说"　/040

仗剑万里望家国　/043

相信自己的选择　/047

时时仰望凌云木　/050

彰善之家有余庆　/053

陪伴是最长情的告白　/056

汗水浇灌青春之花 /059
考试是一种待遇 /061
给张桂梅校长的一封信 /064
北大中文系，为你许下一个心愿 /067
我与文字有个约定 /071
黄蝴蝶大战白头翁 /074

第二辑　往日崎岖应记取

最好的继承是什么 /079
找对的人来把把脉 /082
和孩子同做"行动派" /085
让孩子享受书房之趣 /088
记录日常点滴之爱 /091
和孩子一起学会经营 /094
父母的示弱，是孩子无法抗拒的温柔 /097
从"主动揽活"到"袖手旁观" /100
人生上半场和下半场 /104
和孩子一起直面人生 /107
陪孩子用心过好中国节 /111
引导孩子观察生活中的美 /114
陪孩子去看一场落日 /116
舌尖上的乡愁 /119
让孩子把心做"大" /122
要有正确的"护航观" /125
"巴澜"南瓜初长藤 /128
往日崎岖应记取 /131

要适时发表感言　/ 134
倾听不只是一种修养　/ 136
经常运动者智　/ 140
友情在远处　/ 144
闲时多问候亲友　/ 147
聚会要有道　/ 150
珍惜人生的际遇　/ 153
造物主"独一份"的创造　/ 156
有趣才有真生活　/ 159
人无根不立　/ 162
有小满而无大满　/ 164
爱别人家的老人　/ 167

第三辑　人生有梦不觉寒

长风万里待后生　/ 173
不畏浮云遮望眼　/ 177
人生有梦不觉寒　/ 180
不臣服于局限性　/ 184
随缘就好　/ 187
我们要铭记什么　/ 190
人无癖不可交　/ 193
谨记天有不测风云　/ 197
合力同心万事成　/ 201
好风凭借力　/ 204
向身边的榜样学习　/ 207
爱出者爱返　/ 210

第四辑　少年之心贵沉淀

求证的态度和智慧 / 215

做好准备迎接机遇 / 218

高考志愿首选大城市 / 221

做人要有深谋远虑 / 224

倒逼自己努力一回 / 227

不要困于"用"的视角 / 231

要有"大我"意识 / 234

消除人生的盲区 / 236

努力量化你的学习 / 239

熟读深思《古文观止》 / 242

赶路也要抬头看路 / 245

有"见"方有"识" / 248

要有沉淀之心 / 251

第五辑　努力请从早起始

努力请从早起始 / 259

第一天和最后一天 / 262

识得苦难真财富 / 265

品尝生活的真味 / 268

归期未定说挂念 / 271

为生活而艺术 / 274

惜食者有福报 / 277

童心一念即为善 / 280

成功请从日课始 /282
幸福是人间烟火 /285

第六辑　迟钝一些又何妨

让好习惯成自然 /289
打造好人生底色 /292
做学生的邓丽君 /295
家长要反省纠错 /299
守时是基本素养 /302
迟钝一些又何妨 /305
真诚者不患无友 /308
天生我材必有用 /310
大智若愚实非愚 /313
请不要误会自由 /315
爱人者人恒爱之 /318
奋力划桨必"上岸" /320
要重视技能教育 /322
互信难得胜千金 /325
万卷诗书堪用世 /328
谨防"迷路之困" /331
相信未来就是相信历史 /334

后　记 /337

第一辑

仗剑万里望家国

女儿的梦

北京时间 11 月 6 日凌晨 4 点 56 分，收到女儿从纽约发来的微信："刚刚做了一个梦，午休的时候，梦到老爸来到哥大攻读中国语言文学硕士，说是单位派你来的，然后咱俩还一起在哥大学习。"

收到这条微信时，我还在睡梦中。早上 7 点多看到这条信息时，千言万语涌上心头，一时竟不知该如何回复。

俗话说："日有所思，夜有所梦。"我曾有过去高校当老师的梦想，但绝对没想过要漂洋过海到美国去读研究生，何况是女儿的母校哥伦比亚大学！女儿的梦拓展了我的思维边界。既然我不能去美国读研（事实上没有任何人说我不能去），我能否考虑去美国，甚至去哥伦比亚大学举办一次个人画展？今年春天，我陪杭州汤兄伉俪考察浦江通济湖，夜间在湖边漫步时曾做此动议，汤兄非常赞同我的想法，并表示届时一定鼎力支持。转眼两个季度过去，因为工作繁忙，筹备哥大画展的事早被我抛到了九霄云外。

记得 2023 年春节，我们一家三口去金华武义女儿外公家拜年，女儿特意给外公带了一本哥大中文版的教科书，并在该书的扉页上用签字笔给外公写了一段长长的话，大意是外公快九十岁了，还那么热爱学习，一想到她能和外公在不同的地方读同一本书，就感到无比幸福。

由此我想到，"我与孩子共成长"是所有家长的心愿。那么，孩子的心愿呢？就是"我与爸妈共学习"。因为"同学关系"是亲子关系的最高境界。"同学"，是共同成长、共同进步的代名词，是相互信赖、值得托付的潜台词。作为父母，不但要树立终身学习的理念，还要知学、爱学、乐学，跟孩子一起学。

记得2006年7月24日，新华社播发过一则《浙江五旬父亲到高二当插班生，和儿子一起考上大学》的消息，说的是时年五十三岁的浙江金华市民施晨光成了取消高考年龄限制后浙江省考入重点大学年龄最大的考生。

两年前，施晨光将自己的企业转让给别人经营，到儿子就读的金华市曹宅高级中学高二当插班生。父亲与自己同班、同桌、同寝室，儿子最初很不高兴，经过日复一日的交流，儿子最终理解了父亲。两年里，施晨光最大的收获是帮助厌学的儿子重新找回了读书的信心。在相互帮助下，不仅儿子的学习成绩进步很大，父子的感情也更融洽了。结果他和儿子一起参加高考，双双考上大学。

施晨光是我的老朋友，其父施明德老先生是一位享年一百零八岁的大画家，我和爱人曾多次登门拜访过施老先生。我爱人专门写过一篇反映施老先生如何养生的文章，发表在《当代家庭》杂志上。因为这种渊源，我对施晨光父子同上大学的事记得特别清楚，但在我的潜意识里，这终归是"别人家的事"，从未想过父女同上学的事会发生在自己身上。然而，女儿在遥远的美国做的梦点燃了我未竟的求学梦。我为什么不可以赴海外求学？年龄不是问题。女儿在送给外公那本书扉页的赠言里，记述了她一位美国同学的故事。那位同学已经七十多岁，每天坚持按时到校上课，风雨无阻。这位同学课余时间喜欢看报纸，这使她想起同样喜欢阅读报纸的鲐背之年的外公，有一种无比亲切的感觉。

因为时代不同，人生际遇不同，一些父母早早地把读书的事完全"交"给了孩子，自己总是以工作太忙、年岁渐长等理由，与"读书"渐行渐远。殊不知,学习乃是一辈子的事,学习和生活、学习和工作本来就是水乳交融的关系。学而时习之,是最好的人生状态。有的父母习惯于给孩子唠叨自己当年上学的时候如何用功,却忘了你的唠叨无法"复盘"你当年的学习情景,不可能给孩子真切的感受。只有当你自己拿起书本,跟孩子一起学习的时候,才会给孩子强烈的心理暗示和情感召唤:"爸爸妈妈正在跟我一起学。"父母在学习上给孩子做榜样,比什么空洞的说教都强。

当今社会是信息社会,每天早上醒来,一打开手机,各种信息纷至沓来,让人目不暇接。家长要重视与孩子的沟通和交流,尤其是文字交流。文字交流不同于语言交流。使用文字表达,能更好地沉淀一个人的思想,反映一个人更成熟、更真实的情感。就像本文开头所记述的那样,假如女儿做了梦没有以微信文字的形式发给我,我不会生发那么多的感慨。

真实和梦幻交织,温暖和寒冷相融,各种各样的梦境,构成了我们喜怒哀乐的人生。2016年9月23日,《光明日报》在"光明文化周末·文荟"版,发表了女儿写的短篇小说《不曾发生的事》。她在这篇描写梦境的小说中写道:"对不起,我没有办法编织一个六年的梦给你。我不是上帝,也不是什么造物主,我不能更改你进入梦境的周期。我所能做的只有我一直在做的。""我的软肋在于虚无,我的铠甲亦是虚无。正因为不曾发生的事不曾发生,所以有无限种可能。"——当时,女儿正在读高三年级的第一个学期,我惊讶于她的想象力。

为什么会有"梦想成真"的美好祝愿?因为梦和现实之间有着隐秘的连接通道。很多梦做过了也就忘记了,但如果能在梦醒时分及时把梦境记录下来,谁又能说,这梦境是虚幻的呢?

女儿的梦就是我的梦。只要心之所向,未来"做女儿同学"的梦想一定能实现。

延伸阅读

　　从小到大，很多家长喜欢把自己未竟的梦想寄托在孩子身上，无形当中给了孩子很多压力。我们为什么不学着跟孩子一起做梦呢？譬如说尝试着跟孩子读同一本书，讨论同一个话题。当书读了一半或话题刚刚开了一个头，想着夜已深，第二天再继续的时候，你会和孩子进入同一个梦乡。在那里，你会享受到亲情和幸福的真味。

　　女儿的这个梦，是不是她潜意识希望我们家长能与她共同进步，追上她成长的步伐？

以父母名义捐建学校的堂妹

2022年6月3日中午，收到堂妹天天从香港发来的微信。她告诉我："我给爸爸妈妈准备了一份礼物，以他们的名义捐了学校。""捐了哪所学校？"天天给我发了一个文档，打开一看，原来是贵州省黎平县人民政府起草的"碑记"。"碑记"大致内容为：尹所安欣小学，经爱德基金会联系，黎平县人民政府配套资金，由天天代父母捐资人民币百余万元，以感谢父母养育之恩，传承母亲教书育人之理想。落款为"黎平县人民政府"。这一年，天天才三十出头。

原来是黎平县人民政府的工作人员给堂妹发来碑记草稿，请她审改。天天说，她之所以会作出捐建学校的决定，是因为从小受到家风的熏陶。堂妹觉得"传承母亲教书育人之理想"表达得不够完整，想请我从家族理念传承的角度，帮忙给改一改。末了，堂妹又专门发来微信："我还没有和爸妈说，想给他们个惊喜，还请保密。"

天天解释说："尹所是那个地方的名字，安欣是我和朋友一起取的，也是表达对孩子们安康安心平安之祝愿。"

堂妹有此善举，我感到很高兴，但并不意外。"耕读传家久，诗书继世长"是我们吴家一以贯之的家训。家父年轻时曾创建民办朱仁小学，校址就选在前吴村仁忠坞自然村。

008
不畏将来

我祖父兄弟三人，最小的弟弟即堂妹的祖父新中国成立后供职于金华地委。我的小叔叔即天天父亲是浙江大学数学系运筹学和控制论专业博士，曾任某知名基金管理有限公司董事长；小婶婶系浙江师范大学数学系教授，桃李满天下。他们的独生女儿天天本科和研究生先后毕业于北京大学信息科学技术学院和北京大学光华管理学院。

最早知道堂妹的名字，是在叔祖父写给家父的信里。家父兄弟五人，他排行老大。当时我的祖母还健在。叔祖父写信，开头首先写称呼"嫂子"，然后是家父和我四位叔叔的名字，一个不落写完，才开始叙述家事。这当中，最令他开心的是得了孙女，叔祖父在信中称她小名"天天"。叔祖父经常在信里嘱咐我：要秉承"至廉至善"的家风，努力学习，用知识去改变命运，造福桑梓。

后来我从浦江调到金华工作，跟天天见面的机会就多了。我在金华工作期间，恰逢天天在金华读小学、初中和高中一年级。她在金华师范附属小学读书时，时任副校长唐彩斌曾握着我的手说："天天将来一定能上北大清华！"那时我在金华日报社工作，天天曾多次来我办公室，像个小大人一样，与我交流对一些社会问题的看法。后来，她考上了金华一中。有一天，我去见金华一中高校长，高校长请我在学校食堂午餐。突然，肩膀上被人拍了一下，扭头一看，原来是天天！"哥哥，你怎么在这里吃饭呀？"得知天天是我堂妹，高校长打开了话匣子。天天改写了金华一中学生会的历史：金华一中学生会主席一般都由高年级的同学担任，但是学生会换届选举时，还是高一新生的天天竟得了最高票。

因为父母调到上海工作，天天高二转学去了上海，她的学习成绩在强手如林的大上海依旧出类拔萃。很快，读小学时唐彩斌校长的预言成为现实，她考上了北京大学，成为我们曾祖父家族中第一个北大学生。

家风传承需要有榜样的引领，天天考上北大后，曾给当时还在读小学的我女儿写信。记得天天曾在一封信中写道："……要逐渐清晰自己的目标和理想哦！知道自己喜欢什么是很重要的，只有喜欢才有投入。没有目标的人，一直不知道自己真正想要的是什么，每天都在努力，但总不觉得开心，收获也不大，我真为这样的人可惜。而一直向着一个方向努力的人，即使付出很多都不会觉得辛苦，因为他们在通往理想的道路上走得很开心。"从那时起，小女就萌发了以天天小姑为榜样，勇攀知识高峰的强烈愿望。

天天在北大信息技术学院读本科时辅修了经济学，取得了双学位，被保送到北大光华管理学院读研。她被挑选加入北京大学人工智能实验室，参与研发的新一代指静脉刷卡系统获第五届"挑战杯"首都大学生课外学术科技作品竞赛特等奖；她还是惠普中国优秀大学生奖学金、IBM中国优秀大学生奖学金及计算机世界奖学金获得者，多次在数学建模比赛和计算机应用竞赛中取得骄人成绩。

2008年对我们吴家来说，是一个值得纪念的年份。这一年，天天被评为"北京大学十佳团支书""北京大学优秀团干部"和"北京大学三好学生"；小女荣获"第五届杭州市十佳阳光少年"光荣称号；我的堂弟兰生获评"第九届杭州市十大青年英才"。

2009年暑假，我和同为吴姓的好朋友一家，带着孩子，开展了"小脚丫寻根"活动，用了两个月的时间，走进两家祖居地浙江金华浦江县前吴村、永康市后吴村，进而走出金华，拜谒了吴姓始祖泰伯陵、中华人文始祖炎帝陵和大禹陵。在寻根活动中，我们特邀天天和她父母一起回祖居地浦江前吴，与小女一起跋山涉水，寻访仁忠坞祖屋遗址，瞻仰"元帅公"吴志德的墓园和功德碑。我们一起登上来龙山上八柱四角飞檐的"望云阁"。"望云"之典源出唐朝宰相狄仁杰登太行山望白云而思亲的故事，表达了吴氏后裔慎终追远、不忘先祖德泽之意。阁上有吴氏后裔题写的多副楹联。面北一联为本人所作，联曰："功高社稷，气壮山河，昭昭似日瞻通济；泽佑家国，情怀桑梓，明明如月鉴吴溪。"

  时光流转。天天以北京市优秀毕业生的身份毕业后在香港一国际知名金融机构任职，繁忙的工作之余仍时时心系传承父母教书育人之理想。榜样的力量是无穷的。2017年，小女考上了北京大学中文系，成为我们家族里的第二位北大学生。

  此文完稿之时，我与天天通电话。她告诉我，未来她会捐建更多的学校，以弘扬祖德，回报社会，为国效力。

延伸阅读

  天天品学兼优的背后，是优良家风的熏陶使然。她今日能做出捐建学校的善举，得益于其父母从小对她的教导。她首捐学校时能想到以父母的名义，是孝心的体现。这种孝，是大孝；这种爱，是大爱。由此可见，一个人能走多远，可以追溯到其童年的成长环境以及童年时所受的教育。人格的塑造比分数更重要。而好的人格塑造，必然会助益他的学习。为什么评"三好学生"都要把"德"放在首位？这值得所有的家长深思。家庭教育功利不得，急躁不得，需要把"培根铸魂"放在首位。

教育家，"家"教育

关于教育家的思考，缘起于女儿读小学六年级时父女之间的一次交谈。那是小学毕业前一天的下午，女儿背着书包走出校门，拉着我的手说："爸爸，今天我们老师布置了一份家庭作业，写一篇作文，题目是《我的理想》。我想跟您商量一下，确定我的人生理想。"女儿蹦蹦跳跳地回到家里，做完作业，吃过晚饭，父女二人便手拉手去小区里散步。盛夏的小区里绿树成荫，我们边走边聊，来到了古荡河畔。小区两面环水，形似一座半岛；小区内的单元划分得极富诗意：美林泉、白沙岛、彩云天……父女俩在这样的环境里讨论人生理想，可谓人得其境、物得其所。古荡河畔有两架秋千，平时喜欢荡秋千的女儿此刻却安安静静地坐在我身旁，看着面前流淌的河水出神。她在思考一个重大的人生命题。

"我看当老师挺好的。这么多孩子，都乖乖地听老师的话，当老师多有成就感呀！""当科学家也不错，有的发明创造，能够造福人类、改变世界。""你喜欢写作，也可以选择当作家。""我想当教育家。""教育家是非常伟大的一份职业，它不仅仅是一份职业，更是一种愿景、一个目标。既授业于人，又受益于己。一个人努力成为教育家的过程中，就是在不断地完善自我。"可惜因为几次搬家，女儿的这篇作文未能保留。多年以后，我想，即使让孩子重写一遍，因为时过境迁，必然无法重现斯时斯景。可见，教育，每时每刻都是独一无二的，不要指望来日，更不要指望来年。其实，从孩子出生的那一天起，你陪伴孩子的每一天，都是无法复制的。用心过好每一天，不要等到孩子临近高考，才猛然想起，今后与孩子在一起的时光会越来越少。学习习惯和学习品质的养成，绝非一日之功。实施教育的过程，即是对孩子人格塑造的过程。人之有格，如树之有根。良好的人格塑造一旦完成，孩子们在未来的人生道路中，就能够"风霜雪雨搏激流"，直面各种苦难。

教育从来就不是学校一方的事，而是学校、家庭和社会共同完成的"协奏曲"。家庭教育的重要作用，已越来越多地被人们所认识。"孟母三迁"的典故，既说明了环境造就人，更说明了父母的教育和引导在孩子成长过程中的重要性。"抚"比"养"重要，"育"比"哺"重要。从广义的"教育家"概念来说，每一个为人父母者，都应该懂得教育，都应该有一种成为"教育家"的人生愿景。

我们每一个人在生活之中，既受教于人，也授教于人。小时候，常常会接受来自大人的询问："长大了想做什么？"孩子脑海里浮现的高大上的职业，往往是被大人所定义和固化了的。在我看来，所有的"家"都不如"教育家"来得伟大，因为所有的"家"都是教育家培养出来的。

教育未至，规划先行。一个初学画画的人评论一幅兰竹作品时说，竹叶画得太密了，却不知，那是画家故意营造的，密的效果是为了反衬构图空灵的部分，形成疏密之间的对比关系。因此，评价一幅作品要看全局，而不能观其局部。观局部，容易犯以偏概全的毛病。窃以为，"父母是孩子的第一任老师"，而且是"终身的老师"。当然，孩子长大了，在某些方面，尤其是在知识技能方面，完全可以成为父母的老师。既然父母是孩子终身的老师，就应该对孩子有一个通盘考虑的人生规划。老祖宗告诉我们："凡事预则立，不预则废。"教育是一项系统工程，不可能一蹴而就。"十年树木，百年树人"，要遵循教育规律，一步一步来，将每一个环节、每一个阶段的目标和任务加以细化。

在各类教育之中，生命教育要放在首要位置。生命是一个过程，而不是一个结果。

我们不妨与孩子促膝谈心：我们来自哪里？去往何方？我们有限的生命应该如何度过？生命的终极意义在哪里？这些问题，是生而为人的根本问题。只有从哲学层面上解决这些问题，才能真正把握好自己的人生方向。生命的可贵在于，它没有回程票。既然我们有缘来到这个世界，就应该把握住生命中的每一天，让每一天都过得充实而有意义。

每到节假日，带孩子到北京大学、清华大学接受励志教育的父母很多。他们来自全国各地，来自四面八方。可以毫不夸张地说，中国的家长都有"北清情结"。北京大学和清华大学是国人所向往的学术圣地。师生之间，同学之间，相互切磋、学习，能够有效地提升自己的综合素养。一代人有一代人的际遇，一代人有一代人的使命。让每一个孩子在属于自己的时代奋斗到自己的高度，是天下父母的共同心愿。

假期在家整理堆积如山的书和笔记本等，偶然发现一本孩子数年前写完的作文本，几十篇文章，都是信手拈来的随笔。每篇短文后面都有老师的评语。学生写作"有话则长，无话则短"，老师点评言简意赅、画龙点睛。类似这样的作文本，搬家时、整理书房时，不断被发现，令人心生感慨：提高写作水平，只是副产品，而培养孩子热爱生活的情趣、积极向上的人生态度，才是教育的真谛。

教育是一种双向的活动，施教者与受教者共成长，是教育的本质属性。

014
不畏将来

现在很多中学都推出了为孩子举办十八岁成人礼的活动,并邀请家长观摩。一些学校更是把这一活动从高中延伸到初中,旨在通过仪式,让孩子感受到成长的责任和力量。成人,意味着你已经成为中华人民共和国宪法意义上的公民了,意味着要承担社会和家庭的责任,意味着独立。每个人都是一个独立的生命个体,身体独立,人格独立,思想独立。而支撑独立的前提是:你拥有足够的知识储备以及观察世界、认识世界并解决问题的能力。家长应有意识地让孩子参与社会活动,培养他们的公民意识,锤炼他们的胆识,提升他们的能力。

记得女儿读初中时,班主任劳老师来家访,说了一句让我印象深刻的话:"一个人只有内心很强大,才不会被打倒。"我相信,从那一刻开始,劳老师已将孩子强大的内心唤醒了。一路走来,女儿用行动诠释了"宝剑锋从磨砺出,梅花香自苦寒来"的含义。

诗人汪静之说:时间是一把剪刀,生命是一匹锦绮;时间是一根铁鞭,生命是一树繁花。他的诗非常形象地描绘了时间和生命的关系。世间最无情的是时间,最美好的是生命。能够与孩子共成长的父母,无疑是幸福和快乐的。

而与父母共成长的孩子,也将会带来非同一般的惊喜。浙江宁波镇海中学王梁老师讲的一位妈妈的故事就生动地诠释了这一点。这位妈妈气质高雅,笑意盈盈,她被邀请给全体家长分享自己的育孩经验。她专门做了一个PPT,其标题是"走出×××之家",这"×××"就是从他们一家三口姓名中各取一字所构成,表明全体家人是一个team,你中有我,我中有你。他们家的"共成长"是这样的:让孩子参与家庭各项重大决策;三个人一起学吉他,在校联欢会上一起表演;夫妻两人双双报读MBA课程,周末儿子跟着大人一起去大学听讲;至于儿子和父亲坐在书房里背靠背学习的场景,就更是习以为常了……他们的孩子成了班里的"学霸""男神",学习、体育、活动各方面样样出色。

"想让孩子变得美好，最有价值的方式应该是首先让自己变得更美好，用自己的美好去影响、感染、激发孩子的向善向美向上之心。"王梁老师的这番话给孩子的优秀做了最好的注脚。

成为教育家，其本质是努力使自己成为一个真善美的人。因为唯有浑身洋溢着真善美，你才能予人以光明、给人以力量。为什么说"爱是最好的教育"？因为爱，你能够自觉做到以己之心度人之心，做到"择其善者而从之，其不善者而改之"；因为爱，你才会对天地万物充满感恩，才会使自己像一团火焰一样，无时无刻不在燃烧，并最终"照亮自己，温暖别人"。教育家应该要有一颗博爱之心。天地万物皆可亲，草木飞鸟皆有情，山川湖泊都可爱。我们应该有一种"抓铁有痕"的精神，使自己有限的生命，在无限的时空里焕发出光彩，哪怕只是"天地之一瞬"。

成为教育家，仅仅做到品质纯正、道德高尚还不够，还应该做到手不释卷、博闻强记。向书本学，向社会学，向优于自己的同时代人学，不断提升自己的综合素养。当今时代，信息瞬息万变。面对图书馆里浩如烟海的图书，你是否也曾望洋兴叹？是否有一种时不我待、发愤图强的冲动？

延伸阅读

建议所有的家长朋友在带孩子外出旅游时，能多去一些书店和博物馆。到书店，面对琳琅满目的图书，会让人感受到自己知识的浅薄；到博物馆，聆听历史潮流的澎湃之声，眼观人类文明的灿烂记忆，会让人感受到文化的力量，进而激发自己勇立时代潮头、建功立业的豪迈之情。

艺术源于生活而高于生活。教育是一门艺术，需要讲究方法。与通过出版专著、举办讲座和巡回演讲等方法，来施加影响的"职业教育家"不同，怀抱教育家愿景的家长可以通过自己的身体力行，来影响孩子，塑造孩子的品性。

窃以为，家庭教育的重要性，要排在学校教育和社会教育之前。包括人大附中在内的一些知名学校，在录取新生之前，校长要约谈新生家长，就是希望学校教育能与家庭教育无缝对接。任何人都无法代替父母的职能。那种把孩子送到学校或校外培训机构就认为"万事大吉"的家长，无异于舍本逐末。

为学弟学妹高考加油

2019年5月10日上午，女儿应邀回母校人大附中作"国旗下的讲话"，为即将参加高考的学弟学妹们加油鼓劲。以下是根据人大附中提供的视频整理出来的文字稿。

亲爱的学弟学妹们：

大家好！我是毕业于2017届人大附中人文实验班的×××，现在是北京大学中文系的一名大二学生。站在这里我非常激动，我眼前出现的第一个画面是2015年的时候，我站在这里给当时的高三学长学姐加油的场景；第二个画面呢，就是2017年的5月，我站在你们的位置被加油的场景，所以说非常地熟悉。

时间过得很快，关于高考的很多东西已经在我的记忆里模糊，但神奇的是，每当我回忆起自己那段时间的全部心情，都犹如置身昨天一样清晰。两年前的5月，高考在我眼前是一扇漆黑、沉重、密不透风的门，我惶恐、紧张又期待，因为我不确定门后面是什么。它可能是无限光明的未来，也可能有别于我的梦想。我的紧张全部来自我不想见到门之后可能出现的遗憾。我行走的过程，有过犹豫，有过跌跌撞撞。最后当我回头来看，我却发现，尽管每个人打开门之后景色各异，但所有抬起头冲过终点线的人，眼前的光明大多相同。这个结论对于我所有人大附中毕业的朋友们来说都不例外。那时为我这届学生做动员的学姐告诉我们，"人大附中"是我们最坚强的后盾，这四个字制造的信心已经足够我们内心安宁地走进考场。那么我将用我的经验和事实在这里再次确定地告诉你们，三年一剑，当你所有的积累和努力与人大附中的红白战袍联合，你应当有足够的勇气把手中的考卷冷静完成。

亲爱的学弟学妹们，高考不会制造遗憾，高考前轻易放过的时间才是制造遗憾的根源。所以在这里我还想告诉大家，要专注于当下，根据自己的目标，把握好自己的节奏。二十八天足够长了，甚至最后自主复习的时间都能够改变很多东西。附中老师们在每一个轮回中积攒的丰富经验都是你们信心的来源，也是你们在彷徨的时刻可以放心求助的所在。

你们的所有学长学姐都是经历过一次情绪波动的过来人，如果你们需要帮助，我们也一直都在。最后预祝大家高考成功，终破楼兰，谢谢大家！

延伸阅读

在北京大学中文系就读期间，女儿曾多次应邀回母校人大附中为学弟学妹们作高考前的动员演讲。她结合亲身经历的讲述，语言平实，感情真挚。连续多年的高考动员使女儿成为人大附中学弟学妹心中值得信赖的姐姐。很多学弟学妹在考上大学之后依然与她保持联系。

每个人在面临人生重大选择时，都需要从亲友、老师和同学处得到鼓励。多年来，人大附中保持着每年请北大清华等知名高校学长学姐回母校作励志演讲的传统，效果很好。一所学校如此，一个家族或者一个家庭也是如此，让身边的亲历者现身说法，比空洞的说教效果要好。

2017年，我们和女儿一起经历了高考的焦虑和煎熬。孩子通过高考证明了自己，我们在与孩子共成长的过程中感受了天伦之乐。曾记得，高考前的三个月，我无数次驱车前往京郊乡镇农贸市场，采购新鲜果蔬。这样的一种忙碌和执着，已沉淀为如歌岁月中的温暖华章。

总结这些过往的点点滴滴，我认识到，孩子依然是家庭的重心，教育的事，依然是家庭生活中的头等大事，教育的话题永远是全社会关注的热门话题。在接受北京大学开学典礼摄制组采访时，我曾说："我希望孩子成为一个健康而有趣的人，因为唯有健康，才能对社会有突出贡献；唯有有趣，才能术有专攻、学有所长，成为一个爱生活、爱学习、充满朝气的燕园学子。"——相信这是天下父母共同的期盼。

我们每个人，既是个人历史的书写者，也是时代发展的见证人。从广义的人生来看，工作也是生活的一部分。生命的年轮被理想的汁液所浸泡，在岁秒时分，检阅自己一年来的林林总总，或有所叹，或有所歌，或有所忧，或有所喜。就像播种、耕耘了一年的农人，在晒谷场上检阅自己的生产成果。一切过往，皆为序章。希望我们每一个人都能珍惜光阴，制订严谨的学习计划，"苟日新，日日新，又日新"，不断取得新的进步。在亲友雅集、家庭聚会时，大人要多给孩子总结的机会，不但要询问孩子的学业情况，而且要关心他们的饮食起居。人生就是一种生命的体验，作为家族内的年长者，自然应该将自己的经验传授给晚辈，让他们在未来走更好的路。

与一棵桑树的风雨守望

孩子读高中期间,我们搬到静园居住,主要是想让孩子离学校近一点,在街广巷多的京城免去奔波之苦。

我们的新居静园位于人民大学校园内,二十世纪的红砖水泥房,一幢一幢,排列得整整齐齐。楼与楼之间,有空旷的绿地,长着一排排高过楼顶的白杨树,间或还有松树、玉兰树、银杏树、柿子树、竹子以及各类杂树。搬家那天,我在新居楼下发现了一株桑树。这是我平生所见到的最高大的桑树:树干有大碗口粗,在树干五六米处分成两枝,枝上有枝,枝枝向上。硕大的桑叶密密麻麻地遮住树干,形成一个亭亭如盖的树冠。整株树有三层楼高,铁浇铜铸一般,直挺挺地立在单元门口右侧的空地上。

多好的桑树啊!第一眼见到它,我便欢喜不已。记得《三国演义》第一回有一段描述:"玄德幼孤……其家之东南,有一大桑树,高五丈余,遥望之,童童如车盖。相者云:'此家必出贵人。'"

自此以后,每天从楼道口进进出出,我总会有意无意地与桑树照面。枝繁叶茂的桑树,以及桑树上方的蓝天白云,使我身旁这座喧嚣的城市有了田园的味道,静园的"静"字仿佛从这棵桑树上找到了注脚。然而,在我的心里,分明是有一个秘密的——"望子成龙"

是中国家长的夙愿，燕园离此处不远，我干脆把自己的画室取名为"望燕园楼"；而家门口的这一株桑树，华盖如云，一定会是我们的幸运树。

倘若每个人要认一种植物为亲，我首选桑树。桑树脉络扩张，像一只只绿色的手掌，托举着蓝天，也托举着我的梦。我的故乡浙江浦江曾是远近闻名的种桑养蚕大县，村村种桑，乡乡养蚕。夏天采摘桑葚是我幼时最快乐的时光。作为一个在桑树园里捉迷藏长大的孩子，我从小对桑树怀有特殊的感情。我想，桑树是为春蚕而存在的，而春蚕一定是这世上最爱干净的生灵，你看它非桑叶不食，宛若秋蝉，非朝露不饮。

春节过后不久，我回浙探亲，返京时已是夜晚。从高铁站到静园，皓月当空，路况也出奇地好。车子直接停在了静园单元门口，搬行李时，我突然发现那株桑树已被人拦腰砍断，只剩下树干和两枝秃秃的枝丫。我猛地一怔，半天缓不过神来。

打开门，家人已熟睡，我轻手轻脚地进了卧室。窗外传来"沙沙沙"的风声，我知道是对面那幢楼前的白杨树叶在风中舞蹈。这熟悉的风声中少了桑树叶的和鸣。我怅然若失，久久无法入眠。

第二天早起，向邻居打听，无果。桑树依然挺立在单元门口，硕大的树冠已变成一个孤独的"Y"字。

春天到了，万物生长，桑树躯体里的能量开始迸发。被砍断的地方陆续爆出黄豆般大的嫩芽，几天后就长出了几片硕大的桑叶。

一天下班，我看到楼下有一位白发老者，双脚跨骑在折叠式梯子上，手上握着一条红色的纤维绳，绳的一头系在一楼的老式铁窗架上，另一头正往刚刚长出来的桑树嫩枝上系。我驻足观看，忍不住问："您在干吗呢？"老人顾自干着手中的活，答："桑叶比较大，我担心嫩枝支撑不住，帮它们一下。""唉，当初为何要砍得那么狠呢？！"我脱口而出。老人停下手中的活，朝我看看，又抬头朝楼上的方向努努嘴说:"他们说'前不种桑,后不种柳'。'桑'通'丧',不吉利啊!"

"难道他们不知道《孟子》里的'五亩之宅,树之以桑,五十者可以衣帛矣'?难道他们没读过陶渊明的'春蚕收长丝,秋熟靡王税'?"见我伫立一旁,老人喊道:"老师,过来帮我扶一下梯子。"大学校园里,彼此不相熟的人,见面习惯于互称老师。我赶紧过去扶住梯子。老人像遇到了知己,打开了话匣子:"我退休在家,每天看着这桑树的绿芽一颗颗冒出来,叶子一点点长大,心里很快慰。这桑树是很通人性的呢!"

转眼到了六月,桑树已初步恢复了元气,开始有了一个小型的树冠。

老人住在单元的一楼,桑树叶长出来,刚好把他家客厅的窗户遮住。"这不影响您家客厅的采光吗?""没事没事,光线虽然暗一点儿,但空气好,心情好。"老人乐呵呵地说。

从发现桑树被砍断的那一天起,我就在心里一遍又一遍地为横遭厄运的桑树而痛惜。我寄寓在桑树上的那个美丽的愿望,一时间似乎无处安放。自从遇到了这位喜欢桑树的白发老人,我的心中顿时温暖、踏实起来。

见我是新搬进来的,老人对这棵桑树的过往娓娓道来:"这株树不但长得壮,而且树形也漂亮。每年夏天,树上结满了紫红色的桑葚,就像蓝天上挂满了紫红的星星。因为树高叶密,不易采摘,这里便成了鸟雀们啄食的乐园。桑葚成熟以后一颗一颗落到地上,有时会落在行人的头上,悄无声息地问候你。"

转眼到了孩子高考的日子。那两天我去考场接送孩子,发现桑树长得越发精神了,绿油油、水灵灵的叶子,一簇簇,一团团,全然不见了刀砍斧斫之痕,让人心生沧海桑田之感。

触景生情。我想起了童年时在桑树园里穿梭玩耍的小伙伴;想起

024
不畏将来

了金报公寓里"回看桃李都无色，映得芙蓉不是花"的枇杷树；想起了曾陪伴女儿走过青葱岁月的杭州小区里的桂花树；想起了我们因心向燕园而不断迁徙的过往岁月。

遥望燕园十二载，始知天道能酬勤。接到孩子北京大学录取通知书的那一刻，我知道，我们终将搬离静园，向桑树告别。全中国的陪读家长，又有哪一个不像候鸟一样，陪着孩子，今天飞到东，明天飞到西？我想好了，搬家那一天，我一定要找老人再畅聊一回，委托他看护好我们的桑树。

延伸阅读

此文最初发表于 2017 年 7 月 21 日的《光明日报》，发表后被多家报刊转载，并被多地教育部门选为高考、中考语文"阅读与理解"试题。此文反映了作者寄情于树、心向燕园的美好心愿，表达了与孩子共成长的真挚情怀，抒发了当代家长的共同心声。

一把铅笔刀的"溢出价值"

女儿高考前一个学期的寒假,准确时间为2017年1月25日下午,我携女儿从杭州萧山机场乘坐CA1707次航班回北京。在机场安检时,女儿放在书包里的一把铅笔刀被检出。这是一把非常普通的铅笔刀,浅蓝色的塑料刀套上有白色雪花的图案,上面贴着一张小纸条,写着"小学0005"字样。

安检人员给这把铅笔刀指明了两条出路:一是去打包办理托运手续,然后重新安检;二是遗弃,跟其他乘客被安检出来的打火机等一大堆杂物一起,被清理。当时离登机时间已不远,怎么办?见此状况,我说:"算了,到北京后老爸给你买一把新的吧!"女儿历来都很通情达理,见我这么说,便不再坚持。到了候机厅后,她有点失魂落魄,念念不忘那把铅笔刀。

"这孩子,不就是一把铅笔刀嘛!"见我轻描淡写的样子,女儿的眼眶里噙满了泪水,委屈地说:"从小学到现在,它一直陪伴着我,形影不离啊!"女儿的表现使我意识到,孩子的情感世界跟大人不同,我这样的处理方式,是否过于简单?于是我便饶有兴趣地问她:"你且说说,这把铅笔刀有何来历?""那是我参加小学少先队大队部活动时,大队辅导员何老师送我的。一直放在文具盒里,做作业、考试都用它的。"哦，原来是何老师！当年，我去学军小学接送女儿时，经常看到何老师笑眯眯地与女儿交谈。

我突然意识到，这把陪伴了女儿十年的铅笔刀，已成为孩子实实在在的小伙伴。

"每当我学习上遇到困难，或是考试成绩不理想的时候，看到这把铅笔刀，我都会想起何老师对我的鼓励和教导。"

是啊！当年，作为中国少年先锋队第六次全国代表大会代表，女儿和浙江代表团的其他小伙伴一起乘坐火车回杭，大队辅导员何铭之老师带着两位同学一起到杭州火车南站迎接她。就在火车站的站台上，何老师为女儿挂上了"小榜样"红色绶带，并全程陪着她回学校参加第六次全国少代会精神传达会。

女儿从小就是一个做事情非常有条理的人。她将自己小学阶段老师和同学们送给她的每一份礼物都编了号。哪怕是一张明信片、一张照片，她都视若珍宝，精心收藏。这把铅笔刀的编号为"小学0005"，可见其在孩子心目中的地位！

听罢孩子讲述的关于铅笔刀的故事，我的心里产生了一个念头："这把铅笔刀不能丢！"此时，候机厅里响起了喇叭声，原来我们所乘航班已经开始登机了。匆忙之中，我发了微信朋友圈，希望能通过在萧山机场工作的朋友，找到这把铅笔刀。飞机上必须关闭手机等一切通信设备，我心怀忐忑，希望在两个小时后飞机降落首都机场时，微信朋友圈能给我带来好消息。

很快，飞机降落在首都机场。打开手机，发现微信留言已有数百条。要感谢现代化的通信方式，铅笔刀找到了！听说本来已被机场清洁工放入垃圾箱。好友通过微信发来铅笔刀的照片，并在第一时间为其办理了快递手续。当我们的飞机在空中飞行的时候，地面上正在演绎一场接力，为北京的一个高中女生圆梦：帮助她找回十年前杭州小学老师赠送的铅笔刀。

两天后，看着快递员送来的失而复得的铅笔刀，我和女儿感慨万千。

人非草木，孰能无情？这把浅蓝色的铅笔刀是女儿的护身符，是她的吉祥物，陪伴着她完成了无数次作业，走过了一个又一个考场。铅笔刀是女儿珍藏于书包角落里的一个秘密。每一个人的成长都需要有这样的"秘密"陪伴。无论你失意或得意，你的"秘密"都会默默陪伴着你、时时呵护着你。

窃以为，教育的真谛，首先在于要让孩子学会感恩。只有懂得感恩的人，才能从日常的生活琐事中，持续不断地汲取正能量。女儿所就读的高中校门口就有一家规模较大的文具店，里面各类文具琳琅满目，其中就有款式繁多的铅笔刀。陪女儿逛文具店时，我曾建议她换一把铅笔刀，女儿每次都微笑着摇头。从小学到大学，女儿个子长高了，衣服换了，书包换了，就是没有换铅笔刀。

延伸阅读

对孩子来说，一件不起眼的东西可能蕴含着我们一时无法get到的意味。比如，教育家陶行知先生的四块糖果；比如，杨绛先生笔下劳神父赠给她的一个白纸包。

"四块糖果"的故事早已耳熟能详了，每颗糖果都有丰富的"溢出价值"，其中蕴藏着"四两拨千斤"的教育智慧。杨绛先生的那个白纸包是怎么一回事呢？

原来，杨绛九岁时，与她相熟的外国神父送给她一件小礼物，用白纸包裹得好好的。神父特意嘱咐她，只有等她上了回家的火车后才能拆开。杨绛一路呵护着这个白纸包，上了火车开始拆礼物。没想到礼物本身在拆了十七八层纸后才现身，是巧克力糖。后来全家人一起分享了美味的巧克力。

神父为什么要如此强调别急着拆开礼物？这份礼物为什么要用这么多层纸来包？九十岁的杨绛有一天想到这桩童年往事，突然明白了神父的用意，并且感慨万千唏嘘不已。

我的猜测，应该是为了让礼物本身呈现它的意义吧。礼物的"溢出价值"，是远远超出实物本身价值的。巧克力糖果吃起来是甜的，但甜带来的生理性的愉悦，哪里比得上与家人一起分享的幸福呢？礼物中所一层层包裹着的，是真正的人情味啊！

我女儿这把差点丢掉的铅笔刀，原来对她来说是意味着一份来自老师的独特情感、一份随时可以自我激励的力量、一份浓缩了一个个成长瞬间的见证。这礼物的"溢出价值"，如果不是女儿的念念不忘，是不是也要等我九十岁时才恍然大悟呢？

……

一把小小的铅笔刀引出了一个藏在书包里长达十年的秘密，也引出了一段师生情的佳话。为人师，传道授业，但更传播温暖与爱。也许，你不经意间一个鼓励的眼神、一句温暖的话语、一个小小的礼物，对孩子来说，都是来自天使的赠予。而作为家长，关心爱护孩子，要从细节做起，不要拿成人世界的标准去要求孩子心中的童话世界。

保留一份纯净和美好，为了孩子，也为了我们自己。

女儿的手撕台历

女儿的房间里，有一本手撕台历，时间停留在2022年的6月2日，之后因为疫情原因她去了杭州，回北京后就没再撕过。这一天的日历上印着日本作家村上春树的一句话："当你穿过了暴风雨，你早已不再是原来那个人。"这句话极富哲理，我很喜欢。每次见了都会有所感悟。是的，不经历风雨，怎么见彩虹？这也是我支持女儿出国留学，让她勇敢地去闯的原因。

女儿放在家里房门口的瑜伽垫外包装盒上有一行字："自律给我自由"。我每次进出房门都会在无意间瞥见这一行字。这是多么有哲理的提示啊！每个人都是社会人，受到国家法律和社会规则的制约，因此，这世上并无绝对的自由。对于自律的人来说，自由之神会更偏爱一些。假如一个年轻人暴饮暴食，身体肥胖得走不动路了，那么他就失去了远途旅行的自由。由此可见，自律越多，自由也就越多。

吴军博士在《见识》一书中写到的某个观点曾令我颇有触动。他认为很多不善于管理时间的人，往往是"捡了芝麻丢了西瓜"。大意是，比如，他们会为了打折商品而挥霍时间精力（如熬夜守候之类），会为了占一丁点便宜而不惜货比三家或者排上好几个小时的队，会为了省几块钱车费而多花十分钟，等等。抛开出于生存考虑而不得不做

"以时间换便宜"选择的因素，对绝大多数人尤其是年轻人来说，一定要深刻地认识到：时间才是最可宝贵的，跟生命一样宝贵，不可逆，无法再生！

"天时人事日相催，冬至阳生春又来。"每年元旦，我都有一种"时不我待"的感受。记得约二十五年前，我曾写过一篇文章，题目叫作《年年评十大新闻，岁岁有长足进步》，说的是××晚报的年度工作业绩，发表在当时的《新闻出版报》上。一个单位如此，一个家庭、一个人，又何尝不是如此呢？我们不妨评一评自己家里或自己个人的年度十大新闻。一年下来，有哪些经验值得总结？有哪些成绩值得自豪？明年又有哪些目标在等待我们去实现？

一年三百六十五天，说长不长，说短也不短。一年之中，可以做的事情有很多。古人说"凡事预则立，不预则废"，就是说做任何事，都要有计划。制订了计划，就要严格按计划去实施，不然就会陷入"明日复明日，明日何其多；我生待明日，万事成蹉跎"的泥潭。

任何一位成功者首先是时间管理的大师。鲁迅说："哪里有天才，我是把别人喝咖啡的时间都用在写作上了。"胡适说："人与人的差别取决于八小时之外如何运用。"二十一世纪初，有个叫科尔的数学家解出了一道世纪难题：2 的 67 次方减去 1 是合数还是质数。他天才般地证明结论是合数。而事实上科尔并不是专门研究数论的，研究数论只是他的业余爱好。有记者问他："您论证这个题目花了多久？"他的回答是："三年内的全部星期天。"

一切过往，皆为序章，是对于有准备的人而言的。假如新的一年我有机会转岗，那么三十多年的从业经历就是我的资本，就是我的过往，就是我人生的序章。我希望女儿能在新的一年明晰自己人生的定位和未来的职业规划，在此之前她的一切努力，都是序章，都是为她的职业规划所准备的。人最可宝贵的东西不是拥有多少金钱，而是时刻懂得珍惜稍纵即逝的时间。路虽远，行则将至；事虽难，做则必成。"时光容易把人抛，红了樱桃，绿了芭蕉。"法国十七世纪大思想家帕斯卡尔《随想录》里有一句名言："这无穷的时间的永恒的静使我悚栗！"这使我联想到《论语》里孔子一句极简短的话："子在川上曰：逝者如斯夫，不舍昼夜。"窃以为，孔子凭这一句话就足以流芳千古。

延伸阅读

岁月不居，时节如流，东逝水滚滚向前。我们在岸边，于流沙中捡拾几枚坠简，看到过往、现在和明天。

"道虽迩，不行不至；事虽小，不为不成。"出自《荀子·修身》，目的地虽然很近，如果不一步一步向前走，也是走不到的；再小的一件事，如果不动手去做，也是做不成的。为自己树立一个目标，踏踏实实去努力，撕下来的日历一张张叠加，成功的路就会在脚边显现。

行有余力，则以学文。在实践中积累丰富的经验，经过思考和分析，才能熔铸体现在所写的文章里。我们常说，一个人思想的高度决定了文章的深度。人在对象化的情感客体即大自然或艺术作品中，观照自己，体验存在，肯定人生，此即人生的终极意义。一个人能在情感实践中找到自由、永恒和家园。这就是曹丕所说的"盖文章者，经国之大业，不朽之盛事也"。

游百馆：私人定制的高效研学

2018年11月18日，我的手机铃声响了，电话里传来一个久违的声音："《百馆游》出版十周年嘞！女儿现在怎么样？"啊！原来是八旬老人张承烈先生！难得他老人家一直记着《百馆游》这本书！当年，正是他出面邀请毛昭晰、徐鸿道等诸位先生，一起出席《百馆游》的首发式。斯时斯景，如在眼前……

2008年12月，小女所著《百馆游》一书问世。

十年，弹指一挥间。作为《百馆游》一书从酝酿到出版的见证者，我欣喜地看到，这本给孩子成长带来持续正能量的书，迄今仍然冒着热气、散发着油墨清香。

当年，上小学三年级的女儿写成《百馆游》一书时，有人质疑，此举是否有"拔苗助长"之嫌？杭州学军小学老校长、特级教师杨一青拿到新书后感慨："小学生出书并不稀奇，学军小学每年出书的孩子不少，但大多是作文集。《百馆游》是孩子参加社会实践的结晶，也是家庭教育的生动案例。"正是基于这一认识，作为曾经的小学语文教材主编，杨一青欣然为《百馆游》作序。

我们深知，在孩子成长的过程中，父母的职责是教育和引导，而不是越俎代庖。《百馆游》所有的文字，都是孩子原创的。对于某些章节，我们会提修改建议，但仅仅是提建议而已，采纳不采纳，悉由女儿做主。见证小女成长的童老师在阅读《百馆游》一书后，被书中那些充满童趣童真的文字所感动，叹曰："此少年文字也！成人焉能为之？"童老师和女儿读小学一年级时的班主任胡老师以及时任金师附小徐校长一起，专程从金华赶到杭州，参加由杭州市"第二课堂"领导小组办公室和杭州出版社共同主办的《百馆游》新闻发布会，以示嘉许。

对于一个上小学三四年级的孩子来说，正是想玩的年龄。游百馆是一项系统工程，孩子不可能自己跑去游百馆，需要父母带领并提供后勤保障。《百馆游》不是一份多出来的课业负担，而是"玩"的"副产品"，是孩子全身心投入、父母因势利导的结果。

"至乐无如读书，至要莫如教子。"我和爱人的共同观点是：工作再忙，女儿教育事第一。从2008年春假开始到国庆假期的不到半年时间里，我们走了浙江省内的近百家博物馆、科技馆、名人故居……杭州市"第二课堂"行动计划领导小组办公室列出的七十一个场馆，女儿几乎走了个遍。边走边写，一本十多万字的《百馆游——一个小学生走遍杭城博物馆的真实记录》悄然成形。

"百馆游"刚刚动议的时候，我并没有贸然支持女儿的想法，而是召集全家人开会商量。很快，一份由女儿起草的《共同成功协议》摆到了我们面前："一、保证走遍'杭州市第二课堂'场馆，决不半途而废；二、泉泉（女儿小名）想去参观，或全家人共同商定要去参观时，爸爸保证当好驾驶员，没有时间，挤出时间；妈妈保证当好摄影师，并负责在参观前收集相关资料。"协议落款时间是2008年6月27日，一家三口认认真真地在协议上摁了手印。女儿把协议书贴到自己卧室的门背后，这样可以时时提醒自己，也督促全家人共同遵守。

《百馆游》出版时，很多人都把关注点放在"小学生出书"这一新闻上。其实，我们的初衷是，让女儿"游"，而不是"写"。"游"

是"写"的基础。如果没有"游","写"就成了闭门造车、纸上谈兵。须知,"纸上得来终觉浅,绝知此事要躬行"。通过百馆游,让孩子充分体会到"游"的乐趣,她才会乐"游"不疲。游,即是玩;玩,即是学。实现游玩和学习的有机统一,保持向自然、向社会学习的浓厚兴趣,才是"百馆游"真正的收获。每一个场馆都是一个知识的宝库,游百馆的过程,就是进入一座又一座知识宝库"探宝"的过程。

研学之旅方兴未艾。如今,每到节假日,一群群的中小学生纷纷进入博物馆、美术馆等地方,以体验的方式开阔视野、汲取新知,而早在十五年前,我们就已经带着女儿开始"研学"了。与今天不少大呼隆式、一阵风式或者特种兵式研学不同的是,我女儿的研学是个性化的,称得上"私人定制",是前有方案、中有策略、后有成果的,因此也是极富成效的。换言之,我们一开始就讲究投入时间精力产出比的,也是有始有终重过程的——这不是实用主义,而是研学的题中应有之义。

《百馆游》出版后,成了很多少年儿童游杭州的工具书。女儿应邀赴舟山、宁波、台州、金华、绍兴等地,与当地小读者互动,得到了很好的锻炼。与此同时,浙江省新闻学会和浙江省博物馆学会联合推出了"浙江百名小记者游百馆"活动。不久之后,浙江电视台少儿频道也组织开展了"小记者走浙江"活动。女儿成为这两个活动的重要参与者。

2013年,《百馆游》由浙江少年儿童出版社再版,增加了一些新内容,替换了原有的部分篇目,保持与最新的"杭州市青少年第二课堂"同步。

《百馆游》的创作过程中,得到了很多热心人的鼓励和支持,难以一一尽述。时任中共浙江省委常委、杭州市委书记王国平在市委宣传部上报的简报上批示:"难能可贵,令人赞叹,向为杭州市第二课堂建设作出突出贡献的×××同学表示衷心的感谢!"杭州市第二课堂领导小组办公室的领导始终关心着《百馆游》，先后组织了新书首发式和再版座谈会。杭州市教育局将该书列为第九届中小学生"品味书香、诵读经典"征文活动推荐书目。《钱江晚报》在第一时间报道了《百馆游》，中央电视台和《中国教育报》向观众和读者推荐了《百馆游》。我深深知道，在这本书成功的背后，是亲情的陪伴，是信念的引领，是意志的锻造。个中甘苦，非亲历者所不能知。在参加第六次全国少代会期间，泉泉向大会提交了《让更多孩子走进更多"第二课堂"》的提案，呼吁政府免费开放更多的名人故居等场馆，满足广大青少年走进"第二课堂"的愿望。在应邀做客教育部时，她介绍了杭州市的第二课堂活动，希望每座城市都能推行这样的办法，让贫困的孩子也能在那里学东西。

"百馆游"之后，女儿"游"兴不减，先后出版了《小脚丫寻根》《名篇伴我成长》《向祖国妈妈敬礼》《孩子眼中的京杭大运河》等书。这些书可以说都是《百馆游》的姊妹篇。除了《名篇伴我成长》是《小学生时代》杂志名篇读后感的汇编之外，其他三本书都是社会实践活动的记录，是"百馆游"的延伸。2017年考上北京大学中国语言文学系的女儿又有了新目标：她选择外语作为自己本科阶段辅修的第二专业。行万里路，读万卷书。《百馆游》出版十周年之际，恰逢女儿的母校杭州学军小学建校一百一十周年。校长张军林来电，希望泉泉能与母校来一次相约十年的重逢，跟学弟学妹们分享《百馆游》的故事。我想，其实"百馆游"的故事一直在发生。应该感谢杭州这座城市，感谢那么多的知识宝库簇拥着我们。

延伸阅读

十年树木。《百馆游》走过了风雨兼程的十年，应该感谢那些素昧平生但热情似火的读者，是他们给了《百馆游》前行的力量。《百馆游》属于每一个心怀梦想、热爱生活的人！女儿游百馆和父母游百馆是同步的。长大后，孩子有了自己的旅伴，也许不再需要父母陪伴。因此，作为父母，要珍惜孩子小时候的陪伴时光，尽量多为孩子创造向社会学习的机会。而父母本身，也会是这种机会的受益者。

　　这段实践经历，丰富了女儿的阅历，培养了她观察事物的耐心和写作能力。小学五年级时，她观察到小区喷水池景观台上鸟和蝴蝶的"生存大战"，就独自一人在水池边观察了很久。回家后她马上写了一篇作文，这篇作文被多家报刊转载，并被多地选为中考语文模拟试卷训练题。

找到身边的榜样

小女上小学二年级时,她的小小姑被北大信息科学技术学院录取了。两年后,已经保研到北大光华金融管理学院的小小姑给她寄了一封信,勉励她要清晰自己的目标和理想,持之以恒地去努力。

转眼,小小姑已成为某跨国金融公司的执行董事,目前正在执行她的公益计划,在中国西南内陆欠发达地区捐建一批学校,第一所由她出资捐建的学校已经落成。而小女也已从北大毕业赴大洋彼岸的藤校开启新的求学生涯。可以毫不夸张地说,是榜样的力量一直在推动着孩子的成长和进步。我们经常说:"学有榜样,干有目标。"是的,榜样在前,而目标在后。因为有了榜样,使抽象的目标变成形象的坐标,就像一艘轮船在大海里航行有了灯塔的指引一样。

"榜样的力量是无穷的。"这句话不是口号,而是实实在在的行动指南。在孩子小的时候,就要带他去拜访身边的榜样,给他讲述榜样的成长故事,使他受到熏陶,得到启迪,早早地明确努力的方向。

榜样教育是我国传统文化和人才培养理念的组成部分,在长期的教育实践中取得了良好的效果。我们去一些小学或者中学校园参观时,会发现在教学楼走廊的墙壁上张贴或悬挂着雷锋、张桂梅等先进人物或钱学森、吴健雄等科学家的照片以及名人名言等,以激励孩子们向这些励志榜样学习。窃以为，这些挂在墙上的榜样固然值得学习，但作为父母，更应该为孩子寻找身边的榜样。

这些榜样或在亲戚朋友中间，或在本乡本土的县域之内，可亲，可感，可闻，可见。报纸上学，广播里听，哪里比得上与榜样促膝谈心，面对面交流？

的确，榜样离得越近，对于学习者的影响力就越强。哲学家冯友兰先生曾经回忆说，有一天，当他在学校过道里从蔡元培先生身边走过时，"觉得他蔼然仁者、慈祥诚恳的气象，使我心里一阵舒服"。著名财经记者吴晓波采访经济学家周其仁时，曾经问他，如果遇到一个很优秀的人时，该怎么办？周其仁的回答是斩钉截铁的三个字："靠近他！"看人物传记不如看电视讲座，看电视讲座不如听现场演讲，听现场演讲不如面对面交流……正如美学家朱光潜先生说的，对青年来说，"意象的力量大于概念"。一本书的信息可能只有几个K，而一场报告会有几个G，当这个人就在你眼前、就在你身边时，你接收到的信息恐怕就要以"T"为单位了，不同的个体生命之间会发生感动、激发、呼应、牵引，身边的优秀榜样会以人格濡染你、以智慧唤醒你，会让你拥有更开阔的视野、更广大的格局，树立起更高远的理想，激发起更强大的行动力！

榜的本义是指一种矫正弓弩的工具，"榜，所以辅弓弩，所以矫不正也"；"样"即指样式、范式，现代意义的"榜样"多指"楷模"或"典范"。

愿每个人都能找到身边的榜样，他（她）可以是父母、兄弟姐妹或家族中的长辈，也可以是学校里的老师学长、同学朋友。请相信这么一句话：命运，就是你身边的人。

延伸阅读

榜样的事迹让人信服，榜样的力量鼓舞人前进，榜样的精神是无价之宝。古人说："十步之泽，必有香草；十室之邑，必有忠士。"由此可见，留心处处有榜样。暑假来临，很多学生要参加社会实践。到什么单位去实习？我想，最正确的选择是：到有榜样的地方去，到最艰苦、最能锻炼人的单位去，到与你自己未来的职业规划相统一、专业匹配度高的岗位上去，找到榜样，向榜样学习，让榜样校正你前进的方向，让榜样赋予你无比巨大的精神力量。

一本走读运河的"少年中国说"

2016年7月23日,《中国教育报》第4版发表了一篇题为《一本走读运河的"少年中国说"》,现辑录如下:

由中国人民大学附属中学2014级人文实验班发起、杭州多所学校学生共同参与的"京杭学生手拉手,共护京杭大运河"志愿服务活动圆满结束了。作为活动成果之一,这本《孩子眼中的京杭大运河》图文并茂,活色生香,凝聚着孩子的汗水、思考和梦想。

人大附中创办人文实验班的初衷,就是要培养热爱祖国、服务社会、注重品德修养的现代公民;培养具有独立思考和批判性思维能力、中外兼修、文理并蓄的优秀学子。由人文实验班团支部发起的京杭大运河志愿服务活动,正是这一办学理念的有益尝试。

中国的大部分大河是东西向的,她们滋养了中华五千年的文明,可是有一条南北向的河,让中国实现在不同的纬度间物的交换、人的交通、文的传播、思的流传。回望历史,品读当下,展望未来,在这条长长的运河上,凝聚着情感，积聚着力量，沉淀着哲思，承载着梦想，怀抱着远方。

这条大运河上，走过贬谪杭州的苏东坡，走过"十年一觉扬州梦"的杜牧，走过豪情万丈的商贾名流，也走过推动历史长河奔腾向前的普通民众——呼喊着号子的纤夫们……

今日京杭大运河面临环境保护、运河民俗文化流失等现实问题。×××提议，在运河"申遗"成功一周年之际，组织学生青年志愿团开展为期一学年的以考察京杭大运河为主要内容的志愿服务活动，这一提议得到了班主任老师的支持和全班同学的积极响应。为此，×××以班级团支部的名义执笔向人大附中团委递交了《关于开展京杭大运河文化宣传志愿服务的报告》，得到了校团委的大力支持。就这样，二十多名志愿团的同学利用寒暑假完成了对京杭大运河天津、河北、山东、江苏以及北京通州与浙江杭州的考察、环保宣传任务，并撰写了八万多字的志愿服务笔记。

人大附中的这一活动得到运河沿线有关学校师生的积极响应。2015年7月19日，以"京杭学生手拉手，共护京杭大运河"为主题的运河文化志愿服务活动在中国京杭大运河博物馆拉开序幕。来自京杭大运河最北端的北京人大附中和来自大运河最南端的杭州学军中学、杭州二中、杭州文澜中学、杭州滨兰实验学校等学校的三十余名学生齐聚拱宸桥畔，开启了大运河南端与北端的"会师之旅"。活动期间，同学们高举学校志愿服务团团旗，考察京杭大运河各段景点、运河博物馆，走进运河人家，走访民间艺人，并通过召开座谈会、在京杭大运河博物馆开展为市民义务讲解等活动，宣传运河文化和中华文明。走访大运河、宣传大运河、了解大运河的过去和现在，对孩子们而言是一种难得的体验，而开展运河文化志愿服务活动，让孩子们的实践有了方向和现实意义。

京杭大运河承载着中华民族伟大复兴的梦想。相信同学们在开展活动过程中能够加深对中华民族传统文化的认识，增强民族自豪感，树立"为中华民族伟大复兴而读书"的远大理想。梦想的力量是惊人的，被梦想激活的人生也必将是绚丽多姿的，有什么样的梦想，就会成就什么样的人生。要相信梦想的力量：只要美德、信仰、智慧的种子在同学们的心中生根发芽，同学们一定会拥有硕果累累的明天。

延伸阅读

作为家长，我全程参与了"京杭学生手拉手，共护京杭大运河"运河文化志愿服务活动。小女据此写成的长篇散文《运河水从天上来》在《浙江日报》发表。多年后回望，更加感受到这次活动的价值和意义。好的活动对于孩子人生观和价值观的养成具有正向引领作用。在孩子成长的过程中，无论是"游百馆""小脚丫寻根"还是"黄河流域生态环保行"，无论是内蒙古支教还是"共护京杭大运河"，都让孩子开阔了视野、增长了见识，为"实践出真知"提供了真实的注脚。作为家长，要牢记"实践出真知"这一著名论断，多为孩子创造实践的机会。孩子的人生观、世界观在悄悄形成过程中，如果少了"实践"的参与，就会留下遗憾。

少年时代的社会实践经历，已潜移默化地刻进了孩子的血液里。2023年春节，在纽约曼哈顿中心广场的宿舍，小女买来毛笔、墨汁和红纸，约请外籍同学一起剪窗纸、写春联、贴春联。我想，这一定是受到中华传统文化的熏陶和影响吧！

仗剑万里望家国

2022年小女赴美读研之前，众亲友在京为她举行家宴饯行，席间，同为北大学生家长的杨老师挥笔写下"仗剑万里望家国"七个字以赠小女。转眼两个学期过去了，暑期放假，小女自美回国，选择在北京停留一段时间，用以拜访在京的老师和同学。女儿自己下厨，陪我过生日和父亲节，给了我意外惊喜。

当时，疫情犹未了。这个时候送孩子出国读书，作为家长，不担心是不可能的，但我们尊重孩子的选择。能拿到美国五个高校的录取通知书并且争取到奖学金，是女儿努力的结果。我相信只要一直保持这种努力的精神，天道酬勤，未来可期。临行，长辈们向她表达祝福和期许，希望她能学成归来，报效祖国。当然，也有一些人担心，认为一旦赴美，大概率是"为世界培养人才"，而不是"为国育才"了。作为独生子女家长，这种担心并非没有道理，但我想，我们不应该把"国"和"世界"对立起来，相信孩子有自己独立的思考和判断能力。出国深造的目的是提升自己，至于学成后在哪里工作，那是后话，应该把选择权交给孩子。作为父母，可以表达愿望，提出建议，但不能早早地给孩子画框框、下定论。

环境造就人。对于孩子来说，最好的"环境"就是她身边的同学和老师。我一直信奉一句话："个人的力量是渺小的，组织的力量是强大的。"女儿的高中同学和大学本科同学都在北京，回京之后，她接连参加了母校在京举办的若干场活动，跟同学和老师们热烈交流自己的职业规划，得到许多有用的信息，有助于她更好地明晰自己的努力方向。这种交流所带来的引领、鼓励等正向作用，是任何说教都无法替代的。

作为家长，为什么要鼓励孩子一路上名校？因为名校不仅仅有名师，还有一众优秀的同学，与这些优秀同学朝夕相处的过程，就是一个"近朱者赤"的过程。父母和孩子之间，是相互给予、相互成就的过程，一句话，就是"我与孩子共成长"。因为孩子，我认识了许多她的高中同学、大学同学以及这些同学的家长，我们不定期小聚，相互交流，互帮共勉。在这些优秀同学和家长身上，我学到了很多。

记得2022年8月19日，女儿选择自萧山国际机场赴美，杭州长辈傅老师题词相赠："宛鲲扶摇渡瀚海，谕章煌煌誉神州。"团中央一位老师寄语："今日鲲鹏万里，怀揣爱国心；来年学成归来，精忠报国志。"人大附中的吴老师留言："做家长，就是要尽力送孩子去我们去不到的地方，牵挂着，祝福着，为她鼓掌。"全国青联的张老师写下鼓励的话："过程艰苦卓绝，成绩来之不易！于高山之巅，方见大河奔涌；于群峰之上，更觉长风浩荡！朝着更光明的新未来奋斗！"多年关注、鼓励她成长的韩老师留言："风华正茂青春时，长鞭驱马去远行。"出发当天下午，杭州突然起风了，骤雨突袭。送行的傅老师脱口而出："贵人出行多风雨！"奇怪的是车至萧山机场，雨住风歇。这风雨仿佛专为送行而来。

望着孩子即将远赴异国求学的背影，我想起一位著名特级教师和校长说过的一个"金句"："教科书不是学生的世界，世界才是学生的教科书。"

说这话的是我的老朋友、曾长期担任衢州二中校长的潘志强，在校内力推国际理解教育，志在培养既有中国心又有世界情、既有文化自信又胸怀世界、既有家国情怀又有人类关怀的优秀学生。而他对于国际理解教育的热衷，离不开其自身在跨文化交流中的美好体验。近三十年前，他曾被指派出国交流一年。他在异国他乡的真实环境悉心观察、体验、思考，在形形色色的文化认知冲突和重新适应中学习，并自觉地承担起了一个中国文化"布道者"角色。那一年的圣诞节，房东一家外出旅行时，他整整十五天宅在家里，"屋外大雪纷飞，我靠着暖炉，盘坐在厚厚的地毯上，享受着剪报的乐趣，虽然双手常常被报纸的油墨和灰尘染得漆黑，颈椎也因长期低头而酸痛，但图片中不时闪现的幽默经常会让我忘却疼痛。我想象着将来衢州二中的学生看到这些真实的生活图片时将会何等兴奋……"

仗剑万里望家国，是一种情怀。据说在留学生群体中有一种说法："越出国，越爱国。"因为你不身临其境，是难以体会家国情怀对一个人意味着什么。一个人没有家国情怀，等于一棵树没有根脉。作为一个中国娃，倘若你会背诵《唐诗三百首》，甚至会背诵《古文观止》222 篇中的 111 篇，那么，无论你走到世界的哪一个角落，你都是一个堂堂正正的中国人、一个受到中华文化熏陶的中国人。上个月，我应邀去侨乡广西玉林调研。当地朋友在介绍时谈道，在侨乡博白、北流和容县等地，一年之中最隆重的节日不是春节，而是清明节。清明节前夕，会迎来海外侨胞回乡祭祖的高潮。数十万乃至数百万海外侨胞从四面八方赶回家乡上山祭祖，形成了当地独有的"拜山节"。这是一种多么强大的凝聚力和向心力啊！什么叫"人民有信仰，国家有力量，民族有希望"？玉林"拜山节"给出了答案。

仗剑万里望家国，是一种能力。"剑"在这里可以理解为技术、技能、知识和文化，"仗"就是掌握这种技术、运用这种知识的能力。王昌龄在《答武陵太守》一诗中写道："仗剑行千里，微躯敢一言。曾为大梁客，不负信陵恩。"明明是负笈万里，为何说是仗剑万里呢？负笈和仗剑都是带着使命而去。这是个人的志向，时代的使命。在打造人类命运共同体的今天，我们要把目光投向更广阔的世界，要参与到更多的国际交流中去。只有做到"海内存知己，天涯若比邻"，才能向海外传递纯正的中国声音。

仗剑万里望家国，是一种期许。无论离家千里还是万里，故乡永远是你精神的栖息地。一个"望"字，既道出了父母长辈之"望"，也道出了子女晚辈之"望"。这两种"望"的目光交集，是两代人的双向奔赴。树高千尺有根，水流万里有源。中华民族的家国观，是中华文明五千年绵延不绝的精神支撑，是中华文化传承发展的魂魄所系。"天下之本在国，国之本在家，家之本在身。"今年5月13日晚，我去北京首都国际机场接九个月未见的女儿。在接机出口，见有人打出大红横幅："欢迎××同学回到伟大的社会主义祖国！"……小女虽然是因为放暑假短暂回国，但这条横幅还是引起了我很大的共鸣。

延伸阅读

"海纳百川，有容乃大"。如果说地球是一个"村"，那么，我们的家国情怀就是心怀人类共同命运的精神凝聚和价值追求；如果个人是一滴水，那么，只有汇入时代的洪流之中，才能抵达大我的境界、书写壮丽的人生。亲友在京杭两地为小女饯行时，我都留下了影像资料，请每一位到场的亲友为她说一句寄语。转眼一年多时间过去，重温这些寄语，依然具有激励人心的力量。

相信自己的选择

见到女儿2023年3月12日在朋友圈发的内容。她说走在纽约的街头,她突然很想吃北京的武圣羊杂。这使我想起她在人大附中读书时,我多次陪她在学校门口的武圣羊杂店吃羊杂的情景。时间过得真快呀!转眼她已经在哥伦比亚大学读研究生了!

小女自上小学之后,就随着父母工作单位的调动而不断转学。从南到北,从东到西。她善于与人交往,与人为善,人缘很好。因此,她外出求学,我应该不用担心她会孤单。

想当年女儿在杭州读完了小学和初中,考入人大附中读高中时,我还曾担心由于南北文化的差异、饮食习惯的差异,她会一下子难以适应。而事实证明,她在人大附中的学习和生活很适应,不仅当选了年级的学生会主席,还当选了学校的团委副书记。有一句话叫"我心安处是故乡",相信在若干年后她回忆自己在纽约的求学生涯,一定也会产生怀念的情愫的!

"独在异乡为异客,每逢佳节倍思亲。"思念祖国、思念故乡乃人之常情。离家万里父母担忧,乃人伦之常理。但是我始终认为,父母之爱子,必为其计深远。假如孩子在国外能学有所成,并且发展得很好,父母就不应该拖后腿。

048
不畏将来

  人的味觉是会有记忆的。尤其是童年时的味觉。譬如说我喜欢吃浦江麦饼，我爱人喜欢吃永康肉饼，这就是童年味觉所留给我们的记忆。中国人喜欢吃中餐，西方人喜欢吃西餐。经历不但是财富，经历也是个人的精神记忆、心灵血脉、情感胎记。每一个人都不可能脱离社会而存在，就像每个人不可能脱离童年而存在一样。2021年的植树节我是在云南的褚橙庄园度过的。记得有一位哲人曾经说过："种一棵树最好的时间是十年前，其次是现在。"千里之行，始于足下。诚哉斯言！

  二十世纪六十年代初的一个晚上，有个年轻人坐地铁回家，经过时代广场时，突然听到一只蟋蟀的鸣叫。正是这声蟋蟀的鸣唱，唤起了这个年轻人对于故乡康涅狄格州乡村生活的怀念和向往。而几乎同时，一部小说的雏形便在他脑海里形成了。这个年轻人叫乔治·塞尔登，这部小说就是《时代广场的蟋蟀》。年轻人想家，他笔下的蟋蟀也想家，书中不希望儿子收养蟋蟀的意大利裔母亲也想家。触发他们想家的媒质也都是那么简单，那么不期而至：广场上一只蟋蟀的鸣叫，对草原安静生活的怀念，《重归苏莲托》的缥缈音乐……

  又或者是，纽约街头一缕羊杂的香味。这缕香味仿佛从家乡、从摇篮里飘来，我们永远不要低估来自家乡的"万有引力"。《绿野仙踪》里的多萝茜历尽险阻也要回到家乡堪萨斯大草原去，"我的家乡虽然没有这里美丽富饶，但它是我生活的摇篮"。

  也许所有怀抱家国情怀漂洋过海去求学的人都有相似的心路历程吧，都做一个有心人，都存一片赤子情。哲学家海德格尔曾经写过一本书阐释诗人荷尔德林的诗《返乡——致亲人》。书中他一次次写道："故乡"不纯粹是地理学意义上的地方，只有远离它，其意义才会显现，所以，"漫游异乡本质上是一种返乡"。家园，就装在每一位负笈远行的游子内心最深处。

延伸阅读

我们要坚持自己的"选择自信"。既然选择远方，就只顾风雨兼程，就要无所畏惧、勇往直前，一步一个脚印地努力，前途一定可期，彼岸终将抵达。

一个人不可能同时踏上两条路。走不同的路，能欣赏到不同的风景。当你走在路上，与其瞻前顾后患得患失，不如昂首挺胸阔步向前，去迎接风雨和朝阳。

时时仰望凌云木

京西人杰地灵。因为机缘巧合，我们一家人在此居住了三年。孩子临高考前一年，我们搬到了中国人民大学校园内的静园。人大图书馆门口有三株高大的松树。因为背景是高大的图书馆的大门，而松树四周为平坦的水泥路面，这几株虬枝盘曲的松树显得特别突兀。每天从图书馆门口的汇贤路经过，目光总是不由自主地往松树上瞄。松啊，如斗志昂扬的战友，予人温暖，给人力量，使我这个南迁来此的游子有了精神上的寄托之所。

南方的城市极少把松树当作行道树，而北方则不然。2016年暑期，我们一家人去北戴河旅游，见市区一排行道树是虬枝盘曲的松树，精神为之一振。孩子考上北京大学后，一家人继续西迁。我们落脚的北坞村一带，视野开阔，景色宜人。开门见山，走路遇松。即使在北风凛冽的冬天，紫褐色的松果，依然紧紧吸附在枝头，深绿得近乎黑色的松针，如同凝固的流云。

小时候，我去兰溪孙下坞姑妈家拜年，要翻越两座很高的山，经过一条长长的山岭，岭上有白云，有骑路凉亭。高山流水，一派江南的田园风光。尤其是春节期间，家家户户张贴红纸春联，就连村头矮小的土地庙砖石上也被糊上红纸，远远看去，重重山岭之上，青的山，白的雪，红的春联，黑的瓦，村舍俨然。村妇汲水、捣衣，村童穿梭、嬉闹、放鞭炮。猛然间，见两三株高耸入云的松树，挺立在眼前，整个村庄以及远山，仿佛触碰到了摄影师的伸缩镜头，一下子变模糊了，成了这松树的背景和陪衬。走山路走累了，蓦然看到这松，心一下子宁静了下来。

后来从金华搬家到了杭州，有了一个属于自己的"山水画室"，请来两位画家兄弟，三个人一起泼墨挥毫，合作完成了一幅《岁寒三友图》。这幅画在我的画室里一挂就是十年。松、竹经冬不凋，梅则迎寒开花，故称"岁寒三友"。严冬酷暑之时，每见此图，便有神清气爽之感。调北京工作后，我碰到一位植物学家，他大赞松树的好处，认为松针能净化空气，松树对于治理雾霾有积极作用。松树对环境适应性极强，可以忍受五十摄氏度的高温或零下六十度的低温，而且不"挑食"，能在各类土壤中生存，能抵御干旱和任何恶劣的天气。难怪松成为我们中华民族的品格化身。我曾在人大附中校园里盘桓了许久，彼时，女儿正在参加新生入学测试。校园内有一个园子，园内植有几十株松树。不知经历了多少个春秋，这些松高大壮美，无声地诉说着人大附中的历史和文化。我绕着这些松树，走了一圈又一圈，仰望直指苍穹的松枝，倾听绕枝而飞的喜鹊的欢鸣。阳光透过树梢，照在我的身上，使我确信我们将与此地有缘。

每到年关，便是生肖文化"大行其道"的时候。十二生肖，由十二种动物同十二地支搭配而成。由此，我突发奇想：是否可以用十二种植物，与十二地支搭配一下呢？每个人就是一株会行走的树。一个生肖属"松"的人，一定会让人产生品行高洁的联想。中国人喜松、敬松、爱松、护松，对松的种类和习性如数家珍。"多识于鸟兽草木之名"，这是孔子对弟子的希冀和告诫。年轻人看松，想的是志存高远；老年人见松，盼的是松鹤延年。

从华东到华北，松是无处不在的。松喜与云石相伴，四时常青。

倘若你心中有松，那么所经之处，定然会时时见松。我的同乡、画家马锋辉先生喜画松，曾以"松风在怀"为题在家乡浦江举办个展。马锋辉笔下的松，浓荫苍翠，卓然挺拔；三五成群，一望无际，观者似闻松涛阵阵，如见云雾缭绕。像我一样，想必他的精神故乡也是"长"在这松枝之上的。

子曰："岁寒，然后知松柏之后凋也。"松品行高洁，但并不高傲。它常保持俯身的姿势，或立于山脚，或伫于村头，或现身公园，或站在路旁，似乎在听你倾诉，为你站岗。看到松，我常想起做人的道理。

走过了很多山，见过了很多水，眼前总浮现着故乡的松树。此刻，我伫立在京西的玉泉山下，想念千里之外的故乡，想念仙华山上的松、通济湖上的云。思绪回到了我的孩提时代：一天夜晚，山民们手持松脂做成的火把在浦江西部山区的山路上蜿蜒而行。彼时，山是黑的，天也是黑的，万籁俱寂，徒留一队红得耀眼的火把从眼前经过。如果说，火把是火种，那么松就是火种之母。

"自小刺头深草里，而今渐觉出蓬蒿。时人不识凌云木，直待凌云始道高。"这是我最喜欢的一首古诗，作者为唐代诗人杜荀鹤。此诗问世之后，"凌云木"便成为松树的别称。京西又见凌云木。见松而思人，见松而明志。愿校园苍劲古朴、华美高雅的松树，能化作万千火炬，照亮莘莘学子的前程！

延伸阅读

中国人强调寓情于景、睹物思人。要教育孩子善于发现身边的精神图腾，能够从寻常景物中发现美，发现向上向阳的力量。家长在居室装修尤其是孩子的书房布置时，要学会用这种精神图腾来装点生活，激励斗志。

彰善之家有余庆

记得有一年,小女受邀担任浙江省首届"四好少年"评委。她是唯一的少年评委,当时杭州市有一男一女两个候选人,都很优秀。所有评委都投完票了,只等小女投出手中的票便可知晓结果。两个候选人不分伯仲,她手中的那一票就成了关键。小女迟迟不能决断,在其他评委的催促之下,她投出了手中的票,结果自己哭了。因为心地善良,她想到由于自己的决定使得另一位候选人落选,因此伤心不已。由此想到,善良虽是好事,但要讲规则、讲原则。譬如说在教育孩子的问题上,不能一味地迁就孩子,该责罚时要责罚,该表扬时要表扬。为了让孩子明白事理,适时责罚也是一种善意。

作家史铁生写过一篇小说,生动地写出了身为评委的"我"在做选择时纠结、为难的心理,根由是"我"总是在想,"我"的选择会直接影响到别人的命运。只有善良的人、有责任感的人、有强大共情能力的人,才会把拥有"判决"的权力变成对自己的折磨。我自己也曾多次担任过各种活动的评委,在那样的场合,有的人毫无心理压力,谈笑之间就判定了高低或"生死"。有的人,比如我,却多少有些选择困难症,往往要费更多的时间做决定。也许是我和女儿都"心太软",都做不到"杀伐决断",但有一点是共同的,那就是我们的心里都有着浓浓的善良的底色。

"人之初，性本善"。善良是一个人的天性。一个人来到这个世上，如果得到良好的家庭教育，使这种"善的天性"得以弘扬，那么他的福报一定会绵长无尽。这并不是唯心主义。为何？俗话说得好："平生不做亏心事，不怕半夜鬼敲门。""平生不做亏心事"是"善"的最低境界，做到了这一境界，就可以坦然存活于世。为人一旦坦荡，则心绪安宁；心绪一旦安宁，则百病不侵。由此可见，"善"是良药，惠己及人，不可不察也。

"德艺双馨"是对一位艺术家的最高褒扬。为什么讲"德艺双馨"而不是"艺德双馨"？因为一个人的品德，必然会在他的作品中得到体现。而善良，是品德的内核。

家父本名彰善，彰者，昭彰，显扬也。显扬什么？显扬善良的本性。这种朴素的家风影响久远。诚如《易经》中所言："积善之家，必有余庆。"一个为人善良、经常帮助他人的家庭，一定会惠及子孙的。

我参加新闻工作之后，回家告诉父亲，记者是社会活动家，需要广交朋友。父亲送给我八个字："广交朋友、广结善缘。"是的，广交朋友，才能广泛地获取新闻线索，这是由记者的工作性质所决定的；广结善缘，就是在交朋友时宁愿自己吃亏，多为朋友着想，多让利于朋友。绝对不能斤斤计较患得患失。这样，你的善才会有所依凭，你的路才会越走越宽广。

我们常说，每个人都是两手空空地来到这个世界，又两手空空地离开。其实，我们不是两手空空地来到这个世界上。善良是人生的本金，只要你用好这一"本金"，是可以"一本万利"的。当然，这个"利"不是指金钱财富等物质利益，而是指"水利万物而不争"之"利"。

善，是无差别地以同样的爱心待人、对事。我的老朋友、原金师附小的徐校长，从2008年开始，每年除夕这天都会带上酒菜和红包，到校传达室陪学校留值的保安和门卫吃热腾腾的年夜饭。缙云美术工艺学校的杜校长，也会亲自去刷学校的厕所。

善，可以向更为宽广的场域延伸。美学学者蒋勋曾几次说到这么一段故事：每年四五月，家乡漫山遍野的油桐花开放，白色花瓣掉一地。他带着学生走那条路，所有人都会绕开，不肯踩花，因为大家都"不忍心"。蒋勋先生的这句话可以说表达了一种极致的善良——"能够把生命变成一个比较崇高的状态的，大概就是那一朵不忍踩踏的花。"

延伸阅读

善良感使人舒适，罪恶感令人不安。一个善良的人，一定是心地光明、纯真温厚之人。为什么会出现"人善被人欺"的现象？说明一个人光善良是不够的，还要有智慧。善良不仅仅是一种品质，更是一种能力。我们每天都在学习、进步。一个人自我完善的过程，就是善良能力的提升过程。

为什么说"助人为乐"？是因为帮助他人使你自己感到快乐。这种快乐不需要受助者感激，更不需要受助者回报，是助人者本身的一种思想觉悟。做事讲原则，处世讲格局，做人讲风范。如此，善莫大焉。

陪伴是最长情的告白

2022年7月7日上午去北京医院体检，女儿陪同我前往。从小到大，不是在上学，就是在去上学的路上。这样抛开一切事务，专程陪同父亲去医院，对她来说，是第一次。虽说是例行体检，并非一定要家属陪同，且体检结果健康，但女儿一定要陪同，还是让我颇感欣慰。

小时候，对孩子来说，陪伴是最好的教育；长大后，对父母来说，陪伴是最大的孝心。近距离接触，零距离呵护，是陪伴的真义。多年以前，母亲到地区中心医院动手术，当时她情绪很不稳定，致使手术时间一再推迟。医生说，病人在心绪不宁、情绪不稳定的情况下，会导致血压升高、心跳加速，无法配合医生手术，直到我赶到现场，拉住母亲的手，亲自推护理车送她去手术室时，她的血压和心跳马上奇迹般恢复正常，后来手术很成功。我想，这是亲人之间的心理感应，这是陪伴的力量。

在孩子成长的过程中，很多父母忙于工作或事业，而疏于对孩子的陪伴。有的父母甚至将孩子寄宿在老师家中，有的父母则请来专职保姆或者家教代替自己"陪伴"孩子。其实，任何人都无法替代父母。一旦错过了陪伴的"黄金期"，发现孩子在感情上与自己渐行渐远，想要弥补就难了。孩子放学归来，倾听他讲述在学校里的见闻，分享他的收获和喜悦，让孩子感受到你对他的关怀，从而养成向你倾诉的习惯。孩子在外面受了委屈，要认真地听孩子哭诉，安慰他，帮他分析原因，商量解决办法。父母陪伴孩子，要蹲下身来与孩子对话。无数亲子教育的案例表明，陪伴是"我与孩子共成长"的最佳途径。

胡适先生在《四十自述》里特别回忆到自己小时候觉得美好的场景，就是他与父母一起在灯下识字，称之为"三个人的最神圣的团聚生活"。这样的场景，当时只道是寻常，过后却发现殊为难得，极其珍贵，因为胡适的父亲在他四岁时就去世了。而幼年时这短暂的有父亲陪伴的时光，在胡适步入中年后，仍然一直散发着柔和的光辉，温暖着他的心田。

我听朋友说起，他采访过的一位高考"状元"特别怀念他跟父亲下围棋的时光。那孩子认识"黑""白"概念就是从围棋子开始的。于是，他家里经常出现这样一幕：他父亲让他三个子与他对弈，这时候妈妈就静静地坐在一旁看他们父子俩下棋……而类似的学习场景也一直铭刻在我朋友的记忆深处：窗外雨声潺潺，他妈妈一边哼唱着越剧《碧玉簪》一边收拾换季的衣服，他则在看书或做作业；小学三四年级时，家里终于告别煤油灯有了沼气灯，他们兄弟几个静静地看书或做作业，妈妈在旁边织毛衣，明亮的沼气灯发出呲呲的声音……他说当时他的心头突然涌上一阵说不出的甜蜜，那大概就是胡适说的带着仪式感的"神圣"体验吧。

亲情需要陪伴，友情需要陪伴，爱情需要陪伴。问人间情为何物？"陪伴"是最标准的答案。陪伴比金钱更重要，因为它是有温度的；陪伴比地位更重要，因为它就在你的身边；你所爱的人握住你的手，给你一个安慰的眼神，胜过千言万语。

延伸阅读

　　陪伴不需要深情告白，只需要平平淡淡地相守。一个人，只有真正懂得什么叫"天伦之乐"，他才会珍惜父母和妻儿的陪伴，感悟最平常的日子，原来是最幸福的时光。对家庭来说，父母和子女之间的相互陪伴，是亲情的体现。对朋友来说，有事没事打电话问候一下对方，隔三岔五聚一聚，能让彼此感受到友谊的温暖。

　　独生子女时代，很多年轻父母都是第一次做家长，没有家庭教育经验。有的父母文化程度不高，自感难以承担教育子女的重任，其实不然。二十世纪九十年代，我的家乡就有一位以磨豆腐、卖豆腐为业的农村妈妈，培养了几位博士儿子，一时传为佳话。可见，家庭教育成功与否，与父母的文化程度并无必然联系，而与父母的眼界、胸襟有关。父母用心陪伴孩子，给他们关怀与温暖，让孩子感受到爱，这才是教育的真谛。

汗水浇灌青春之花

2022年6月18日一早收到浙江教育报刊总社寄来的纪念画册，画册题名《正青春——浙江教育报刊总社70年》，使我想起2019年浦江中学八十周年校庆，当时确定的校庆口号是"一九看风华，八十正青春"。前半句是我的创意，后半句是卢副县长所贡献。无论是七十年还是八十年，都是青春的编码。正青春，是一种正在生长的力量，一种行进中的姿态，一种对未来充满无限憧憬的信念。

我欣喜地发现，这本画册里有女儿写的一篇文章，题为《最纯粹的阅读时光——我和浙江教育报刊总社的故事》。上大学以后，女儿从不轻易动笔，完成这一篇约稿，想必一定是有什么东西触动了她。是啊，从读小学开始，她先后与浙江教育报刊总社所属的《小学生时代》和《中学生天地》结缘，成为这两本刊物的读者和作者，回顾以往岁月，对浙教总社的领导和编辑老师充满感恩。有一句话："种一棵树最好的时间是十年前，其次是现在。""十年树木，百年树人"的故事，如此真实地发生在自家孩子的身上。

我记得，女儿从杭州文澜初级中学毕业时，班里曾制作过一本纪念册，取名为《致青春》，画册里不但有全班同学的照片，班主任劳老师和各位任课老师的寄语，还有全班同学的签名。这本纪念册内容厚重，制作精美。如今重读这本册子，依然是满满的感动。

少年时豪情满怀致青春，中年时满怀留恋望青春。青春是蓬勃向上的力量，青春是美好的代名词。著名作家王蒙曾写过一部名为《青春万岁》的小说，感动了无数人。"青春万岁"是一种期许，是一种祝愿。一个人生理上的青春总是短暂的，但心理上的青春却可以做到永久。唯有热情不灭，方可抵御岁月绵长。

如果青春有颜色，那一定是青色，象征着生命的拔节和舒展；如果青春有声音，那一定是雨后春笋拔节的声音，是"明年再有新生者，十丈龙孙绕凤池"的浪漫主义情怀和乐观主义精神。人们赞颂青春，把一切美好的形容词都用在了青春身上。都说"唯有青春和远方不可辜负"，在青春年华，就应该放飞梦想，到远方去，寻找最能施展自己才华的舞台。

延伸阅读

有一句流传甚广的话："没有在深夜痛哭过的人，不足以谈人生。"一个人在青春时期吃得起苦，才能真正成熟起来，变经历为财富。青年并不是时间上的富翁，可以任意挥霍时光。只有珍惜光阴的人才会懂得时不我待、只争朝夕的真意。"弃我去者，昨日之日不可留"，青春的可贵在于奋斗。

无奋斗，不青春。青春之花，呼唤阳光和雨露，拥抱汗水和泪水。

考试是一种待遇

2022年6月7日是一年一度的高考第一天。6月6日晚上，小女跟老家的学妹通了电话，以"过来人"的身份，表达了提醒和祝福。

记得2017年女儿参加高考时，我特意穿上了红色T恤，每场考试都亲自送女儿到人大附中的考场门口。红色是中国传统观念中的喜庆色彩，很多人相信，父母和老师身着红色服装能给考生带来好运。而对于人大附中的师生来说，还有另一层寓意，就是把大考当作节日来庆祝，因为他们相信：高考一定成功！

人的一生，要经历的考试很多。高考是人生当中一场极其重要的考试，值得所有的人认真对待。考试是对自己平时所学的一种检验，是一个阶段的人生总结，要认真备考、迎考、参考，考出属于自己的真实水平，以不负平生之所学和亲人之期望。

每年高考期间，国家都会为做好高考护航工作做出安排，如考试期间严控噪声、对通往考场的道路实行临时交通管制等。这充分说明了全社会对高考的重视。盛世高考，乱世求高考而不可能。从这个层面来说，每一位参加高考的学生都应该珍惜自己的考试机会，既要有扔掉包袱、轻装上阵的淡定和从容，又要有"一生能得几回搏"的严肃与认真。

062
不畏将来

如果说你参加工作之后，还一直在从这一个考场到下一个考场的路上，那么，恭喜你，说明你的人生一直在走上坡路，人生制高点上的无限风光正在向你招手。

考试是一种庄严的仪式，需要在他人的监督下完成。考试之后，有的人兴高采烈，有的人呼天抢地。无论是哪一种情绪的表达，都是一个人走向成熟的里程碑。对于青少年来说，从备考到考试完成的过程，仿佛是经历一场成人礼，沐浴一场太阳雨。考试是一种方法，是对一个人知识水平的评判。你的知识储备和技能如何？通过一张试卷可以得到验证。考试给了真才实学者以展示才华的舞台，很多人借考试而改变了自己的命运。考试是一种制度，它给予考试者一个公平竞争的机会，国家通过完善考试制度，用以选拔人才。

宋末元初，我的家乡浦江举行过一次规模浩大的考试。公元1279年，南宋灭亡，元廷入主中原后取消了科举制度。广大江南士子期望通过考试"鲤鱼跃龙门"的愿望落空了。对读书人来说，没有比"取消考试"更不可接受的事了！他们渴望通过考试来印证自己的才华。怎么办？我的先祖、南宋末年义乌县令吴渭，挂冠归隐家乡浦江吴溪，发起成立月泉吟社，以"春日田园杂兴"为题发檄征诗。征诗活动得到浙、苏、闽、桂、赣等省学子的热烈响应，参与人数之广，评审流程之严谨，堪称我国古代民间考试的典范。

今天其实很少有古代那种"毕其功于一役""一举成名天下知"的考试。今天的考试有显性的，更有隐性的；有万众瞩目的，也有日常化的。有的考试甚至可以是——一次奔跑！

一个高中男生，每天深夜都躲在被窝里看电子小说，批评教育没有效果，每次都承认错误，每次都控制不住自己。这个孩子一直是被寄予厚望的，有望升入国内一流大学，可是眼看他快陷入自暴自弃的泥淖了。针对他自控力弱的问题，班主任和家长商量出了一个办法，让他在接下来的三天每天跑步二十圈！班主任说："你越陷越深，班主任有责任,也要接受惩罚,我陪你跑!"第一天,天很热,先跑完的男生用复杂的眼神看着班主任在吃力地奔跑。第二天,天更热,两人又坚持下来,男生想说什么却啥也没说。第三天,下起了雨,班主任忍住肚子的疼痛艰难地跑着,在旁边观看的班上女同学都心疼得哭了……这一切对男生构成了强烈的刺激。终于,男生冲过终点,那一瞬间他忽然仰天长啸!湿湿的脸上不知是泪水还是雨水。

当天,男生冲到讲台桌前向全班同学说了这么一番话:"我会用一辈子去记住这三天,记住这红色的跑道!"他重新掌控了自己。后来他考上了理想的大学。他对班主任说,那三天是他一辈子的财富。

这个故事的内容来自我朋友的推荐,文章是全国模范教师、优秀班主任郑小侠写的,题目叫《雨中的陪伴》。

考试是一种待遇。也许,考试还是一种救赎。

延伸阅读

我想说考试还是一种待遇。任何人都不能随意取消他人参加考试的资格。冒名顶考者犯法,主动弃考者懦弱。当考试机会来临,正确的做法是以积极的心态,认真准备,从容上考场接受检验。有的人之所以会畏惧考试,是因为平时不认真学习,喜欢"临时抱佛脚",怀有侥幸心理,希望"蒙的都全对"。天下哪有那么好的事?机遇只垂青于那些有准备者。所谓好运,就是天道对勤奋者的嘉勉。

给张桂梅校长的一封信

这是 2021 年 7 月 6 日由小女执笔，由来自北京大学中文系、化学与分子工程学院、国家发展研究院和经济学院的五位学生共同签名，写给云南丽江华坪女子高级中学校长张桂梅的信。经光明日报云南记者站站长张勇老师帮忙，将信转给了张桂梅校长，因张校长当时比较疲劳，需要休养，而同学们的时间又很紧张，遗憾最终未能成行。

现将该信辑录如下：

尊敬的张桂梅校长：

您好！

我们是来自北京大学的五名即将毕业的本科生。

一周前，我们在学校集体收看了七一勋章颁奖典礼。您身体虚弱，却步履坚毅，眼神明亮。您的无私大爱，令我们泪下。

我们之中有的即将升学，继续深造；有的将前往国家的关键岗位，踏上为人民服务的征程。

我们深刻地意识到：我们是时代的幸运儿，有许多我们的同龄人、儿童和青少年，并不像我们这样幸运，能够从小就受到好的教育，我们中有同学曾前往内蒙古乌兰察布市察右中旗支教，在一堂英语课上，面对"梦想是什么"的问题，一位女生被点名回答，她犹豫了许久，答道："我要嫁人……"

有什么样的眼界，才会有什么样的人生。只有拼了命走出去，才会见识繁华锦绣、山河无垠，我们很想把我们的感受与您的所有孩子分享。

在即将步入新的学习生活、踏入社会之际，我们同样盼望着能得到您的教诲。如能有幸，我们期待着能去您的学校看一看，给孩子们捐献书籍、与孩子们交流，鼓励她们树立远大理想。习近平总书记曾说："青年一代有理想、有本领、有担当，国家就有前途，民族就有希望。"女性的力量，就是人类的力量。

我们深知您的病痛，不敢随意打扰，只是不知能否在毕业典礼即将到来之际，前往华坪，与您的学校师生稍作交流。我相信，这一定是一堂最生动的党课，也是我们最宝贵的毕业礼物。

敬盼您的回复！

北京大学 2017 级本科生：（省略）

2018 年暑假，小女随"北京大学—嘉里郭氏基金会"扶贫调研团一行来到内蒙古乌兰察布市察右中旗，从教育、环境卫生、产业三方面展开调研。

在调研最后的环节，她和调研组成员一起为全体高三学生作励志讲座，分组与他们面对面交流。为了告诉他们"大学"和"理想"对于未来意味着什么，她向所有听众抛出问题："如果你们能考上大学，打算学习什么专业？""你觉得自己十年之后的生活是怎么样的?"全场面面相觑,鸦雀无声。半晌,才有一个男生小声说:"我们又考不上大学。"一个女生的声音紧接着响起:"十年之后我估计结婚了。"全场再次陷入沉寂。

  面对面交流时,小女坐在几十个跟她年龄相仿的学弟学妹之间,不断引导他们:"上了大学,你们可以拥有从未想象过的精彩、丰富的生活,走出去,看到外面的世界……"他们的目光中渐渐多了几分憧憬,可缺少勇气的疲乏、不自信的阴霾、对于现实的妥协从未散去。

  离开学校的时候,一个怯怯的女孩快步赶上小女,递给她一张字条。"姐姐,我想做个护士,我会努力的!"看着字条,五味涌上小女的心头,感动而酸涩。面对这一群生活条件相对落后的同龄人,小女意识到,大学生支教更应该给受助者带去的是打破常规生活的勇气,引导他们敢于"做梦"并为之不断努力。仅仅作为"知识传递者"是不够的,激发学生的学习能动性,让他们产生"要学习"的念头,才是最本质的帮扶。

延伸阅读

  小女和同学们的华坪女中之行虽然没有成行,但我相信通过写这封信,已经让他们思考了许多,也收获了许多。而对内蒙古乌兰察布市察右中旗的调研,则让她近距离感受到了同龄人的生活状况和国家发展的不均衡,更加明确了当代青年所担负的沉甸甸的历史责任。从小学到大学,孩子每年都会迎来寒暑假。这些寒暑假该如何度过?这是给孩子的课题,也是给家长的课题。"百闻不如一见"。我们应该多给孩子创造接触社会、亲近自然的机会。鼓励他们与贫困生结对子,让他们经风雨、知冷暖。

北大中文系,为你许下一个心愿

这是 2017 年 8 月小女考上北京大学中文系时,应北京大学招生办微信公众号所约写的两篇文章中的第二篇,后被北大官网转发——

上小学二年级那一年,我的小姑吴天琪被北大信息科学技术学院录取了。在北大,吴天琪是惠普、IBM 等多项中国优秀大学生奖学金以及"北京大学十佳团支书""北大之星"等多种奖项的获得者。本科阶段她还同时研习经济学,取得了双学位,被保送到光华管理学院读研。在我四年级时,她从北大给我寄了一封信——现在这封信依然安静地躺在我书房的抽屉里。

天琪小姑在信中写道:"要逐渐清晰自己的目标和理想哦!知道自己喜欢什么是很重要的,只有喜欢才有投入。没有目标的人,一直不知道自己真正想要的是什么,每天都在努力但总不觉得开心,收获也不大,我真为这样的人可惜。而一直向着一个方向努力的人,即使付出很多都不会觉得辛苦,因为他们在通往理想的道路上走得很开心。"

有很多人告诉我,北大中文系是我国历史最悠久的中文系，是无数热爱中国语言文学的人的梦想……我在心中渐渐勾勒出燕园的样子。那是一处神奇而美丽的园地，那厚重庄严却自由浪漫的精神气质，令我心驰神往。

从每一天的勤奋、每一本书的积淀开始，兼有舞蹈、绘画、音乐、主持艺术的训练培养，组织校内外大小活动的学生干部经历，我尽力让自己拥有一颗丰富而有趣的灵魂。同时，我越来越清晰地意识到：北京大学，我是多么热切地想靠近你！

因为父亲工作调动的原因，初中毕业后我们举家搬迁至北京。到北京之后我参加了人大附中和另一所全国知名的重点中学 S 校的入学考试。因为分班考试的理科成绩优异，我被 S 校录取至化学竞赛班，还十分幸运地被配备了一位十分出名的金牌教练。不久，我又接到了被录取至人大附中人文实验班的通知。在这两条几乎完全相反的道路面前，父母把选择权完全交给了我。最终，我放弃了学习化学竞赛，做出了我相信自己会走得更踏实的选择——幸运的是，相比于弗罗斯特在金色的树林里轻轻踏上的那条道路，我的周围并非人迹罕至。

记得参加北大暑期夏令营的时候，我和几位营友在一场讲座结束后的理教教室里聊起博尔赫斯，前桌的几位姑娘也扭过头来加入了这场欠缺学术性质的闲谈。从博尔赫斯这位老头儿开始我们聊到外国文学里常有的晦涩为难的气质，我说我看《巴黎圣母院》的时候跳过了雨果写建筑构成的那几页。前面一个眼睛晶亮的姑娘马上笑嘻嘻地说，她常常把很多名词都当成人名来看，把很多句子都当成神话来看；不是咱们差得远，是那些大作家脑回路太密集啦！大家便哄地笑作一团，来来去去还颇有些《遥远的高三八班》里高中生活的风景。

是感叹燕园让有着共同期待的我们在此相遇,是感激北大中文系的梦给我点亮与文字约定的火把,是感谢北大暑期课堂给予我的点滴滋润,是敬仰百年燕园中穿行过的无数伟岸身影,是感恩一年多来北大招生组的老师和学长学姐们的陪伴和鼓励;是查询到成绩和结果后的欣喜,让我懂得天道酬勤……北大中文系,为你我许下了一个心愿,为你,我努力将这个心愿完成。

参加完北大自主招生考试后,父亲与我一同走过中文系的楼前。望着那栋檐角微翘的建筑,我对父亲说:"如果能在这里学习,我一定会很幸福。"

也许这句话有冥冥中的预示,让我能够幸运地在这个梦想中的学术殿堂度过十八岁的成人之礼。是的,我将无比幸福。

你想要什么呢?

燕园不语而笑。

是呀,她一直敞开着胸怀,等待着每一段缘分的到来,伸出双臂承接着一个又一个学子许下的心愿,等待着他们用热爱和汗水将心愿浇灌。

延伸阅读

也许人生就是一个不断许愿、还愿的过程。父母的支持、身边人的鼓励是你圆梦的动力之一,但我想说的是,最强大的动力来自你的内心。当若干年后回望,相信新的梦想又在你的心头点燃。

许愿是人们在过生日、祭拜祖先或去寺庙礼佛时不可或缺的一个仪式。从心理学的层面来看,许愿带有强烈的心理暗示作用,能让人在精神上得到寄托与安慰。许愿的本质是确定自己的努力方向和目标。父母要引导孩子更好地规划未来,在孩子许愿时,要保持仪式的庄重感和神圣感,鼓励孩子通过自身努力,将愿望变为现实。

我与文字有个约定

这是 2017 年 8 月小女考上北京大学中文系时,应北京大学招生办微信公众号所约写的两篇文章中的第一篇,后被北大官网转发——

十一年前的某一天,我正凝视着书房玻璃窗外的一张蜘蛛网。窗外风飒飒作响,一只小蜘蛛可怜兮兮地用细细的腿紧紧抱住自己编织的家园,和网一起在风中剧烈地摇晃着。

那天,我第一次用键盘在家里笨重的台式机上打出了一个故事:《大风里的小蜘蛛》。

尽管那早已不是我第一次与文字结缘,但当我看着闪烁的屏幕上一个个被我输入的文字渐次出现,当我发现那只微不足道的小蜘蛛在这个世界上将通过另一种方式成为一个久远的缩影时,一种美好的感觉突然涌上我的心头。这种感觉比马孔多的人们第一次摸到冰块时无法言喻的震撼和惊奇可能多了那么一点温柔,让我一直记忆犹新。

如果我说我爱文字,爱握着毛笔一提一顿后墨汁勾勒出的方正图形,爱将文字排列组合成一个个诗句的感觉,爱在书房深吸几口混合着优质和劣质油墨的空气,爱轻轻抚摸雨滴滑过的胡同口寂寞斑驳的牌匾,那未免显得有些刻意,也把我与文字的约定描述得过分轻松了些,但和文字的约定也并非艰难和神圣到需要用一些更华美的句子来描摹。

也许是九岁时走遍杭城百家博物馆,每天在电脑上怀着一种不知名的责任感敲敲打打,稚嫩的语句最终竟汇成一本十四万字的《百馆游》。于那时的我而言,"记录"新鲜的记忆远比成文来得重要。现在的我偶尔也会试着复刻那段时光,感觉却是少了一些天真和大胆、多了几分积累和稳重。与文字的约定也让我一直尝试着重拾更多的纯粹和自如,如果有一天这种感觉能覆盖我的语言,那真是非常幸运的一件事。

也许是十一岁时和另一位吴姓同学遍寻"吴"姓在中华大地的每一处渊源之乡,共同完成了《小脚丫寻根》一书;也许是作为《小学生时代》杂志的主编小助理,为每期杂志的美文阅读栏目写下自己的阅读体验,最后收集了每一期的感悟、配上自己亲手绘制的插图,形成一本《名篇伴我成长》……

也许是高一时作为人大附中人文实验班团支书发起成立"京杭大运河文化志愿团",与杭二中、杭州学军中学、杭州文澜中学的伙伴们一起走遍运河沿线的十余座城市,以一本《孩子眼中的京杭大运河》作为给运河申遗成功的贺礼……

也许是在全国作文大赛的赛场上,眼看着与文字的约定在我的手中一次次被点亮,千般感念和万般柔情皆涌上心头。

《大卫》说:我习于冷,志于成冰。莫依偎我。然后却是升焰而万木俱焚，温馨而自全清凉。他说：来拥抱我。"将我的诗交与伶长，用丝弦的乐器！"我相信，"读万卷书，行万里路"是永不过时的道理。既有上天揽月之心，青云鸿鹄之志，又能端坐学子之席，冥想静思，方为治学之貌。其中奥妙非常，难以言喻，当穷一生追寻。

高三的最后一百天紧张而又残酷，有很多很多个夜晚我会从成堆的试卷中抬起头看着窗台上摆着的单向历、窗外在风中轻摇的梧桐，然后随手在笔记上记下一点什么。携带着挣扎酸甜，从中获得慰藉和鼓励。那仿佛是一段最平静的时光。我知道，那种感觉非常珍贵。

以至于在北大中文系自招面试的时候，当被一位教授问及"你觉得文学对你来说是什么"时，我竟脱口而出："安慰。"反应快得我根本没有去想这个答案是否经得起推敲——

毕竟，我和文字的约定也算是久远和宽广的呀。

延伸阅读

女儿四岁时第一次"创作"，用刚学会的几个字和拼音歪歪扭扭地拼写了第一篇日记："今天去兰溪采杨梅，杨梅又大又甜真好吃。"

在《我与文字的约定》一文中，女儿将"文字"列为与自己对等的"朋友"的位置，把自己完成人生大考，比喻为兑现了与"文字"的"约定"。女儿回顾了自己的成长历程，回忆了自己是如何与文字结缘，并且在文字的"助力"下心想事成。相信她此生已与文字结下不解之缘。文字是她的福星，将佑护她劈波斩浪，勇往直前！

黄蝴蝶大战白头翁

《黄蝴蝶大战白头翁》是女儿小学毕业那一年写的一篇作文,后被《少年文艺》《钱江晚报》《作文新天地》《作文周刊(初一·读写强化版)》等多种报刊选用。现节录如下:

今天天气很好,买好东西回来,我在小区喷水池边看到一只黄蝴蝶。这是一只充满生气的美丽蝴蝶。它有着金黄色、半透明的翅膀,正优哉游哉地飞着,丝毫没有注意到身后的危险。忽然,一只白头翁飞了过来,猛地冲向那只逍遥自在的蝴蝶。蝴蝶一惊,"嗖"地闪开,逃过一劫。

估计那只白头翁是想吃蝴蝶吧,不依不饶猛追那只可怜的黄蝴蝶。追了几次,无果。想必是因为黄蝴蝶心存戒备的缘故。这时看到了精彩的一幕:白头翁贴着水面飞过,发出一阵受伤时的凄惨的长鸣。假装是翅膀在贴着水面飞行时被石子刮伤了,然后,往树上飞去……

我不禁驻足,想把这一精彩的动物生存大战一看到底。

这时候,那只白头翁竟又飞了过来,还带了另一只更强壮的白头翁。它们前后夹击,追逐黄蝴蝶。黄蝴蝶早已放松警惕了，这时又忽然面临重新而来的灾难，有些"力不从心"，反应也没有以前那样灵活了。于是，它一会儿贴紧水面低飞，一会儿又飞到花丛中。两只白头翁占据了很好的位置，形成了两面包围，开始夹击。

在胜负难料的关头，白头翁没有鲁莽行事，而是躲在了那根柱子的侧面，等待时机冲出去。而黄蝴蝶再也不敢放松警惕了，紧张地环顾四周，随时做好迎战的准备。

黄蝴蝶边飞边跃，非常灵巧。也许是刚刚在柱子前休息得很好，体力已经恢复了。这场追逼战持续了十多分钟，白头翁飞行的速度也渐渐地慢了下来。也许是有点累了吧。它们飞到一棵树上叽叽喳喳地互相交流了一番。我想，它们大概是在商量对策。

黄蝴蝶倒也不急。突然，一只白头翁从树上飞了下来，以最快的速度向蝴蝶俯冲下去。哦，原来它俩商量好的计策也就是"轮番上阵"！我不禁为它们绝妙的主意赞叹不已，同时也为黄蝴蝶捏一把汗。只见黄蝴蝶临危不乱，决心与白头翁周旋到底。它发挥自己身体小的优势，绕着柱子转圈，把那只白头翁弄得晕头转向。

最精彩的一幕出现了：那只黄蝴蝶突然俯冲到水面，然后又突然飞到空中。这只白头翁显然被黄蝴蝶牵着鼻子走了，它在俯冲向水面时真的被露出水面的尖利石头刮伤了翅膀！

黄蝴蝶并没有放松警惕，它怕这又是一个陷阱。

我站在那里，聚精会神地看着，腿都站酸了。这时，蝴蝶突然发现了什么似的，开心地拍打着翅膀绕着那块露出水面的石头飞来飞去。我踮着脚尖走近一看：原来那里有一片白头翁断掉的尾羽。

延伸阅读

　　女儿观察黄蝴蝶大战白头翁那天我刚好在家准备晚餐食材。她回家时兴奋地向我描述了当时所看到的情景，我鼓励她一鼓作气写下来，同时表扬她这种对于生活的敏锐的观察力和思考力。

　　黄蝴蝶大战白头翁，创造了真实的"以弱胜强"的故事，给了孩子诸多启迪。有的孩子一提笔写作文就头疼，总感觉到没什么东西可写。除了肚子里的"存货"不多以外，没有学会用心观察生活是一个很重要的原因。其实在生活中"留心处处皆素材"。孩子在生活中发现了有趣的事，向家长叙述的时候，家长要及时表扬、肯定，并鼓励孩子抓住稍纵即逝的灵感，及时记录下来。

第二辑

往日崎岖应记取

最好的继承是什么

在北京大学家长微信群里,有家长发了一个视频,点进去一看,原来是中国政法大学郭继承老师讲解有关中国文化的一堂课。郭继承讲课幽默风趣,形象生动,深入浅出,将深奥的哲学问题讲解得通俗易懂。

郭继承是北京师范大学哲学博士,曾在西北大学中国思想文化研究所做博士后研究。近年来,郭继承老师致力于中国思想文化史、中国传统文化的现代意义、中西文化的会通与比较、中国文化发展战略的研究与传播等,受到包括北京大学等高校学生以及中央有关部委受训单位听众的热烈欢迎。

我通过中国政法大学的朋友联系上了郭继承老师。郭老师告诉我,他出生在农村,小时候家里很穷,母亲带着他起早贪黑干农活,希望能尽快还清债务,父母的勤劳善良给他留下了深刻的印象。他深知,只有知识才能改变命运,因而他读书很用功,终于考上了大学,从山东莘县来到了京城。

我无法想象,郭继承父母当年给他取名"继承"二字时是一种怎样的愿景?可以肯定的是,他的父母一定没有想到自己的儿子长大以后会以继承和弘扬中华传统文化为己任。郭继承的《中西文化比较视野中的国学智慧》《文化的传承与弘扬》《仁者爱人》《居安思危》《直面人生的困惑》《郭继承人生课：中华经典十三讲》等著作，单本发行量高达数十万册。他在抖音、小红书、今日头条等新媒体平台的课程，受到数百万粉丝的追捧，成为通过网络平台传播中华文化的一位"现象级人物"。

从传统观念来说，大多数父母都希望子女能继承家业。倘若家境贫寒，是否就无"业"可继了呢？回答是否定的。我的好朋友吴学深跟我说过，他从祖宗那里继承的最大财产是他的姓——吴姓。吴姓始祖太伯"三让王位"的故事感动了一代又一代中国人。《史记》共有《世家》三十篇，而《吴太伯世家》被司马迁列为第一篇。为何？因为太伯的谦让美德，是中华文化核心价值观的重要组成部分。作为吴姓子孙，以"谦让"做安身立命的原则，就是对祖先美德的最好继承。

所以，姓氏的继续是表象，其内里是家风家训的传承。曾国藩后人中出了不少各个领域的优秀人才，与曾国藩家书中一再表达的育人理念不无关系。曾氏家教就是从不起眼处入手，然而又是有仪式感的教育。他终身信奉这样的道理："天下古今之庸人，皆以一惰字致败；天下古今之才人，皆以一傲字致败。"他对一个"勤"字总念念不忘，认为"每日做事愈多，则夜间临睡愈快活"，并且把"勤劳而后憩息"视为人生至乐之一。曾国藩从小处着眼、一丝不苟的身教，不但养成了他至诚、勇毅的气象，也使他的言说在家族子弟中间发挥着深远的影响。

何谓继承？继是"继往开来"，承是"承前启后"。真正的继承者并非坐享其成者，而是开疆拓土者。我认识第一代浙商的代表人物俞国生先生及其子俞强先生。俞强是一位富有情怀的新浙商，他不愿意被称作"富二代"，不愿躺在父辈的功劳簿上享福，而是依靠自己的聪明才智，在商海里真刀真枪地拼杀，创造了属于自己的新辉煌，成为一个真正意义上的"创一代"。

在浙江,像俞强这样的"创一代"还有很多,如湖州的张凯、金华的李振皓等。他们都是由"富二代"转型为"创一代"的典范。创新创业是最好的继承。父辈们筚路蓝缕、艰苦奋斗的经历,是他们取之不尽用之不竭的精神财富。由此可见,继承民族的美德、优良的家风,比继承财产重要;继承文化的自信、善良的品质,比继承职务和爵位重要;继承优良的作风、优秀的文化,比继承人脉资源重要;继承先烈的遗志,比高喊光荣的口号重要。

延伸阅读

作为一个中国家长,要教育孩子永远不忘"中国"这两个字,为国立魂,为国育才;永远不忘自己的角色定位,牢记"国家兴亡,匹夫有责",要为弘扬中华文化尽自己的绵薄之力。

找对的人来把把脉

一个半月前,有朋友给我介绍了房山的李大夫。李大夫以中医方法给人治病,却不承认自己是中医,且直言当前中医面临师承断档、中草药质地不纯等诸多困境。他说"望闻问切"中,"望"排在第一位,即观看病人的气色。现在很多中医一上来就把脉,从"望闻问"直接跳到第四步"切",这不是科学的态度。把脉的学问很深。把脉过程中医生所接收的信息看不见摸不着,很容易让庸医钻了空子,滥竽充数。李大夫从不为病人把脉,却能够做到对症下药。为何?他说观其气色,闻其气味,问其症状,基本可得其病因。对于那些疑难杂症而言,"切"只是对前三个环节的一个印证手段。诚然,这是李大夫的一家之言,但从李大夫在当地拥有良好的口碑来看,他的话不无道理。

把脉,本义是指中医术语"切",是"望闻问切"中的重要一环,即用手指放在被诊断者的手腕上,通过对动脉搏动的显现部位、速率、强度、节律和形态的感知,来判断被诊断者的身体状况。把脉所了解到的信息,除了把脉的医生外,病人无从知晓。

把脉,看上去比较有仪式感,容易给病人以"医生看病很认真"的心理安慰,但高明的医生讲求实效,重在解决问题。由此想到,解决任何问题,都要一步一步来,不可省略铺垫的环节、准备的步骤。要循序渐进,不可操之过急。

当你遇到自己难以解决的问题时,需要请专家前来会诊,因此叫作"请人来把把脉"。这就是把脉的引申义。医生把脉,凭的是水平和良心;专家把脉,凭的是经验和学识。把脉者和被把脉者之间,是一种相互信任的关系。从理论上来说,中医是可以给自己把脉的,然而"旁观者清,当局者迷",把脉还是请旁人比较好。

这个世界上,没有谁比你更了解自己。把自己的脉象交给旁人去诊断,首先要找对人,找真正懂行的专家。明朝裴一中在《言医·序》中说:"学不贯今古,识不通天人,才不近仙,心不近佛者,宁耕田织布取衣食耳,断不可作医以误世!"这段话被后世很多从医者奉为至理良言。笔者小区附近的"永康堂"内即悬有书写这段话的书法作品。医生干的是"良心活"。不懂脉象者千万不可给人把脉,以自欺欺人。

善把脉者往往对天道有敬畏之心,对生命有悲悯之心,对万事有谦卑之心,但是他们也是拥有专业自信和专业骄傲的人。也因此,张文宏会说优秀的医生文质彬彬都是假象,实际上脾气一个比一个烂,而且每个人都极端自信。比如我的一位朋友自查时血压一直偏高,可在背了二十四小时动态监测仪后却显示数据正常,医生看了结果就说不需要吃降压药。"可是,我平时自测都偏高啊?"我朋友问。"二十四小时动态监测数据是最准的,你信哪个?"医生有点不耐烦。我朋友不甘心,又指着几个血压升高的时段(喝咖啡、抽烟时)说:"你看,这不是高的吗?那不是高的吗?"说来说去,医生突然有点恼怒:"我说正常就正常!一天中血压当然要有波动,如果没有波峰,那反倒不正常,比如夜间血压偏低,是危险的……"他的口气听上去有那么点专断,但其实是有专业知识支撑的。所以,我们还真不能单凭"态度"好坏来判断把脉者是不是"对的人"。高手可能是温润如玉的谦谦君子，也可能是铁口直断的"霸蛮"之人。

我们真的只是在说中医把脉吗？是的，但又不全是。今天，在个人的情感选择、职业选择乃至人生道路的选择上，在孩子的学校教育、家庭教育尤其是升学择校等问题上，太多的人容易陷入困惑，需要有人"把把脉"。"把脉者"可以是中规中矩的专家，说的话四平八稳，基本无错，"此一方面，另一方面"，"虽然""但是"，"可能""或者"，左平衡右辩证，但对咨询者来说恐怕也无甚益处，因为最终还是难以决断；也可以是口若悬河的名师，一张口就是段子，一拍案就是惊奇，很有蛊惑性，很有煽动性，也许偏颇，但未必不深刻，很容易帮咨询者找到方案……

究竟谁是"对的人"？无论为谁把脉，无论因何事把脉，都要记住：一、善把脉者不是上帝，也从不会以上帝自居，因为没有全知全能的神，没有未卜先知的巫师，没有看得见清晰未来的水晶球；二、善把脉者必定要在对咨询者的情况了然于胸后才能提出建议或方案，否则就可能是瞎指点；三、善把脉者未必是专家名师，而是曾经历过相似境遇的同道人，以其经验教训帮你少走"弯路"，避免"踩坑"，成功"上岸"。

延伸阅读

常言道："一个好汉三个帮，一个篱笆三个桩。"人生在世，难免有请人"把脉"之时，一定要擦亮眼睛，找对人，把对脉。而当你的能力和见识足够高，被人请去"把脉"之时，则应知无不言，言无不尽，言之有据，言之有理，以体现"受人之托，忠人之事"。在家庭教育的过程中，也会出现"当局者迷"的情况。作为家长，不妨与孩子同学的家长保持沟通，请他人一起来"把把脉"。

和孩子同做"行动派"

小时候读书,经常听老师告诫:"千万不要做语言的巨人,行动的矮子。"动动嘴巴容易,落实到行动上却很难。为什么?因为行动者需要守信、守时,需要有毅力有耐心,需要有不达目标不罢休的决心,需要将目标想出来,说出来,写下来,做起来。曾几何时,"思想上的巨人,行动上的矮子",似乎已成为很多年轻人的通病。他们说得多,做得少,好高骛远,坐等时光像流水一样过去,而理想却一直只是空中楼阁。

要做"行动派",就不能瞻前顾后,而是在认定目标之后,勇往直前。无论碰到多大的困难,都要付出坚持不懈的努力。因为任何一次行动都不能确保成功,付诸行动的结果,一定会离目标越来越近。假如你不付诸行动,那么,目标一直在远方,而你,一直在原地。

说干就干,据说是中国人的天性。确定好目标,是行动的前提。目标一旦确定,决不轻易更改。因为更改目标犹如一艘船在大海里改变航线,轻者会导致无功而返,重者会进入未知海域,面临风暴突袭、鲨鱼侵扰等各种风险。有的年轻人,在接受任务时,轻易表态。一旦在约定的时间无法完成,就给自己找各种借口。"行动派"只青睬问题的解决方案，他们习惯于对借口说"不"。遇到困难，他们就像爆破手一样，能够熟练地拆除引信。行动要有内驱力做支撑。也就是说这个行动的目标是你内心的愿望，是你实现自己人生价值的才能展示，是对未知风险的接纳，是对惰性、犹豫、侥幸和畏惧的斗争。

美国颇具影响力的教师雷夫说过：你希望孩子成为什么样的人，那你自己必须是这样的人！我们要逼着自己发生改变，跟孩子一起一点一点地向完善趋近。我们要让孩子认识到，他不是一个人在奋斗，你跟他在同一个节奏上，是在同一条跑道上奔跑。

一位全省高考"状元"谈到家庭对他的影响时说，父母身上那种敬业、上进的干劲同样对他起着不可轻视的示范作用。他父亲本来也是一个农民，可是一直非常敬业，不断提高自身能力，完全凭自身努力闯出了一条路，这一点无形中给儿子带来了动力。他说母亲也有很强的进取心，业务能力强，还一直注意提高自己，比如，作为小学教师，普通话水平只要达到"二乙"就可以了，可是她还是努力地练习，结果通过了"二甲"；再比如，本来像她母亲这个年纪，学校已经不要求他们掌握计算机技能，但她还是在刻苦学习……

绍兴某知名学校校长还讲过一位女同事的故事。女同事的孩子上了高中，为了给孩子做样子，让他认识到努力的意义，让他感到不是在孤军奋战，五十多岁临近退休的她还发愤学习，要考会计师证。

最高效的陪伴，就是做好榜样，甚至一起行动。家有考生的家长，与其在开考日穿什么旗袍，去讨一个好彩头，不如自己也行动起来。与孩子同做"行动派"，家长和孩子的心里都会有个底。

延伸阅读

不积跬步，无以至千里；不积小流，无以成江海。行动力强的人能够主动承担责任，善于把握机会，在确立目标之后，能够锲而不舍地朝着目标努力。

让我们都做说干就干的行动派吧！在行动中成长，在行动中成熟，在行动中修正错误，用一颗开放、包容、乐于分享的初心，带动更多的人加入"行动"的队伍中来。家长要和孩子一起做行动派，养成"今日事，今日毕"的好习惯。

让孩子享受书房之趣

几年前，我家位于萧太后河畔的房子装修时，我担心书太多没地方放，特地把阳台的空间也设计成书房。这样，卧室里有书柜，客厅里有书架，书房里有书橱，就连餐厅一侧的墙，也被我设计成可移动的"画墙"，双休日可在墙壁上涂涂画画，搁下画笔，即可捧起书来阅读。

书房似乎是现代人住房的标配。对于文字工作者来说，书房更是居家生活的重要空间。书房的设计风格以及收藏图书的种类等等，无不展示着书房主人的兴趣爱好和价值取向。

北京富阳商会秘书长小盛多次向我推荐的一家城市书房，位于北京市西城区阜成门北大街，是一位有情怀又有远见的富阳人开的。这家书房提出的口号是"家有了书房，灵魂就有了栖息地"。而我想说的是："城市有了书房，便有了家的温暖。"这家书房的核心资源是兀兀穷年、久久为功精心打造的全套102部1152册《中华善本百部经典再造》丛书。这套丛书以原创性、开拓性、经典性为特色，选目之精、版本之良、印刷之美，令出版界同行刮目相看。

抱着探个究竟的心情，2022年4月11日下午，我在下班回家的路上特意绕了一个弯，走进了这家书房二百八十平方米的诗意空间。

一踏进书房的大门，就有一种时光穿越的感觉，仿佛化身为宋代文人，走进了自己的书房。随手拿起一本书，也是仿宋代或仿明代的版本。这种让读者沉浸式感受经典的书房在北京城实不多见。

这家书房最吸引我的是室内门两侧的楹联："百卷诗书如好友，一樽谈笑伴高人"，横批"书香琴韵"；"花木清香庭院翠，琴书雅趣馆堂香"，横批"书香及第"。圆形门两侧挂着一副书法联："万卷古今消永日；一窗昏晓送流年。"此联取自宋代陆游的《题老学庵壁》诗："此生生计愈萧然，架竹苫茆只数椽。万卷古今消永日，一窗昏晓送流年。太平民乐无愁叹，衰老形枯少睡眠。唤得南村跛童子，煎茶扫地亦随缘。"

书房内陈列着一架古琴，琴上挂对联一副："万卷藏书宜子弟；三田聚宝真生涯。"看到这副对联，使我想起多年以前，中国美术学院教授吴山明先生为我亲书的书斋联："人生何为富，绿色绕吾庐；人生何为贵，闭门读吾书。"据说改编自清代汪应铨的诗。而被称为"钱塘书画老人"的施祖铨先生也曾为我亲书一联："古今来多少世家，无非积德；天地间第一等事，还是读书。"枕边书、窗边书、餐前书，书房常常"侵占"其他房间的"领地"。以书佐餐、以书助眠是许多现代人生活的日常。书房里有绿植，它们伴书而长，依书而生，粗粗一看，还以为是从书中某一章节里生出来的藤蔓。

这家城市里的书房，多了书卷气，少了商业味。这跟书店主人"传播文化，乐做公益"的理念吻合。窃以为，这书房跟上海静安区图书馆着力打造的"赵丽宏书房"有异曲同工之妙。

赵丽宏书房里陈列着赵丽宏先生各个时期著作的各种版本，四周悬挂着铁凝、张抗抗、王安忆等文坛名家的题词和书法作品。作为坐落在图书馆里的作家书房，赵丽宏书房一直致力于阅读推广，助力读者亲近文学，感受文学，与作家近距离交流。"静安区图书馆里，赵丽宏书房只是小小的一个格子，就像一盏小灯，辐射光亮，给读书人照明。"——这是上海市作家协会主席王安忆为赵丽宏书房所题写的贺词。赵丽宏先生是我尊敬的师长。我曾有缘参观赵丽宏书房，并以《逢鹿觉山深》为题写过小文一篇。

　　凡爱书之人，必心气相通。我的好朋友、杭州市上城区文联副主席张秀霞家的书房，不但有《红楼梦》《人世间》《百年孤独》《简·爱》等中外名著，还有《五万年中国简史》《为什么是中国》等读本，足见书房主人的涉猎之广和知识面之宽。周末徜徉在这样的书房里，对主人而言，一定是一种享受吧！

延伸阅读

　　家长要重视对孩子书房的打造，营造温馨、轻松的阅读氛围，让孩子享受书房之趣，在自己的家里有一个专注阅读的空间。如果没有书房，也要把孩子的房间布置得书香味浓一点，使书柜和书成为家居环境的"主角"，以方便孩子阅读。

记录日常点滴之爱

2022 年 6 月 14 日，我与同事小索一起当了两个半小时抗疫志愿者，站在北京市东城区东四十二条胡同口为进进出出的往来人员测体温，并督促其扫健康码，有幸亲睹了许多温馨的画面：有女儿带着老母亲看病的，有七旬爷爷带着六岁孙子去公园遛弯回家的，脸被晒得黝黑的快递小哥们骑着电瓶车风驰电掣，对于测温和扫码，每一个人都很配合，有的人在扫码时还不忘说一句"你们辛苦了"。

当晚，欣赏了"居家有爱"摄影及短视频作品。这些作品是由中国大众文化学会影像专业委员会联合小米集团党委、小米集团妇工委、上海哔哩哔哩科技有限公司党委和北京大学视听传播研究中心向全社会共同征集的。

本想看两段短视频就洗洗睡了，没想到一看就被精彩的内容吸引住了，连续看了几十条精彩的短视频，感触颇深。居家办公虽然是疫情影响下的无奈之举，但居家有爱，居家有温暖，居家有创意。热爱生活的人把原本以为会很压抑的居家时光变得轻松、愉悦、充实、幸福。一些平时忙于工作而难得有时间陪孩子做作业的家长，有了难得的弥补时光，陪孩子读书、陪孩子玩耍、陪孩子弹钢琴、陪孩子锻炼等等，乐在其中，收获在其中。而那些长期在外奔波的成年子女，也借居家之机弥补了陪伴老人的愿望。

据组委会办公室负责人施艳介绍，自5月20日"居家有爱"摄影及短视频作品征集活动开展以来，组委会坚持每周开例会专题研讨活动开展情况，为征集更多更优秀的作品集思广益。一些社会有识之士也纷纷参与到活动中来，主动出谋划策。

窃认为，"居家有爱"活动之所以受到公众的热情参与，是因为"有爱"两个字触动了人们心中最柔软的部分。众所周知，家庭是心灵的港湾和精神力量的加油站。但长期以来，快节奏的工作和生活，给不少家庭的这个"港湾"带来了风雨。仿佛每个人都行色匆匆，似乎每个人都很忙，家人之间沟通交流的时间越来越少，港湾成了驿站。

居家办公，让生活的节奏慢下来，使家人之间有了深度交流的机会。你们可以在一起探讨事业发展的规划，可以在一起切磋厨艺，可以在一起比拼才艺，可以在一起重温家族的创业故事，展望美好的未来……在慢时光里品味亲情，感受岁月的静好和家庭的温馨。"居家有爱"摄影及短视频作品中，有一部分是反映家人之间相互勉励共同进步的，有一部分是反映人类和宠物之间的感情故事的，有一部分是记录疫情当下生活的日常的，有一部分是记录植物花开瞬间的，有一部分是反映邻里之间团结互助的……

我印象深刻的短视频中，有一位女儿拍的封控期间八旬老母亲居家生活的日常，让人泪目。也许是一顿花式早餐，使子女永远记住了父母的爱；也许只是小区孩童们奔跑嬉闹的寻常瞬间，让人们陡然感觉到生活的美好；也许是天边偶然飘过的一朵云，小区围墙角落里一朵小花的悄然开放，使你暗生思乡的情愫。

感谢"居家有爱"摄影及短视频作品征集活动组委会为我们这个时代留下了难得的影像记录文本。有的父母专门把镜头对准自己的孩子，记录其从早上起床到晚上洗漱完毕上床睡觉的一天生活的全过程。有的孩子把镜头对准了自己的爷爷奶奶姥姥姥爷和爸爸妈妈，感恩长辈为自己健康成长所付出的点点滴滴。

　　这种文本记录看似平淡无奇，但放在历史的维度来看，却是极具意义的。十年后、五十年后来看这些文本，一定是无比珍贵、不可多得的历史资料。它是人间向上向善向美的诠释，是人类最朴素、最深沉的情感表达。为响应"居家有爱"活动的倡议，许多人萌生了拍照和拍视频以记录日常生活的念头。

　　我常常想，假如现在有人发给我一段二十年前我送女儿上幼儿园的视频，我一定会喜出望外。当初曾经想到过，但没有付诸实施，现在回过头来却再也无法补拍。摄影和摄像的意义就在于，让瞬间成为永恒，而这种永恒所传递的爱是历久弥新的。

延伸阅读

　　"居家有爱"活动很有意义，既丰富了人们的文化生活，又展示了大众的精神风采。我想说的是，"居家有爱"活动是一次全民爱的教育，更是一次对孩子的爱的教育，是用日常生活的瞬间和细节建造起来的"爱的大厦"。曾几何时，我们已失去了爱的嗅觉、爱的能力，而"居家有爱"征集令一颁布，宛若平地一声春雷，无数个家庭不约而同地打开窗户，让清风进来，让阳光进来，让爱的旋律响彻我们这个社会的每一个角落。父母要和孩子一起学会记录居家的点滴之爱，让家的温暖始终伴随孩子成长。

和孩子一起学会经营

那天女儿在微信上跟我说,她把纽约的宿舍短期租出去了,等一周后租期到了她再回去。这出乎我的预料,孩子已经学会经营了!我们每一个人的人生都需要经营,说到底,就是人生需要规划。我从浦江到金华,从金华到杭州,再从杭州到北京,工作单位的变动带动了全家的迁徙。这并非"脚踩西瓜皮,走到哪里算哪里",而是有人生目标、有自我使命的。

我想,假如孩子把纽约的房子短租出去,这笔租金可以支付她去欧洲的差旅费,这期间还可避开纽约的极寒天气,又可在欧洲学到东西。这样的安排,让我在心底里直呼完美,默默地为女儿点赞!当然,她现在的主要任务是学习,有利于学业的经营才是有价值的经营。

女儿研究生学业第一个学期末假期有一个月的时间。她把这一个月的时间规划好了,利用好了,这让我感到欣慰。因为这段时间,纽约刚好遭遇史上的极寒天气,暴风雪是常态。她去法国和西班牙会朋友、览风物、察人情,也是一种学习。

小女出国当天,我到萧山机场为她送行,同行的林砚秋同学的爸爸妈妈、虞凡同学的爸爸妈妈都当着我的面感谢小女,是她未雨绸缪，提前几个月当机立断订好了飞机票，不但省了钱，而且旅途中有伴，可以互相照应。她是三个孩子中的带头大姐，因为与她同行，两位同学的爸爸妈妈都感到很放心。赴美前，小女不但早早租下了房子，而且找到了高中同学合租，这两位同学素质较高。正所谓"近朱者赤，近墨者黑"。孩子的好人缘和经营意识让我深感欣慰。

明代有一位主张"性灵"的大才子袁枚，跟多数传统士大夫不同，也跟冬烘先生孔乙己不同，不但会读书，会写诗，会考试，还颇懂得经营之道。他当年在南京接手随园后，花了很大精力修建，二十年间不断修葺旧屋，添置景观，并在水中养莲种荷，在山坡种树植竹，把田地、池塘等都出租出去，颇有贾探春整治大观园的手段。也因此，在他没有官俸的时候，仍有大宗收入，支撑其保持优裕生活，可以继续风雅下去。肚子里有"生意"，笔底下才有"性灵"。

相形之下，在今天这样的年代，很多年轻人对于"孔乙己脱去长衫"之举耿耿于怀，实属不该。做人要"拿得起，放得下"，如果始终端着架子，仿佛不食人间烟火的样子，那生活可能会反噬你，尤其在生活充满不确定性的当下。

延伸阅读

作为父母，应努力跳出自身固有的思维惯性，透过反观自己与孩子相处的模式，来认知自己存在的问题。父母与孩子的关系在于爱和智慧的传承。如何让孩子面对社会复杂环境的挑战时，能够从容应对？父母的责任重大。一代人超越一代人，既是父母的期望，也是历史的必然。人生最大的经营，在于利用好自己的时间，有目标地做有价值的事情。不把时间浪费在无效社交和无意义的事情上。因此，父母要和孩子一起学会经营。

而且，一定要知道，我们所说的"经营能力"应该是广义的，其内涵远远超出经济之道，更是指在变动不居的现实生活中的应对之道。懂得好好经营自己的人生，是幸福的基本前提。

父母的示弱，是孩子无法抗拒的温柔

这是浦江新华幼儿园朱婉璐老师讲述的两则她自己的教子故事——

故事一：

"走，带你玩滑板车去！"我和孩子他爸兴奋地拎着滑板车，带着卡比到了文化广场。爸爸把车一放："来，卡比，试试！"卡比拉着我的衣角紧紧地靠着我。"爸爸给你新买的玩具，可好玩了！"卡比摇着头，说什么也不肯尝试。"爸爸来给你示范一下。"说着爸爸踩上滑板车蓄势待发，刚滑两脚，车头一歪，差点摔倒。卡比哈哈大笑："爸爸也不会玩！""那你来一个试试？等你学会了教教爸爸！"我看着卡比，爸爸也赶紧附和："是呀是呀，我都不知道怎么玩，你快学会了来教教我。"卡比慢慢地摸上车把，试探性地玩起来，摸索了几次越玩越溜，之后的一段时间里都时不时地要向我吹嘘几句："爸爸都不会玩滑板车，还要我教他！"原来爸爸的认怂激发了孩子挑战的欲望。

故事二：

　　记得有一天我下班很晚，只感浑身疲惫，一回家就倒在沙发上，卡比跑过来想拉着我玩。"妈妈今天太累了，不想动了。"我也有些没耐心。卡比问："妈妈你是生病了吗？"我随口一说："是呀，可不舒服了。"没想到卡比给我倒了杯水，还问我要不要吃药，如果去医院的话他很乐意陪我去。原来，我的柔弱让孩子学会了心疼和体谅。也越来越明白，作为父母，大可不必事无巨细、无所不能。示弱也可以成为孩子成长最好的助推器。

　　特别是到了大班以后，这一招屡试不爽。"这么多快递我一个人拿不动，谁能帮帮我就好了！"卡比马上冲过来，一个摞着一个快递，恨不得帮我全部搬走。从此拿快递总是他的手里满满当当，我的手里空空如也。"弟弟睡不着，我们给弟弟讲个故事吧，可是我又不会说，怎么办呢？""哥哥来，哥哥会说，《西游记》我都听得倒背如流了。"于是，迷迷糊糊中我都睡着了还听见卡比讲故事的声音。"哎呀，等会儿吃完饭要做好多事情，整理房间、洗碗、拖地。""今天我来洗碗吧。"卡比搬来小板凳有模有样地洗起碗来。都说"为母则刚"，在儿子面前，妈妈真不必"太强"。每个男孩心里都有一个男子汉，没事多请孩子帮帮忙。

　　"我不知道等会儿卡比是想先去写作业还是先练跳绳，你觉得呢？""爸爸妈妈意见不同，决定不了国庆去哪里玩，你来出出主意。"我们都喜欢装傻，让孩子自己来做决定。

延伸阅读

　　父母的示弱，是对孩子的一种尊重和信任。每一个生命都有向上的欲望，每个孩子都需要成为自己的主人。父母的示弱，是一种教育的智慧，因为你的"示弱"，给孩子腾挪出了发展空间，使孩子有了施展才华的机会。让孩子做主，本质上是培养孩子的责任感。孩子责任感的培养最忌讳空洞的说教，而是寓教育于无形之中。我好友倪竹坚的女儿在一所专业排名第一的全国知名高校就读，在上大二时就获得了国家奖学金，绩点排名列全校第二。他在总结家庭教育经验时说，"要把孩子当大人看"。

窃以为，朱婉璐适时向孩子示弱，除了在内心深处尊重孩子，"把孩子当大人看"以外，还隐含着"把孩子当强者看"的教育理念，希望通过示弱来提升孩子的责任感和行动力。普天下，没有哪位父母不希望孩子超过自己。既然你希望"青出于蓝而胜于蓝""一代更比一代强"，为什么不放手让孩子去干呢？

示弱不是懦弱，更不是无能，而是让人家觉得"欠"你一点什么。这样的人际关系，岂非对你有利？单位如此，家庭亦然。夫妻之间，相互示弱，则家庭和谐的因素就会增加一分。

父母要牢记：好孩子都是鼓励出来的。以前我认为鼓励不是高高在上，不是长辈对晚辈的叮咛和嘱咐，而是平等的对话和交流。朱婉璐老师的教子故事，刷新了我对这一观点的认识：父母的示弱，是孩子无法抗拒的温柔。有时候，父母需要放下身段，不妨让孩子"高高在上"，选择做一个忠实的倾听者和执行者。

从"主动揽活"到"袖手旁观"

这是浦江新华幼儿园徐双田老师提供的一个真实的家庭教育案例：

言言从小活泼好动，还没到两岁，家人们就发现家里的事儿她总喜欢插上一手。比如奶奶在择菜时她要学样子把菜撕成几片；又如妈妈扫地时她会去拿畚斗，叫妈妈把垃圾扫进畚斗里；她还会有模有样地搓洗小袜子、给阳台上的花花草草浇水……

每当言言用实际行动要参与家务事时，就会出现以下场景：

奶奶挡着言言，说："哎呀你把这些菜都撕坏了，别弄了，自己去玩玩具吧！"妈妈赶紧拿过畚斗说："哎哟哎哟，把里面的垃圾都倒出来了，妈妈拿吧，你走开一点。"爷爷夺过言言手中的洒水壶，说："衣服都湿了，别弄脏了，看动画片去吧！"

时间久了，大概在言言快要上宝宝班的暑假，家人发现：言言好像不怎么"插手"大人的家务事了，她更喜欢坐在沙发上看电视，或者只是在边上看看。家人意识到言言变得"懒惰"了，又主动去招呼她："言言，我们一起剥豆子吧。""言言，过来把自己的衣服放到衣柜抽屉里。""言言，我们去爷爷的小菜园里挖几个土豆吧！"言言也有回应，可是当她把豆子剥得满地都是时、将衣服弄散时、去菜园里踩得鞋子上都是泥时，大人们又会制止她的劳动，常说："好了好了，剥过就行了。""柜子里刚整理好又弄得乱七八糟了。""哎哟，鞋子搞得这么脏，也不知道要小心一点。"

渐渐地，家里的事务，言言更多的是视而不见了。进入浦江新华幼儿园宝宝班一段时间后，班里的老师反馈说，言言对什么事都不算太积极，需要老师说一下动一下，建议家长在家要多鼓励让孩子独立做些事情。妈妈向老师交流了家里的情况，老师立马指出了症结所在：孩子明明是愿意做事的，但家长的怕麻烦和责备让言言失去了动手的意愿。

家长们意识到了之前的错误互动方式，开始主动招呼言言参与家务。给言言准备了专用的小围裙和雨鞋；每次家里包饺子的时候大家一起包，夸言言包的饺子最有特色；妈妈洗衣服的时候就给言言系上围裙，用小盆洗自己的袜子和小内裤；和爷爷去小农场的时候给她穿上雨鞋，帮爷爷一起拔草、收获……言言对家务事重新有了兴趣，家人们也更多地把家务事当作了和言言互动的机会，常常夸言言是名副其实的家务好帮手！

上了小班之后，言言总会和家人分享学校里的趣事。她说幼儿园里有一个小农场，哥哥姐姐们种了很多番薯，保安爷爷还帮忙种了玉米。到了中班，她回家分享自己当了值日生，帮阿姨放杯子、挂毛巾，还要分碗、擦桌子。现在言言大班了，是老师的好帮手，并且爱表达、爱交往，是个无忧无虑的阳光宝贝！

看到言言这样的成长，家人更加认识到家庭劳动教育的积极意义，坚定了要让言言成为一个"爱劳动"的孩子的想法。

延伸阅读

故事中的言言，从"主动揽活"变成"袖手旁观"，最后又重新成为热爱劳动的孩子，家庭教育方法之重要，于兹可见一斑。

言言一岁半时，家长在孩子乐于帮忙干家务却总也干不好的时候，因为怕麻烦就拒绝孩子参与；言言两岁半时，家长又认为她不爱劳动重新招呼她一起做事，却再一次否认了言言的付出；进入托班收到了老师的反馈才真正重视起家庭劳动教育的重要性。这也说明了家校合作的重要性。假如幼儿园老师没有及时向言言父母反馈孩子的表现情况，假如老师反馈情况之后，依然没有引起父母的重视，试想，言言能够重新成为那个爱动手、热心主动的孩子吗？

其实，在一些父母眼里，孩子的"帮倒忙"和"添乱"行为，正是引导他们学习的好机会、鼓励他们多动手实践的好机会。实践证明，认为孩子干家务不如去看书学习，其结果只能培养出高分低能的孩子。

"浙派名师名校长培养工程人选"、浦江新华幼儿园园长陈亚利指出，家庭的早期教育绝对不是学校教育的提前进行，孩子非常需要生活技能的培养，他们通过参加自己所熟悉的家庭中的力所能及的活动，例如自我照顾（如刷牙、梳头、洗漱）、生活技能（如制作食品）、改善环境（如打扫卫生、园艺活动）等，锻炼动作协调性，训练感觉和观察能力，发展智力。只要这些活动让幼儿乐在其中，就会促进他们的身心发展。让幼儿在家中担当一定的角色，通过做家务而受到家长的赏识，也能让他们找到自我存在的价值，使他们更加热爱生活、懂得生活。

裴斯泰洛齐认为："生活是伟大的教育者，在幼儿各种能力的发展过程中必须坚持生活教育的原则。"劳动教育常常是家庭早期教育中容易被忽视的方面。家长应当做的是关注幼儿的劳动教育，重视幼儿的积极性、主动性，尊重幼儿的兴趣需求，让他们沉浸在自己喜欢的劳动中。比如：通过养育小动物、种植物等方式让他们认识生长、生命，体验生命，热爱与珍惜生命，培养孩子的爱心；通过收拾自己的玩具、衣物鞋袜体会到成就感，体验整齐有序给自己带来的愉悦，培养孩子的秩序感；通过自己刷牙、扫地拖地等感受清新的口腔、干净的环境带给自己的舒适感，培养孩子的良好卫生习惯……

人生上半场和下半场

不知不觉中,我已过了知天命之年,但我从来没想过自己要退休,不知老之将至。多年以前,我在兰溪江南职校的围墙上看到过一句口号:"每天锻炼一小时,健康工作五十年,幸福生活一辈子!"——那是在 2007 年第七届全国大学生运动会开幕式上,时任教育部部长周济提出的。锻炼身体的重要性人人都懂,但总觉得那是明天的事,直到有一天早上,我试着想绕着小武基公园跑三圈,不料一圈跑下来就已气喘吁吁时,我才猛然意识到自己不坚持有规律地锻炼身体已经很久了。

作为一名"70 后",当女儿开启"人生上半场"的精彩人生时,我开始规划"人生下半场"。我坚信人生下半场的关键词不是"退休"和"躺平",而是"再出发"。一切过往,皆为序章。我觉得人生来就是要奋斗的。奋斗不是空洞的口号,不是外部的要求,而是一个人自我价值的实现,是让一个人觉得充实而有意义的一种生存状态。

如果说"每天锻炼一小时",是我们每一个人应该终身养成的良好习惯,那么每天读书一小时是否也应该成为我们的自觉行动呢?前者是健康人生的基本条件,后者是实现人生价值的能量保障。养成一种好习惯可使人受益终生。每天锻炼一小时或读书一小时,说起来容易做起来难。凡事贵在坚持！

　　现在的人一提考试，就想到学习的压力，仿佛只有坐在教室里埋头答试卷才是考试，其实不然。考试就是生活，生活就是考试。每个人每天都在"生活"这位面试官面前回答问题。小到过马路时判断红绿灯亮起的时间，大到职业和婚姻的选择。机遇垂青于有准备的人，而常常会给临时抱佛脚的人以难堪。

　　所以，除了身体保持健康，我们还要确保自己的心态不老。著名画家黄永玉先生，晚年仍保持孩童心态，仿佛不知老之将至，八九十岁依然着手著作长篇小说，根本不考虑写不写得完。翻译家许渊冲仙逝前也是乐呵呵面对疾病，每天"从晚上偷几点钟"埋头翻译莎士比亚，也不计较能不能翻译完。太多的老人家都给人一种年龄的错觉：武汉大学的历史学者刘绪贻九十多岁还与小伙子们一起爬山，到了山顶随便找块地就坐下。坐大客车，也乐意跟大家一起颠簸。他说，从1936年开始每天早上用双手干洗脸部五十次，七十年代后增加到每天干洗八十次。对于他来说，生活每天都是兴趣盎然的。历史学家章先生，在他七十一岁时，人家问他年纪，他都答是"十七岁"，七十二岁时答"二十七岁"，简直像个老顽童。他以一种非常幽默的方式坚持自己不服老的态度。有人又问他"最欣赏的人是谁"，他的回答是两个字："孙 wen。"章先生研究近现代史，尤其长于辛亥革命史研究，还是孙中山基金会理事，这个答案合情合理。于是再问他："你是因为研究近现代史才欣赏孙中山先生的吗？"他抑制不住自己的得意神情，笑答："你们都听错了，我最欣赏的不是辛亥革命的孙文，而是那个踢足球的小姑娘孙雯！"

　　这些老人家活得兴致盎然、干得热火朝天时，过的可不只是"下半场"了，而恐怕是第二个、第三个"加时赛"，却照样不亦乐乎！反观我们一些中年人，动辄说自己"老了老了"，只想"佛系"，只想"躺平"，实在是让人汗颜。我还不想成为"未老先衰"之人。

不畏将来

2023年2月6日,《北京晚报》发表了我的一篇文章《大树荫蔽下的东四十二条》。那是我对过往岁月的致敬,也表达了我对未来的期许。为自己加油!

延伸阅读

对于像我一样进入"人生下半场"的家长而言,一定要为孩子做好榜样,让孩子从你的身上感受到一种永远充满朝气的进取精神。其实"上半场"和"下半场"并没有一条明晰的分界线。上半场也好,下半场也罢,都是一种心态。心态决定生活品质,心态决定人生走向。作为家长,首先要建设好自己的心态,才能在与孩子共成长的过程中享受天伦之乐。

和孩子一起直面人生

记得我在平安中学读书时,有一天上体育课前,天空下起了雷阵雨。当年农村初中条件差,没有体育馆。所有的体育课都只能在操场上。雨天无法上体育课。体育老师搬来"救兵",请教语文的张老师来给大家上课。张老师一进教室门就说:"这一节本来是体育课,我如果改作语文课,相信同学们未必乐意。这样吧,我跟同学们聊聊天,讲讲故事吧!"话音刚落,教室里便沸腾起来,同学们连声叫好。其实那天张老师是"有备而来"。他给我们讲了以前村里有人寻死,结果死后被人误解并痛骂,连累家人抬不起头来的故事。

他告诫我们,今后在人生道路上无论遇到什么困难,都要迎难而上,不可自暴自弃。轻生是愚蠢的懦夫行为,遭人鄙视。因为轻生者不但使自己生前的一切努力归零,还会给亲人留下永远的创伤。而且,轻生者在亡故之后,只能听任他人肆意抹黑而无法辩解,徒留悲伤和痛苦给自己的亲人,这实在是非常愚蠢的行为。有的人因一时糊涂,服毒自杀之后又反悔,可惜毒性发作,医生也徒叹奈何,真是追悔莫及。我对那一节课的内容记忆犹新。那时候乡村学校条件简陋,师资力量也是"就地取材",还有部分代课老师。用现在时髦的话来说,张老师代替体育老师上的是一堂"生命教育课"。这堂课给我留下了深刻印象。

多年以前，我曾写过一首与清明有关的诗，其中有一句叫"今天是生者的节日，所有的路标都指向哲学深处"。记得女儿在人大附中读高一时，老师曾组织过关于中华民族传统节气的阅读和写作，而"清明"，正是"二十四节气"之一。

2022年的清明与往年不同，因为疫情和疾病的影响，有几位朋友突然离去，实在是让人伤感。老家浦江的一位宣传部长，与我同年同月生，因劳累过度，突患重症去世了；还有一位女企业家，才四十多岁，从查出癌症到离世不到一年的时间。生老病死虽说是客观规律，但当我们身边的朋友突然离去永不再见的时候，心里还是会感到失落，进而感受到生命的宝贵。逝者往矣，而生者仍然需要勇毅前行。

长期以来，生命教育的缺失，出现了很多连锁问题。人们总是一味强调孩子考试成绩的好坏，而漠视他们的内心是否真正快乐。开心快乐是人生幸福的基石。没有快乐，幸福和成功都无从谈起。

师者，所以传道、授业、解惑也。窃以为，应该调整一下顺序：师者，解惑、授业、传道也。惑不得解，则授业、传道无所依。人生最大的困惑，莫过于对生命价值认识的缺失。

如果说一个人对生命价值认识模糊，那么跟他谈自由、民主、奉献等价值观，就没有了依托。人为什么会有轻生之念？是因为找不到生命的支撑点。自助者天助。活着的意义就在于不断地探求未知，太阳每天都是新的，享受这种全新的体验，让更多的人因为自己的存在而感受到生命的美好。

人生天地之间，最可宝贵的东西不是金银财宝等物质财富，而是生命。每个人的生命都只有一次，没有了生命，一切归零。风霜雨雪是自然界的常态，喜怒哀乐是人生的常态。倘若只有喜没有悲，只有怒没有乐，则不符合常理，那样的人生既不真实，也不完整。

三十多年前，冰心老人曾致信浦江小姐妹西希和南揽："爱在左，同情在右，走在生命路的两旁，随时撒种，随时开花，把这一径长途，点缀得香花迷漫。"人生就应该有这种发现美、追求美、创造美、传播美的心态。同时，对人生所面临的挫折和坎坷，要有强大的心理准备和精神支撑。品学兼优的孩子选择轻生的背后，一方面是社会、学校和家庭生命教育的缺失；另一方面，是孩子本人对生命价值认识的错位。

一个人来到这个世上，概率很低，可以说是极为偶然的。我们所说的"珍爱生命"，追根溯源，是因为生命本身来之不易，是因为中了"大奖"，越过千军万马才来到这个世上的。既然生而为人，你就有权利享受生命的全过程。除了部分人中途因疾病和意外不幸离世外，感受童年、少年、青年、中年和老年等每一个生命阶段的美好，直至"无疾而终"是绝大多数人的心愿。

众所周知，生命权是最大的人权。最大的犯罪就是剥夺他人生命权的行为。而珍爱生命，是人生的必修课。我呼吁生命教育要从娃娃抓起，幼儿园和小学都应该设立生命教育课，给孩子温暖，让他们感受生命的美好；给孩子光明，让他们明白：风雨过后一定会有彩虹。

有些话题看起来很沉重，却是我们每一个人都必须面对的。人生的意义在于过程而不是结果。能够感受人生百年每一个阶段的人，无疑是幸福的。

《钢铁是怎样炼成的》中的主人公保尔·柯察金说过这样一段话："一个人的一生应该是这样度过的：当他回首往事的时候，他不会因为虚度年华而悔恨，也不会因为碌碌无为而羞愧；这样，在临死的时候，他就能够说：'我的整个生命和全部精力，都已经献给世界上最壮丽的事业——为人类的解放而斗争。'"我从小接受的正是这种主流价值观的教育。到了知天命之年，我越发感到这种教育的正确。向上向善向阳向美，应该成为我们人生的主基调。有了这样一种愿景才会有积极进取的动力，人生才会丰满、充实而快乐。

延伸阅读

　　记得有一位哲人说过:"世间所有的路,都是必经之路。"坦途也好,崎岖也罢,都会教给你什么,让你更好地成长。因此,父母要和孩子一起直面人生,珍惜生命,热爱生活。无论此刻你走在什么路上,都不要犹豫,也不要彷徨,要相信阳光总在风雨后,要相信一切都是最好的安排。

陪孩子用心过好中国节

上小学三年级时，父亲便把每年过年写春联的任务交给我了。我的老家浙中地区写春联俗称"写红纸"，大年三十，家家户户张灯结彩，很多人家为了讨个头彩，黎明即起，早早地用米糊把红纸贴上。

父亲把我写的春联贴在墙上、门上、窗上、床上、灶台上、谷柜上。贴红纸时，他拿着红纸，扛着梯子，我捧着装米糊的大碗跟着，父子合作默契。一扇门一扇窗贴过去，要忙活半天时间，极具仪式感。过年时，面对访客，父亲照例要指着春联说："这是我家重生写的毛笔字。您给评判评判？"客人仔细观看一番，由衷地说："写得真好啊！"这时，父亲便满脸放出红光，露出欣慰的神情。

父亲不但叫我写红纸，还为我招揽"生意"，邻家大伯、隔壁婶的红纸，他会主动上门去拿过来，吩咐我写。腊月里，父亲会早早去公社供销社买来小开本的年历本，年历本开头几页通常都是春联。一开始，父亲让我照着写，后来，又鼓励我改编。慢慢地，乡亲们都知道我会写春联，都拿着红纸主动找上门来叫我写。有些年头，要一连写上几天才能完成任务。我参加工作后，从金华到杭州，不管路途多远、回家多晚，父亲总是早早地备好红纸，等我回家写春联。从小学三年级算起，我写春联的历史已有三十多年。

一个人，连续三十多年做同一件事，是一种怎样的缘分和情结？许多年以后我想，我热爱书画艺术的种子，就是从小由父亲播下的。父亲并不懂得教育学的高深理论，然而，他对我的鼓励和期许，在一张张红纸上诠释得淋漓尽致。写春联时，乡亲们会来围观，使得写书法成为一种"表演艺术"。贴谷柜上的"五谷丰登"，贴床头的"和睦"，贴猪栏里的"六畜兴旺"，贴灶台上的"上天言好事，下界保平安"，几乎一成不变。然，正门的"大吉"，也就是"横批"，务求每年都变，且要出新出彩，仿佛是作一篇文章，这是主题，需要立得住的，如"紫气东来""锦绣前程""梅开五福"等内容，比较受人欢迎。

小时候出门拜年，翻山越岭一天走几十里山路是常有的事。父亲总是一路上给我讲他年轻时"挑石灰""放竹筏""造水库"等往事，不知不觉，到了一村，放下担子，父亲催促我看人家门上的春联，并让我念给他听。有些春联写得龙飞凤舞，有的春联写了生僻字，我读不出来，便放开喉咙把认得的字高声诵出，尽管读得不全对，父亲还是很高兴。

家乡浦江素有"书画之乡"的美誉，小时候在亲戚家拜年，常常可在客厅看到新裱的中堂国画，以及书法对联。我印象最深的是四舅舅家的《清平乐·六盘山》书法作品，以及毛主席坐身像国画作品。每年过年，小伙伴们盼着放鞭炮、穿新衣，而我，最盼望写春联、看春联、读春联，以及观摩林林总总的国画作品。试想，每年春节观看一次规模浩大的乡土书画大展，是一种怎样的文化大餐呀！这样的熏陶，对于一个人品性的滋养和人格的塑造，一定是潜移默化的。

记得小时候我家有一支祖传毛笔，巨大无比，是专门用来写"大字"的，却不知有何渊源。父亲兄弟五人，家父乃长兄。分家时，大家共同约定这支毛笔由我家保管，哪家有重大节日，需写红纸时，便将此笔"请"去，用完后归还。记得有一次，邻村的姑夫家办喜事，需写红纸，非常郑重其事地来借笔，此笔管佩红绳，如受命出征的将军一般,威武无比。此笔后来不知下落,然父辈对文化的尊重,对毛笔的爱护,以及在"写红纸"时所表现出来的虔诚,给我留下了难以磨灭的印象。

如今,写春联的任务落在了小女身上。爷爷和孙女早就击掌相约:爷爷已将红纸买来,裁好,墨汁和毛笔也已备齐,就等着你回家"一挥而就"了。

随着生活节奏的加快,年味渐淡。父亲携儿带女,用扁担挑着箩筐,翻山越岭去拜年的场景已成为历史。如今村村通公路,家家有汽车,要拜年,一脚油门就到家门口了。至于春联,农贸市场里到处都是印刷好的"红纸",回家用糨糊一贴,省下许多时间。然而,在这些"便捷"背后,总觉得少了一点什么。是父亲磨墨、铺纸,儿子提笔在手,沉吟之间笔走龙蛇?还是父亲扶着梯子,儿子登高贴红纸,边贴边问:"贴得正不正?"

延伸阅读

少了仪式感的生活还叫生活吗?春节是春天的节日,也是孝亲敬老、教导儿孙的日子。春节就在红纸上,我们要和孩子一起用心过好每一个节日、人生纪念日。陪孩子用心过好中国节的背后,是对中华传统文化的敬畏和热爱。这种敬畏和热爱会增强孩子骨子里的自信和勇敢。

引导孩子观察生活中的美

2010年的初春,杭州市民许明家的房前阳台上飞来一对喜鹊。一开始,他并不知道这两位"不速之客"的来意,以为它们只是偶然路过、短暂停留。不久,发现这一对喜鹊不断地衔来树枝放在阳台的花架上。他突然明白,原来,这一对喜鹊准备在他家的阳台上"安家"。

这一发现非同小可。喜鹊啊喜鹊,你真是一种有灵性的动物,选中了一位热爱自然、热爱动物的环保主义者,一位爱鸟如命的摄影家的阳台,作为自己的栖身之所。

许明作出了两个决定:一是把整个阳台上的东西都腾空,把地盘全部让给喜鹊;二是在自己家里靠近阳台的地方选择一个位置,用广角的拍摄手法,用照相机和摄像机记录下喜鹊从天外飞来、筑巢、生儿育女、教飞、回归自然的全过程。这七十一天时间中,与喜鹊为邻的他,一共拍摄了两万余张照片。城市、环境、动物与人,发生在你我身边这一生活中常见的景象,因为有了一双发现美、捕捉美的眼睛,使平凡的生活变得不平凡,使车水马龙的、繁忙的城市变得生动有趣、富有情调。如果没有一种信念支撑,是难以完成这样一次摄影艺术"长征"的。

清晨,从街上出现第一辆汽车开始,勤劳的喜鹊便开始了一天的劳作。雌雄双鹊一刻不停地筑巢，慢慢地，树枝开始有了轮廓。粗细硬软树枝该如何交错使用；以青苔、湿土、草茎和黏土做底；内巢该如何用细软枝条装饰，既要遮风挡雨又要住得舒服。喜鹊建筑师的技艺让人类叹为观止。

对幼鹊的精心照料，使见者无不为之动容。当巢内有了第一枚蛋，雌雄双鹊便有了明确的分工，雌鹊负责孵蛋，雄鹊负责外出觅食并在巢外守护。当五只小喜鹊破壳而出之时，刚好遇到"倒春寒"，气温骤降。我们在书中的照片上看到，雌喜鹊一刻不离小喜鹊，用身体为它们保暖。

喜鹊之美，其美在智。当风雨来袭，喜鹊家的房子展现了良好的居住功能：透光透气，枝条虽然淋湿，但内层依然干燥、温暖，天空一旦放晴，微风吹拂，窝的外部马上干燥如初。

喜鹊之美，其美在含蓄。喜鹊的外表十分质朴，雄喜鹊尾羽偏绿色，金属光泽明显，雌喜鹊尾羽偏黑褐色。

庄子说："天地有大美而不言，四时有明法而不议，万物有成理而不说。"喜鹊之所以成为喜鹊，是因为它见爱心喜、见贤思齐。完成一次史诗般的摄影佳制，许明用了七十一天。他用他的心、用他的善、用他的眼、用他的镜头，给读者奉献了一本带有体温的《窗前喜鹊》。

延伸阅读

许明的摄影作品集《窗前喜鹊》记录了喜鹊一家人的风雨同舟、天伦之乐，向我们人类展示了动物世界的温馨和谐、大爱无私。其实在我们的日常生活当中，这样的美是无处不在、无时不有的，关键在于我们能有一双发现美的眼睛。作为家长，要引导孩子观察生活当中的美，让孩子学会捕捉美、创造美、记录美、分享美。

陪孩子去看一场落日

木心的《从前慢》里这样写道:"从前车、马、邮件都很慢,一生只能够爱一个人。从前爱情很慢,遇到一个人便是一生一世,认定一个人便是白头到老。"我们的生活迫切需要慢下来,我们的脚步迫切需要停下来。

阴晴雨雪、日升日落,天地间最平常的情景,你每天都在遇见,每天都在经历,每天都在丢失。有多少风景,被行色匆匆的你忽略?有多少行人,与你擦肩而过?于是,你不得不感叹青春的易逝、人生的无常。

晚霞与雪是同义词。它们,一个在天边,一个在身边。晚霞遥不可及却让你目眩神迷;雪纷纷扬扬落在你的额头和发际,与你相拥相依。对于有心看雪的人来说,面对无孔不入的雪花,你所感受的也许不是寒冷,而是温暖。

多年前的那一场落日,之所以给你留下深刻的印象,那是因为你曾经深沉地注视过它。那种天地间的壮美,唯有像陈子昂一样置身于幽州台上,才能发出"念天地之悠悠,独怆然而涕下"的感慨。

每个人的人生际遇不同,所感受到的风景各异。所谓情由景生。

真正的诗歌是从丰富的生活或者说是从悉心的生活观察中提炼出来的。一场落日之所以让你怀念，是因为在你的心里，有一种大宇宙观，是你宽阔胸襟得以安放之处。

多年以前的落日，在时空上有一种拉伸感。彼时彼刻，你在看落日，而我在干什么？是在陪你一起看落日吗？现代生活的节奏很快，而且有日益"加速"的趋势，因此，每一个现代人尽管享受着科技带来的福利，但幸福指数并没有成正比例增长，这就是各行各业的人普遍感到"内卷"、感到疲倦的原因。

当我们的目光从乡村移向城市，与乡村的安闲相比，城市永远沉浸在忙碌当中。在车流如织、人声鼎沸的街巷，有多少人注意到晚霞的存在？在晴日，晚霞一天一次的演出，受到了漠视甚至是拒绝。在摩肩接踵的人流当中，蜂鸟寻不得来时路，因为它们曾经的领地被不断地侵占。那条有花有草有树有炊烟的来时路，被无数的高楼簇拥，看起来热闹无比，内心却是空荡荡的。人们忘记了"人间"之外，还有一个"世间"，那是天地万物共有的家园。当形而上的自我，从镜中被拉回，你也就从片刻的遐想中被拉回到现实。我想，作为一个有血有肉的人，能够在纷繁的俗务之中有片刻遐想也是好的。

当你听惯了汽笛声，陌生了鸟鸣声，这是一种不知始于何时的声音缺失，而当今的人们已然麻木。当你看到木鹊小心翼翼地停在向日葵的背面，猛然想起自己对星空已经遗忘很久了！

走在人生的路上，又有谁，不曾有过迷路的经历？当你沉睡时，漫漫长夜和光速般运转的白昼依旧从你的身旁疾驰而过。当你起身，打开窗户，在晚霞的背景之中，突然看到一场雪悄然而至，那纷纷扬扬的雪花，在晚霞的映衬下，仿佛是一朵朵红色的蝴蝶，从天而降，如梦如幻。多年前的那一场落日，是今天的你向过去的你的致敬。唯有不忘来时路，才能牢记"为什么而出发"的初心使命。

延伸阅读

　　现代社会的生活节奏很快,每个人都像陀螺一样不停地旋转,丢失了原先的天真烂漫和生活情趣,成为向现实社会妥协的"面无表情者"。面对求知欲旺盛的孩子,家长不妨抽时间陪孩子去认认真真地看一场日出、一次晚潮、一回浩浩荡荡的蚂蚁搬家,甚至是村口溪旁的一场花事,那么,你所感受到的人间,一定是温情、美好、绚烂的。而你为孩子播下的快乐种子,一定会在他幼小的心里生根、发芽,成长为枝繁叶茂的参天大树。

舌尖上的乡愁

移居北京之后，我们家依然保持着江浙人的饮食习惯。去菜市场买菜，泥鳅、鲫鱼、河虾是我们的最爱。这三种河鲜几乎是保留品种，双休日必买。这三种水产之中，鲫鱼较为常见，一般北京的大型超市里都会有，泥鳅则要到农贸市场或专门的水产市场才能买到，而河虾，则更为少见，通常需预订才行。

因为我们全家，特别是女儿喜欢吃河虾，我的手机里保存着几位河虾摊主的微信，有四道口水产市场的、京深海鲜市场的、大洋路批发市场的。我根据性别和年龄给这几位摊主标注了称呼，有叫"河虾公主"的，有叫"河虾大叔"的，有叫"河虾爷爷"的。前段时间，由于疫情影响，北京的河虾几乎绝迹。疫情缓解之后，便迫不及待地联系河虾摊主，以便让一家人大快朵颐。

泥鳅、鲫鱼、河虾这三种河鲜，泥鳅最易养活。有一次，炒菜时发现厨房地上掉了一条泥鳅。当时一道传统的名曰"爆炒泥鳅"的菜已完成。我便随手将这条"漏网之鳅"扔到了客厅茶几上一个插有绿植的玻璃瓶里，玻璃瓶里大约有三分之二的水。因为绿植有根须，泥鳅钻进根须一转眼不见了踪影。时间一长，我把这条泥鳅给忘了。这样过了一天又一天，过了半年了。有一天在家无事，想着要给水瓶换水，突然从瓶中滑出一条活蹦乱跳的泥鳅来！想到这半年多时间来，只是偶尔给绿植换换水，泥鳅生命力之旺盛由此可见一斑。

对于鲫鱼，以前都是吃一条买一条，买回家红烧或清蒸。一般一条当餐就吃完了。结果第二天还想吃鲫鱼，又得跑一趟市场。我嫌烦琐，有一次干脆一口气买了三条活的鲫鱼，一条当天享用。另两条养在冰箱的冷藏室。不料接连三天因为家人各忙各的，一直没时间开伙。于是采取每晚给鲫鱼换水一次的方法，结果到了周末，两条鱼依然在冰箱里优哉游哉，可见鲫鱼的生命力也不赖。

上述三种河鲜之中，数河虾最为娇贵，从菜市场买回家，短短半个小时的车程，都要打氧气，否则有一部分会死掉。而拿回家之后，应抓紧下锅，才能保证味道的鲜美。河虾虽然娇贵，但烹饪方法简单，特别是盐水河虾，只需把水烧开，倒入盐和姜丝等，然后把虾洗净入锅，等水沸之后，用汤勺沥出白色的泡沫，放入剪成小段的香葱即可。

泥鳅、鲫鱼、河虾，土著北京居民喜食者不多，故而北京城区超市里一般难以见到。六年前，我到亮马桥二十一世纪大厦办公，在好运街上发现有一家"小江南"餐厅，居然有"盐水河虾"这道菜，喜出望外，此后"盐水河虾"成为我每次请朋友去该店消费必点的菜品。有一次，海淀的一位朋友请我到双榆树北路的钱塘花园酒楼用餐，发现此处不但有河虾，还有泥鳅、鲫鱼等，几乎包揽了我想吃的菜。于是便感叹北京城的博大和包容，在这里几乎可以找到任何一个省份的特色菜品。女儿在北大读本科时，我有幸多次去北大食堂蹭饭，发现北大食堂里就有按省份划分的菜品窗口，以满足来自不同地区学子的需求。

延伸阅读

　　一方水土养一方人。江南多河流，河鲜是江南人的最爱。不管你离家千里还是万里，这种童年时代养成的味觉和偏好，会伴随你的终生。也许，这就是舌尖上的乡愁吧！记住乡愁的本质是不忘本。一个人只有不忘本来，吸收外来，面向未来，才能不断铸就人生的新辉煌。

　　共同的生活经历，共同的饮食习惯，构筑了家长和孩子共同的"乡愁大厦"。"乡愁大厦"就是"精神大厦"，包含了父母和孩子共同的阅读习惯。父母不但要保证孩子的物质营养，更要充盈其精神营养，让孩子从小养成爱学习的好习惯。而儿童时期，是一个人一生当中记性最好的时期，父母在这个时候引导孩子诵读名著，孩子会像"舌尖上的乡愁"那样，记牢一辈子。

让孩子把心做"大"

2023 年 11 月 14 日，在中央社会主义学院，我聆听了中宣部原副部长王世明博士讲授的《关于中华民族现代文明的学习思考》一课。王世明博士在解释"君子不器"的含义时说，任何人在活着的时候都要不断地去突破思想上的局限性。

吴越方言里，常常以"器量大小"来形容一个人的心胸宽窄，而以成"大器"，来形容一个人的成长成才。君子之思不器，君子之行不器，君子之量不器。《易经·系辞》有"形而上者谓之道，形而下者谓之器"之说。形而上是无形的道体，形而下是万物各自的相。被万物各自的形象与用途束缚，就不能领悟、回归到无形的道体之中。君子心怀天下，不像器具那样，作用仅仅限于某一方面。器者，形也。有形即有度，有度必满盈。

现在为什么会有那么多的年轻人患上抑郁症？心里有疙瘩，说明心眼小；疙瘩解不开，说明能量不够。能量从哪里来？从学习中来。家长教育孩子的首要职责是让孩子把心做"大"。建议家长朋友不妨和孩子一起学一学周易六十四卦中的"大畜卦"和"解卦"。天藏于山中，说明山的容量大，能积蓄的能量非常多，故曰"大畜"。天地解而雷雨作，雷雨作而百果草木皆甲坼。我们每一个人的心都会遇到被冻住的时候。心被冻住了，会导致精神不振，血脉不通。这时候需要来一阵惊雷、一场骤雨。用雷来打通血脉，用雨来冲去心里的块垒。解卦的"解"，就是要赦过宥罪，不但要赦他人之过宥他人之罪，也要赦自己之过宥自己之罪。这种"过"和"罪"泛指一切心理疙瘩。家长不妨从老祖宗那里去寻找智慧，把自己的心做大，像山一样能装得下天，让自己的心里永远亮亮堂堂的，用光和温暖去引导和影响自己的孩子。

《易经》是万经之祖，藏着中华文明的密码。当一个人觉得苦恼甚至有心结无法打开的时候，应借助外界的力量。这种外力包括知心朋友的劝慰和疏导，更重要的是要借助老祖宗藏在书籍里的智慧。

历史已经证明，倘若我们拒绝接受传统文化的滋养，那么即便实现了科技的现代化，与传统割裂的负面因素也会日益暴露出来。人们越来越多地发现，物质发达，物资富足，并没有带来精神的愉悦和自信。因此，让孩子把心做大，首先要把孩子的知识储备库存做大。我们常常把寻短见比喻为"想不通"。为什么"想不通"？是因为知识储备不够。找不到疏导自己内心疙瘩的方法和路径，就像高考时解数学题，解不出或答错题，是因为数学没学好。

如果说辅导孩子读教科书的主要职责在老师的话，那么辅导孩子读好"人生之书"的主要职责在父母。现实生活中，不乏以他人的过错来惩罚自己的事例。人生在世，受人误解、谩骂甚至诽谤的情况难免会碰到，这时候，就要有强大的内心，找到自我纾解的途径。心理学家调查过，一个人局限在一个地方久了，就会滋长厌烦的情绪。而一旦被曾经亲密的人欺骗、伤害，便会产生心结："我对他那么好，他为什么要那样对我？"这个问题看似无解，其实是有答案可循的。常言道："心底无私天地宽。"把心做大，让阳光进驻，让百花进驻，让百鸟进驻，你的心就成了一个花园；把心做大，让知识进驻，让智慧进驻，让友爱进驻，你的心就成了一个乐园。

面对青春期的孩子，家长会有不同程度的困惑、焦虑、不知所措。有的家长因过于焦虑而走向适得其反的道路。因为不了解孩子的心理状况、不理解孩子的精神诉求，对孩子横加干涉，使得家长与孩子矛盾重重，导致冲突不断升级，演绎了一幕又一幕人间悲剧。因此，让孩子把心做大的前提是，家长需要有一颗强大的内心，孩子成绩有起伏，甚至于某几门功课考得很差，这有什么可担心的呢？和孩子一起分析原因，把努力方向找出来就行了。

延伸阅读

与网络语"心大"所指一个人做事粗枝大叶不同，老祖宗所说的"心大"是指心态好，心里不搁事。心小了，所有的小事就大了；心大了，所有的大事就小了。如果你把中国传统文化中的优秀部分掌握了，就会真正领悟"君子不器"的真谛，不会做"一叶遮目，不见森林"的傻事。在家庭教育的过程中，没有了相互纠结的内耗，只有相向而行的努力，你与孩子之间的矛盾便会自动化解。

要有正确的"护航观"

杭州朋友朱燕峰在朋友圈发了一张他途经西湖边时抓拍的照片,引发了我的感慨,一群小鸳鸯在鸳鸯父母的监护下,正在劈波前行。鸳鸯爸爸和鸳鸯妈妈并未在前面领航,而是一左一右跟在队伍的后面。朱燕峰发照片时写了两个字"护航"。

这是多么贴切的一个图注啊!护航并非人类的专利。呵护子女,教授后代生存技能,可以说是动物界普遍遵循的生育法则。正因为如此,天地万物才得以生存繁衍。

文学家、书画家丰子恺先生《护生画集》中有一幅画《烹鳝》,每次看到都感动不已。画面中有一只炉、一口锅,炉中冒着烈焰,锅内将沸的汤中卧着几条黄鳝,每条鳝都将腹部努力向上弯曲。画边文字中解说道:煮后将鳝剖开,发现腹中都有子,可见黄鳝之所以抬起腹部,"护子故也"。我们且不论这样的解释是否科学,就其人文意义来说也是值得深思的,从中可见广大的悲悯。人们常说,母爱是一种本能,"女子弱也,为母则强"。这是一种发自本能、牺牲自我的护航。这样的"护航"几乎每天都在每个家庭里发生。为了孩子的成长,多少父母牺牲了自己的时间、精力、心情?

人类自诩为"万物之灵",可是一些人在很多方面却应该向其他生灵学习，譬如说在教育子女方面。郭老师曾跟我讲过一个故事：一个大型国际机场的总工程师非常疼爱女儿，但女儿并不领情，还对他多有抱怨。因为在女儿的眼里，爸爸一天到晚只知道工作，很少有时间陪她。现在她上大二了，她渴望能得到爸爸的陪伴，但爸爸依然忙得一天到晚不见人影。这位总工程师年薪数百万元，给女儿提供的生活和学习条件都很好，但女儿对这一切熟视无睹。放暑假了，总工程师爸爸让女儿跟随他一段时间。女儿表示自己学习任务重，恐怕没有时间。总工程师爸爸说："就一个星期，可以吗？"于是，女儿来到爸爸的工地。总工程师爸爸每天要冒着三十多摄氏度的高温，爬上高高的脚手架，去高楼上检查焊接质量，不满意的地方还要亲自动手焊接。看到每天被汗水湿透衣服的父亲，女儿感到心疼和内疚。原来为了供养她生活和学习，自己的父亲是如此辛劳！这一周时间的"跟班工作"给了女儿很大的教育，从此，她好像换了一个人似的，变得非常懂事，感恩父母，发愤学习。

其实，父母给子女护航，并不是要时时守在子女身边，更不是事事代劳。面对女儿的抱怨，这位总工程师父亲没有做任何辩解，而是邀请女儿见证自己的工作，这种润物细无声的教育方法，比空洞的说教、严厉的训斥不知道要强多少倍。

就像本文开头所述的鸳鸯父母为小鸳鸯们默默护航一样，护航要讲究方法和时机。家长要有正确的"护航观"，不能一味地迁就自己的孩子，要让孩子明白：护航是有期限的，其目的是让你能尽快独自航行。在生活上吃得起苦，在学习上就不会畏难。心理学家李子勋说过这么一番话：孩子十岁前，妈妈扮演的是一个无所不能的角色，是孩子强有力的后盾，给孩子安全感很重要。孩子十二岁青春期来了以后，这样就不行了，孩子十五岁后如果还表现出无所不能，什么都懂，孩子都要听我的，就极其糟糕。

很多人都听说过老鹰悬崖驯小鹰的故事吧。当小鹰渐渐长大后，需要学习飞翔本领了,老鹰就带着孩子来到悬崖边,把它们逐一推下去。小鹰瞬间凌空,展开翅膀拼命扇动,可是毕竟还很稚嫩,飞出不远就跌落山涧,老鹰就把它们抓回来继续练习。老鹰够"心狠"吧?可谁又敢说这样的"心狠"里没有饱满的理性之爱呢?除了用羽翼呵护,还有一种爱叫放手。这又何尝不是一种"护航"?

伟大的毅力只为伟大的目的而产生。护航的前提,是要确立航行的目的地。家长要引导并帮助孩子树立正确的人生观、世界观和价值观,使他们能自觉树立起为崇高的理想而奋斗的信念。

延伸阅读

为孩子护好航,不等于事无巨细亲力亲为,而是要给孩子足够的时间、空间和信任。只要在原则问题上把好关,就放手让孩子去干、去闯、去试错。勉励孩子跌倒了爬起来,拍拍身上的尘土,昂首挺胸再出发。

"巴澜"南瓜初长藤

"巴澜"数学名师陈中标2022年5月8日在他的微信朋友圈分享了一张南瓜初长藤的图片，并附言："从今天起，学会种瓜，与数学一起幸福地成长。感受岁月静好，在宁静的夜晚，听虫鸣声声……"

种瓜得瓜，种豆得豆。这是中国人朴素的因果观。教育部发布的《义务教育劳动课程标准》，根据不同学段制定了"整理与收纳""家庭清洁、烹饪、家居美化等日常生活劳动"等学段目标，于2022年秋季学期开始执行。新华网微博以《教育部要求9月起中小学生要学煮饭》为题，对此进行了报道。对于教育部的这一新规，我举双手赞成。同时，我认为在日常生活劳动中，应加入"种植"这一项内容。

如果说做家务能培养孩子的劳动技能，树立正确的生活观，那么带孩子种植，则不仅教会他们劳动，还教会他们热爱生命。一株花秧、一棵树苗、一颗五谷或蔬菜的种子，松土、培土、施肥、浇水，见证并陪伴它们的成长。

现在的孩子生活在"网络时代"，缺乏跟大自然的亲密接触。如果听任孩子"五谷不分，四体不勤"，那么就会陷入"一屋不扫，何以扫天下"的窘境。让孩子们走进田园，体验"锄禾日当午，汗滴禾下土"的辛劳；见证蔬菜森林、番茄迷宫、芽菜世界以及草莓天瀑等现代农业科技的神奇，能开阔他们的视野，增长他们的见识，其本身就是无比美妙的生命教育和成长通识课。通过开展师生、父子共同参与的户外种植活动和收获采摘活动，让孩子参与到劳动中来，感受植物的生长过程和收获的喜悦，一定能有效培养孩子们热爱劳动、团结互助的精神。

1917年，陶行知先生从哥伦比亚大学毕业回国不久，提出职业教育救国主张。陶行知先生在文章中说："职业教师，自必以经验、学术、教法三者皆为标准。三者不可皆得，则宁舍教法学术而取经验。"陶行知把职业教育作为教育救国的重要方式，其职业教育的目的十分明确：希望学生通过生利主义，使自己衣食无忧，安居乐业，并为社会、国家、民族作出贡献。

其实从陶行知先生改名这一点上，也可以看出他对于"行"的重视。1934年，陶行知在《生活教育》杂志上发表《行知行》一文，正式宣布放弃他使用了二十三年之久的名字"陶知行"，改为"陶行知"。把"行"放到"知"的前面，既有哲学的意味，也表明在陶行知所倡导的"生活教育"中，实践、动手、劳动，对于人的价值的全面实现有着更优先的地位。

重视劳技教育，不唯中国，世界皆然。芝加哥一所高中学生要在芝加哥西南角的七十三亩农田种植蔬菜、小麦、水果等作物。调查数据显示，该校的毕业率高于当地平均毕业率，学生走上社会后往往很快能找到自己的用武之地。从2018年开始，每到一年一度的毕业季，金华荣光学校的学生都会在校长徐锦生的带领下，举行"情系母校心怀天下"毕业树种植仪式。该校选择让每名毕业生在校内种一棵特别的树——桢楠。徐锦生说，选择桢楠，寓意成长成才，坚贞不屈。是啊，"十年树木，百年树人"，这种润物细无声的教育方式，才是教育的真谛。

延伸阅读

　　数学跟种植有关吗？"巴澜"数学名师陈中标认为，天地之间的一切都与种植有关。种植南瓜秧苗时，不妨令孩子们猜想：这一棵秧苗将来能结出几个南瓜？激发孩子们观察农作物生长的兴趣。在此期间，不妨写观察日记，多久浇一次水、多久拔一次草，等等。数学无处不在，种植的智慧无处不在，成长的欣喜无时不在。

　　种一棵树和培养一个人是同样的道理。相传绍兴人家里生了女儿，等孩子满月时，会选酒数坛，泥封坛口，埋于地下或藏于地窖内，待到女儿出嫁时取出招待亲友。此酒由此得名"女儿红"。由此，我想，倘条件允许，家长可在孩子出生时，为孩子种下一棵树。旧时江南乡村有让新生儿拜樟树为娘的习俗，人与树结亲，体现了万物合一、敬畏自然的思想。在有纪念意义的时间节点，家长与孩子一起植树，让树与孩子共成长，是一件很有意义的事。

往日崎岖应记取

2022年初秋里的一天，我带女儿去和平北街20号预约出国体检的事。过马路天桥时偶然发现地上有一个图案，酷似一条游龙，应该是油漆工在用涂料刷天桥护栏时偶然滴落油漆所致。触景生情，想到女儿即将远渡重洋求学，颇有"龙归大海"之慨。人生，本来就是偶然的产物，所有的遭逢际遇，都是机缘使然。太阳每天都是新的，人生每天的印记，也不可能重复。冰心老人说过："年轻人，珍重地描写吧，时间正翻着书页，请你着笔！"

当天去看几位老家来的朋友，他们从县城来到京城，却犹如从平地走进山谷，仰望高山深壑，谈笑间，阴霾已散，阳光普照。同行的树亭告诉我，他不喜欢拍照，很多事情过去了也就过去了，不用问其缘由，不用留念想。人总是要向前看，"不念过往"是一种人生的大智慧。但我想，即使豁达有如树亭者，亦不能否定心上印记的存在。

"人生到处知何似，应似飞鸿踏雪泥。泥上偶然留指爪，鸿飞那复计东西。老僧已死成新塔，坏壁无由见旧题。往日崎岖还记否，路长人困蹇驴嘶。"青年苏轼的这首《和子由渑池怀旧》诗，意境苍凉幽深，道尽了光阴易逝、人生苦短之感。人一上五十岁，常有怀旧之思。岁月留痕。你做过的事，说过的话，见过的人，都会留下印记。

这印记，在你的脑海里，引人遐想，令人回味。

燕然勒石上斑驳的痕迹，铭记了英雄开疆拓土的万丈豪情；天姥山脚司马悔桥身上的青苔，见证了司马子微出仕后深深的悔；沈园墙头上淋漓的《钗头凤》墨迹，记录着陆游错失的一片痴情；三味书屋课桌上的"早"字，是镌刻在鲁迅心里的少年意气……这些印记，莫不与人心相通，堪称心迹。

印记有时候只是一个念头，甚至是一个梦，但它在你的生命中真实地出现过，已成为你生命记忆的一部分。

儿童文学作家汤汤，写过一个获得全国优秀儿童奖的故事，题目是《到你的心里躲一躲》。七岁的木零，在寒冷的冬天穿着单薄的衣服出门，他要躲到哪里去？躲到傻路路（很傻很善良的鬼）的心里。躲进去干什么？取走傻路路心里值钱的珠子。一次一次，傻路路心里的珠子都被取走，并且越来越小，而这时傻露露几乎丢了所有的记忆，他眼里的光芒也消失了……木零最后在傻露露的心里留下了一颗眼泪。正是这颗眼泪，让失去一切的傻路路有一天躲到了木零的心里，找回了记忆和眼睛里的光芒……这个童话可以有很多重解读，但我想说的是：心里的印记，请一定要好好呵护，否则会成为没有记忆的茫然之人，会让眼睛失去光芒。

印记在更多的时候是一段经历。是你和你们、你和他们哭过笑过的一种情感，路过见过的风景。千秋史笔如铁。我们每一个人都要珍爱自己的羽毛，以"慎独"要求自己。因为你所有的言行，都会在你自己和别人的心里留下印记。人或许骗得过他人，却无法欺骗自己。

古人相信天人感应，认为天能影响人事、预示灾祥，人的行为也能感应上天。我的同乡先贤、明代开国文臣宋濂曾有言："凡存心养性之理，穷神知化之方，天人感应之机，治忽存亡之候，莫不毕书之。"

延伸阅读

　　天上的云彩印在一个人的心田之上。俯仰之间，印而记之；与人为善，人生无悔。我们要教育孩子，认真准备每一场考试，这并不是因为现在的每一场考试都是电子记录在档有据可查，而是对自己的人生负责。新闻媒体已多次报道某某人因为抄袭在多年后被发现而被取消博士学位的新闻。因此，要珍惜自己的羽毛，走好人生的每一步。

要适时发表感言

从小女收到美国藤校录取通知书那一天起，我那远在一千公里路外的父亲，这位年逾八旬的祖父，就将自己喜欢看的电视戏曲频道调换到了国际频道，天天看国际新闻，特别关心孙女学校所在的城市。

人非草木，孰能无情？在重要的时间节点发表感言，也是人之常情。2022年6月19日是父亲节，女儿一大早起来跟我说的第一句话就是："老爸，祝您父亲节快乐！"我故意打趣她："你准备送什么礼物给我呀？"她说："别急，礼物一定有。"然后中午在餐桌上突然朗诵起我几年前为她写的诗。再过两个月，女儿就要出国读研了，这个父亲节的礼物很特别。

作为父亲，我想说的父亲节感言是：今天，作为男同胞，应该向伟大的女性致敬，因为有了母亲、妻子、女儿，才有了父亲、丈夫、儿子，才有了父亲节。今天女儿主动朗诵我几年前写给她的诗，这个礼物很特别，我很喜欢。而作为父亲，我给女儿的"回礼"是：带她拜访、认识优秀的师长，让她在今后的人生旅途中，走得更从容、更具智慧。我相信，这样的"回礼"也是普天下父亲共同的心愿。

人们通常会在特殊的时间节点、特殊的场合发表感言。感言一定要有感而发，没人愿意听空话、套话。该发表感言的时候，一定要发表,而且要当仁不让,为未来留下珍贵的回忆。譬如说晚辈婚礼邀请你作为证婚人发言,你能推却吗?当你主持一项重大工程完工时,你感慨万千,整个团队都在为你庆贺。此时发表感言,一定会鼓舞士气,感人肺腑。

记忆中最难忘的感言是2017年北京大学开学典礼,我有幸作为新生家长代表之一,以视频的方式发表感言。我记得其中的一句话是:"我希望自己的孩子能抓住机会向大师学习,用知识丰盈自己的灵魂,做一个有趣的人……"

我信奉一句话"只问耕耘,不问收获"。去年6月9日,当主办方通知我获得第十二届"上海文学奖"的消息时,我正在构思为家乡写一篇文章。因为策划"大美中国行"主题采风活动,使得我有机会近距离接触祖国的大好河山。拙作《礼在衢州》在《光明日报》首发后,海内外媒体纷纷转载。由此,我想写一个"在字散文"系列。这么多年来,我坚持用业余时间从事文学创作,从"一日一诗"的倡导到先后在多家报纸开辟散文和诗歌写作专栏,其目的就是要给自己一种"倒逼"机制,以鞭策自己在文学的道路上走得更远。

"上海文学奖"组委会通知我写一段感言,要在《上海文学》公众号上推送。我想说的是,能获这个奖我感到很意外。这个不期而遇的喜讯,使我认识到"上海文学奖"评奖机制的公正和完善。

延伸阅读

六年前的一天,在与小女交流写作心得时,她告诉我"文学的作用就是安慰"。当时,我吃了一惊。过后想想,又深表赞同。在创作组诗《信使》时,我的内心充满着安宁和感恩,诗句像泉水一样从笔端流出。也许这正应了白居易先生"感人心者,莫先乎情,莫始乎言,莫切乎声,莫深乎义"之言吧!

倾听不只是一种修养

孩子回家，喜欢跟父母分享学校里的见闻。从小学到大学都是如此。大多数时候，我们都能做到认真倾听，还不时插话与孩子互动。有时候由于工作忙，稍微有点漫不经心，孩子马上止住话题："你们不想听，那我就不讲了！"我们连忙说："我们认真听的，你继续讲呀！"

对于孩子的诉说，父母首先要做的不是回应，不是表态，而是倾听。倾听的"倾"字，是身体往前倾斜之意。倾斜的目的是使自己的身体更接近于倾诉者。倾听是认真听的一种姿态，也是一种境界，体现的是一种平等，将孩子放在朋友的位置，认真听取他们的愿望和要求，分享他们的苦恼和快乐。

学会倾听，表面上看，是一种礼仪，实际上是一种修养，懂得将心比心、换位思考。别人找你倾诉，说明信任你，不管他说的话你爱不爱听，都应该表现出足够的耐心。"此时无声胜有声。"很多时候，倾诉者也许并不需要你的回应，而是只需要你默默地倾听。

倾听和倾诉，就像是山谷回音。倾听者感受到信任，倾诉者感受到温暖。

很多时候，倾听比表达重要。言多必失，沉默是金。倾听时，要以眼神、微笑和肢体语言，表达自己希望与对方亲近的意愿。很多父母缺乏倾听孩子说话的耐心，他们常常粗暴地打断孩子的倾诉，凭自己的主观臆想批评孩子。"爸爸妈妈，请让我把话说完。"——是很多孩子发自内心的愿望。

西方有位哲人说过："一双灵巧的耳朵胜过十张能说会道的嘴巴。"由此可见少说多听的重要性。倾听是对他人最大的尊重，是人际关系有效沟通的重要前提。

善于倾听是一个人成熟和稳重的标志。有时候一个认真倾听的表情，胜过万语千言。想找人倾诉，是因为心中有表达的愿望。

倾听和倾诉是一个互动的过程，要用实际行动，来表达关注、理解和支持。多听少说，是一种人生的智慧。多听，就是多了解情况；少说，就是少表态。人际交往过程中，多倾听，既是对他人的尊重，也是对自我的保护。

人为什么会有倾诉的愿望？是希望通过倾诉，让人家理解你、支持你。听众，看似处于从属的地位，实际上非常重要，因为离开了听，"诉"就失去了意义。俗话说"听话听音"。听的过程，是接收信息的过程。听得越多，你了解到的信息就越多。多听和少说，是一种辩证的关系。多听，可以引导对方多说。用"常点头"的方式与对方互动，可以增强对方对你的信赖感。

倾听是一味良药，可以医治创伤，化解不安，巩固信任。我们常常能看到这样的情景：认真倾听完一个人的倾诉，听者未发一言，诉者已经释然。可见，倾听的过程本身就是治愈的过程。

在家庭教育的过程中，倾听是父母与孩子交流，并取得孩子信任的第一法宝。这种信任关系一旦形成，孩子放学后或周末回家找父母倾诉就成了一种习惯。父母应非常珍惜这种习惯的养成，时刻关注孩子的心理变化，避免因孩子青春期逆反或沟通不当而伤害了这种信任关系。

倾听者是需要一点耐心的，而且必须是真正愿意以平等的角色去倾听,并非装装样子,否则很有可能在亲子关系上"触雷"。一位极力反对孩子喝碳酸饮料的父亲,某天看见儿子放学回家时手里拿着一瓶可乐,还没等孩子开口解释,父亲的批评欲就已经发作了。他在暴怒之中还把"可乐"倒在了水槽里,在那一瞬间他意识到自己犯了个错误,因为从可乐瓶里倒出来的只是凉开水而已。在发现误会后,被架在半空中的父亲没有道歉,而是继续疾言厉色,加以惩罚。这个时候的父亲心情很坏,他用自己的糟糕表现给孩子的嘴巴和心灵加了一把锁。有效沟通是由倾诉和倾听构成的,来自孩子的倾诉是父母倾听的姿态诱发出来的。很不幸,在太多的家庭里,所谓"倾听"只是一个美好的概念,一旦有点什么由头,暴力化的语言可能已经劈头盖脸过去了。没有真正的倾听,家庭里的教育事故一定会频发。

倾听,不只是听口中之音,更是要听得懂、听得进孩子真正的心声。《小别离》中,多多出走,直接原因是压力过大,根子里则是亲子沟通出了问题,父母根本没有倾听孩子内心的呼声。《小舍得》中,英子要跳桥,是因为母亲强行改了女儿的志愿,她根本没有倾听英子的梦想。

可悲的是,太多父母以为自己懂孩子,以为自己愿意倾听的架势摆得够足了。一对母子之间发生了这样一番对话。母:"说吧,我看你挺不开心。"子:"我没事。"母:"说吧,我保证认真听,而且尊重你的想法。"子:"呃——我喜欢的女生不理我了。"母:"什么?你早恋了?你怎么能这样?家里辛辛苦苦供你上学,你怎么这么不懂事?儿子呀!……"儿子摇头,叹气,差点暴怒,又忍住,但接下来不再开口了。母亲说了半天,见儿子始终沉默,耐住性子道:"说吧,我看你挺不开心的。"

这位母亲根本不知倾听为何物。倾听是一种修养,但又不只是一种修养。我不妨把话说得狠一点:不懂得倾听的人,不但情商偏低,甚至是一种智力缺陷。

延伸阅读

　　父母的人生经验固然会对孩子的成长有帮助,但不可否认的是,孩子们接受新鲜事物的能力比父母强。随着年龄的增长,孩子掌握的知识越来越多,他们眼中的世界越来越丰富、立体、多元。父母应放下身段,做孩子心中"永远真诚的倾听者"。

经常运动者智

跟朋友聚会，不一定非得吃饭喝茶，也可以约在一起散步。2022年2月22日，我给阎老师发微信说想拜访他。他约我在奥林匹克森林公园见面。两人在公园内健步走，边走边聊。一个小时过去了，话题聊得很深很透，两人也出了一身热汗，回到停车场各自开车回家。这样的聚会，不但节省了时间成本和经济成本，而且效率很高、效果很好。

小区解封后，我于2022年6月2日和3日晚上沿着欢乐谷公园和小武基公园健步走，发现有很多人在绕着公园跑步。晨跑好还是夜跑好？长期以来在学术界仁者见仁，智者见智。虽说任何一种锻炼方式都各有利弊，宜根据个体差异和环境不同做出不同的选择，但有一点：热爱运动总是好事，经常运动乃智者所为。

有时候，给朋友打电话，一时联系不上，过后复电向我解释："不好意思，刚才在锻炼。"有说在打球的，如尔凯、阿土兄弟；有说在跑步的，如张华兄等；有说在打嗒嗒球的，如政惠、惟善兄等。锻炼方式不一，重视健身的心情却相同。

当今社会，生活节奏很快，通信、物流便捷，宅在家里叫外卖，也可以做到不愁吃不愁穿。一方面，一些年轻人出于偷懒的心理，不爱运动，导致年纪轻轻就免疫力低下，患上这病那病。另一方面，很多人已逐渐认识到健康生活方式的重要性，"每天运动一小时"的观念已经被越来越多的人接受并付诸实施。

俗话说"生命在于运动"。遥想当年，我在大溪乡政府上班时，经常要骑车穿过文溪村，有一户人家外墙壁上用毛笔写着"生命在于运动"几个大字。主人想必是一位运动爱好者。虽然一直无缘相识，但他的理念却一直影响着我。

开车的人都知道，汽车长期在城区低速运行，需要过一段时间将车开到郊区高速公路上去提一下挡，以免因长期低速而导致发动机机油积碳，加速发动机老化。人体就像是一台机器，如果长期不跑步，偶尔跑一下步就会气喘吁吁。因此，要重视身体机能的锻炼和维护。

专业的运动是指涉及体力和技巧的一套规则，又有习惯所约束的行为活动，通常具有竞争性。而通俗意义上的运动，则是指让身体动起来，是一种健身的方式。热爱运动，其本质是热爱人生，热爱生活。树立正确的运动观，需要有科学的认识、坚定的毅力和持之以恒的精神。

年轻时往往忽视了运动的重要性，以为年轻就是资本。很多年轻人整天熬夜，暴饮暴食，殊不知，身体垮掉仿佛在一夕之间。运动，尤其是有规律的运动，有利于人体骨骼、肌肉的生长，能增强心肺功能，改善血液循环系统、呼吸系统、消化系统的机能状况，保持良好的体型，同时使精神和压力得到有效的释放。

据媒体报道，全球每年因缺乏运动而导致的死亡人数有数百万人。这是一个令人触目惊心的数字。因此，我们要利用日常生活的机会多运动。譬如到单位上班，去外单位办事，只要时间允许，就多走路，多骑共享单车，少开车，少乘车。到了目的地，尽量多走楼梯，少乘电梯。要利用一切时间的"边角料"多做弯腰、踢脚等简单的伸展运动。

经常运动者智,这"智"当然指的是明智——运动可以健身、养性、怡情,投入于此等好事,当然是明智的;但还有另一层意思,即,运动本身是益智的,爱运动的人都比较聪明。以前人们习惯于用老一套的观念看运动员,称他们"四肢发达,头脑简单",其实大谬不然。头脑简单,指的是爱运动者心思更单纯,为人处世比较透明、直接,不喜欢弯弯绕,不爱算计人心,如此而已。爱运动者普遍高智,尤其在各自项目上达到顶尖水平的运动员,其智力水平更是不容低估。比如姚明,无论智商情商都堪称一流,这一点从他每一次有幽默感的发言可知。刘翔、李娜、苏炳添以及国家乒乓球队刘国梁等一众高手,哪一个不是独具智慧?反过来也一样,许多在各个领域取得不俗成就的大学者、大专家,也都是运动健将。比如,著名文学史家萧涤非先生,是清华大学足球队队长,创下的校百米纪录保持多年直到新中国成立才被打破。中国工程院院士、著名呼吸病学专家钟南山的运动生涯更是惊人,他热爱足球、篮球、跑步等多种运动项目,更在大学期间的一次全运会比赛测验中,打破了四百米栏全国纪录!还有兼具诗人和数学家两重身份的浙大数学系蔡天新教授,他大学期间钟爱并且擅长的运动项目居然是铅球……这些故事,都打破了我们心中原本存有的刻板印象。

其实,运动促进智力发育,是有科学依据的。有人说过,婴儿时期的爬行运动,对于大脑发育具有重要意义。进入儿童、少年、青年时期,也是一样。可惜太多的家长心存认知盲区或价值偏见,总觉得孩子们的运动是"瞎玩",是"浪费时间",不如去"刷题",这实在是很可惜的。不过,现在大家的看法也在慢慢改变,其中一个明显的改变就是,体育教师当校长的越来越多了。

《中国教育报》还专门报道过金华市一批体育教师当校长的现象,比如原来武义壶山小学校长李建生,就是体育教师出身,前几年他还被评为"中国长三角最具影响力校长"。江苏有一所高中的校长,在升学压力巨大、分秒必争的情境下,仍然每天带领学生花不少时间晨跑,在体测中该校学生的肺活量指标稳居全省同年龄段第一。有人刚想质疑点什么,他马上亮出了"底牌":该校学生的统考成绩是跟学生们的肺活量同步提升的!这位校长因此也被戏称为"肺活量校长"。

体育与智育、德育、美育、劳育是紧紧融合在一起的。个人浅见,要让"五育并举"的风车转起来,体育堪称第一推动力。

延伸阅读

现在的孩子普遍缺乏运动,除了在学校里必修的体育课之外。家长也是重智育而轻体育。身体是学习的本钱。体质不行,是难以承载高强度的学习的。因此,要重视孩子的运动锻炼,最好能多设计或参加一些亲子运动。这样,既能联络感情,又能锻炼身体,一举多得。

友情在远处

2022年春节，由于疫情原因，无法回老家过年。好在邮路畅通，老同学张兄早早寄来一大块腊肉，嘱我挂在阳台通风处，平时想吃的时候割一小块。没想到，从立冬一直吃到立夏。每年开春，总能收到从杭州寄来的龙井茶：明前茶、雨前茶，龙井村的、梅家坞的，一看名字，就有一种柔软的情绪从胸腔内升腾。有的朋友，年年寄，年年问候，如潮之有信，如光之有芒，让我感受到友情的温暖。

杭州陈兄，每年第一时间给我寄明前龙井茶，并发微信："梅家坞我学生自家的茶叶，应该到了。"湖州杨君，读大学时曾随我实习，学写新闻，仅仅一个多月，写了多篇报道见诸报端。毕业后回家乡工作，成了一名光荣的人民教师。虽然天各一方，但每年春天，雷打不动地给我寄两盒安吉白茶。平时因为工作忙，疏于问候，但新茶如故人，如约而至。这份问候，无功利之心，有真挚之谊，令人感动。

因为疫情原因，截至2022年5月16日，我家位于朝阳区的小区被管控已近两周。作为北京市市民，我们理解政府决策，积极配合社区，执行"居家办公"政策。北京是首都，有时候，一条社区新闻就能受到全国人民的关注，更何况是疫情防控这样的大事。虽然社区安排得很周到，送蔬菜上门，但毕竟是足不能出小区，生活上必然带来诸多不便。老家一些朋友看到新闻后，主动打电话来问候，想方设法给我寄吃的。浦江朋友张君，找了当地顺丰快递等几家快递公司，结果因为疫情管控的原因，无法寄送。后来想了一个办法，先寄到东城区我的朋友处，再请我的朋友开车送到我们小区的门口来。

金华朋友陈君在医院看病时偶然听到朝阳区若干小区被封控和管控的电视新闻，马上来电询问是否包含我所在的小区，得到肯定回答后说要给我寄金华酥饼。问了一圈快递公司，结果是京东快递接了单。另一位金华朋友姜君，精选了莲子、土面、艾糕和萝卜片。那些寻常的食品，因为浓郁的家乡风味和深厚的情谊，在特殊时期变得无比珍贵。远方的友情，如天边飘过的云彩，让我抬头可见。海内存知己，天涯若比邻！

社交媒体上流传着一种说法，叫"越出国，越爱国"，这句话描述的是这样一种现象：很多人在离家万里、离国万里之后，越来越想念自己的家乡、爱自己的祖国。也许是距离产生美，有比较才更懂得爱吧！

我想说的"友情在远处"，与"越出国，越爱国"有异曲同工之意。因为长期在外地工作，越来越感受到家乡的可爱、友谊的可贵。

为什么说友情在远处？是因为无私的牵挂更温暖，主动的问候更感人！古人将"他乡遇故知"列为"人生四大喜"之一，与"久旱逢甘霖""洞房花烛夜"和"金榜题名时"并列。当今物流之便，非古人所能想象。在他乡得到故知问候已成为稀松平常之事。一个电话、一条微信、一封邮件，就能传递彼此之间的深情厚谊。

常言道："衣不如新，人不如故。"故人因为共同的工作或生活经历，彼此会有许多共同的话题。往事可以引起人们甜蜜的回忆，这种人生体验是新朋友无法替代的。友情，乃世间超越血缘、地缘之爱，是人与人之间一种精神上的认同、心灵上的共鸣。结识新朋友，勿忘老朋友。

延伸阅读

人生天地之间,无友如夜路无灯,有友似野渡有舟。今天的新朋友,也许就是明天的老朋友。在家靠父母,在外靠朋友。只要心存善念,有爱人之心,友情随时在,朋友随处有。

家长要鼓励孩子多与同学打交道,多交一些直友、谅友、多闻之友,同学情谊会成为其一生的财富。

闲时多问候亲友

2022年4月12日深夜,睡意袭来,刚想休息,手机铃声响了,原来是几位参加浙江省金华市两会的好朋友聚在一起聊天聊到了我,于是便打通我的电话轮番叫我接听。一年当中,这样的"深夜来电"总会有好几回。而几乎每年金华市两会期间,我都会接到这样的问候电话。毕竟,那是我生活和工作了十年的城市,有很多故交。

"有事吗?""没事,只是想到你了,而且是大伙儿一起想到你了。大家都想与你通个电话。"这样的问候,虽然突如其来,却令人倍感温暖。虽然几年里大家难得见一次面,但"海内存知己,天涯若比邻"。一旦见面,喝酒唱歌是必不可少的节目。如果有我在场,必然增加一个"诵诗"的环节。人生之乐,莫过于"他乡遇故知"也。

除了问候朋友,我们更应该记得要时常问候家人,尤其是家中的长辈。两年前,我曾陪同上海市作协副主席赵丽宏先生到我的家乡浙江浦江采风数日。每晚九点半,他都要给老母亲打电话,几十年如一日,雷打不动。我的好朋友、浙江省四川商会会长何勇,几十年如一日践行"孝行大道"公益文化。他经过长期思考,明确了孝的要义,就是"让父母幸福",而孝行大道,就是"让天下父母幸福"。

我中华乃礼仪之邦。2021年，我率"大美中国行"采风团走进衢州时，"衢州有礼"的文化给我留下了深刻印象。古人见面问候常以拱手行礼，是为揖。初次相见，为了表示彼此的尊重，常施以长揖。而拱、拜、顿首及跪拜等见面礼则应用于不同的场合。当"独在异乡为异客，每逢佳节倍思亲"的时候，只能以信札的形式表达问候了。"唐宋八大家"的很多文章，都是以信札的形式流传于世的。信札的开头和结尾，一般都是问候语。虽是套话，却是不可或缺的，否则便是失礼。过去一年来，在长者的见证下，我以毛笔信札的方式，每天与诗人若凡互致问候。眼见着若凡的书画水平飞速提升，为之欣喜。这样的问候，是温暖而长情的。

当今通信方式便捷多样，已很少有人写书信了，更不用说是以信札的形式用毛笔写书信了。这种现象值得重视。我曾在北京市写作学会举办的研讨会上呼吁，要加强对书信写作的倡导和研究。书信写作是我们以实际行动继承和弘扬传统文化的一种好形式。

曾几何时，国人似乎已忘记"问候"为何物了，虽说是微信上天天见，但发问候的图标却似曾相识，原创的内容极少，让人难以感受到问候的诚意。

每到年底，我都会找来红纸写一些问候的书信，写好后拍照发给朋友。这样的问候是一对一的。朋友们都很忙，我不求每个人都用这样的方式回复我，但至少，我的问候是发自内心的，无比真诚的。

人生在世，功名利禄如过眼烟云，朋友才是真正的财富。朋友之间的联系和沟通是十分重要的。问候语可以直接反映出个人的修养和内涵，是人际交往能否成功的重要因素。

在礼仪规则中，问候方式和问候顺序有着不同的要求。问候时要注视对方的眼睛，真诚自然落落大方，这也是尊重他人的一种表现。微笑、点头和致意，这样的问候才能起到传情达意的效果。当今社会，新朋友见面，互加微信是"保留节目"。你加我，还是我加你？一般是年轻者主动加年长者，下级主动加上级。如果碰到名望和级别远高于自己者，则不可贸然提出加微信，以免尴尬。

延伸阅读
　　友情是人生道路上的明灯。孩子渐渐长大，朋友圈也在悄悄扩展。家长要引导孩子利用闲暇时间，打理、经营好自己的朋友圈，逢年过节不能忘了对长辈的问候。

聚会要有道

几年前，我在跟建明兄聊天时聊到一个话题：假如把一个人送到外星球去，让他一个人待在那个星球，没有任何人陪伴他。这个星球跟地球酷似，生态环境优良，可以提供他生活所需的所有物品，但就是没有人。估计他过不了多久就会精神崩溃。这是为什么？因为认可和分享，是人的基本精神需求。当整个星球只剩下一个"你"，这是一种多么可怕的孤单啊！

由此可见，虽然每一个生命个体本质上都是孤独的，是古往今来的"唯一"，但是，人作为社会性动物，是难以脱离群体而生活的。人在追求自身价值过程中，必须寻找"他人"作为参照物。人际交往是人的一种基本需要。一个人不可能不参加社交活动，而聚会是社交活动的基本形式。

聚会的方式是多种多样的。从群体来分，有同学聚会、老乡聚会、同事聚会、朋友聚会、家庭聚会等等；从聚会的性质来分，有生日会、谢师会、鹊桥会等等；从聚会的形式来分，又有餐会、茶话会、读诗会、音乐会等等。当今社会，大家都很忙，不愿意在聚会上浪费时间。因此，在接到聚会邀请时，很多人会问："到底是与哪些人一起聚会？"如果是跟自己工作中没交集、事业上不相关的人聚会，很多人会不愿意去。说实在话,现在谁都不缺那一顿饭吃。尤其是在疫情期间,有的人开玩笑说:"能参加聚会的,都是生死之交。"比如像北京这样的大城市,从东南到西北,去参加聚会,路上往往要一个多小时的车程。没人会愿意浪费宝贵的时间,去参加毫无价值的聚会。

那么,是不是说我们就不用参加聚会了呢?回答是否定的。因为聚会给人们带来的好处实在太多了。如果不参加聚会,那么你的交际圈会越来越窄,人脉资源会越来越少。近朱者赤,近墨者黑。我们要多参加一些有益的聚会,让友谊浸润我们的心灵,让我们的内心更丰盈、更温暖。

在我看来,聚会的好处不外乎如下几点:一是学习。所谓高朋满座,必有高见。倘若聚会时有一些专家学者参与,高谈阔论也好,有感而发也罢,一次小范围的聚会,相当于参加了一场小型的学术研讨会,得到了一次专家面对面"授课"的机会,你可以从中学到很多东西。二是了解信息。聚会时,有的人喜欢发布"新闻"。"内部消息"也好,"专家解读"也罢,虽不乏"小道消息",但其中有价值的信息也不少。有些时事新闻、政策法规、招工招生等信息,人家只是随口一说,对你说不定有大用。当今社会是信息社会,信息很繁杂,每个人获取信息的途径不一样,因此导致了信息的不对称,那么参加聚会呢,有利于让你获得一些你尚未了解的信息。三是认识新朋友,联络感情。在相互聊天的过程中,增加了解,增进友谊,为以后合作打下感情基础。四是宣传自己。你在接受信息的同时,也可以把你的信息传递给朋友,包括一些需求信息。譬如说你想求职、你想租房、你想寻找商业上的合作伙伴等等,可请与会者为你出谋划策。

聚会需要带些什么东西呢?有带酒的,有带茶的,有带书的,当然,也有什么都不带的,因人而异,因事而别。企业家聚会希望带项目,文艺聚会喜欢带节目,小孩子参加聚会盼望能得到礼物。聚会前,带着问题去;聚会结束时,带着答案回。由此可见,聚会好处多多。因此，我们要多参加一些有意义的聚会，提高聚会的质量。聚会发起者，通常就是聚会的主持人。我们不但要有选择、有计划地去参加聚会，还要有计划地请人来聚会。聚会的形式是多种多样的，一般情况下，朋友间的聚会比较轻松，氛围活泼，没有负担。大家心情愉悦，互相关怀，畅叙友情，共谋发展。这种基于友谊的聚会比较受欢迎。

聚会要见贤思齐，不要相互攀比，还要注意一些礼仪方面的问题。聚会伊始，召集人一介绍，与会者心里就会明白，这次聚会，谁是主角，谁是配角。每次聚会最好能有一个主题。谁是主持人，谁是作主旨发言的人，与会者须有一种默契啊，年轻人千万不要喧宾夺主，抢着发言。尤其不能自说自话，抢了主要嘉宾的话题，或者任意打断人家的话。

延伸阅读

欢聚一堂，各取所需；乘兴而来，尽兴而归。"聚"之有方，"会"之有道。"听君一席话，胜读十年书"，此为聚会之最高境界。

珍惜人生的际遇

2022年4月17日下午,程兄到访中国摄影家协会。程兄与我,之前均为浙报同事,如今相遇在京,自然有许多共同的话题。他现场泼墨挥毫,以六尺整张荷花图馈我,这使我想起乡贤张世简先生生前所作的《荷塘清趣》。三十年前,我在北京初见潘絜滋、吴劳、张世简三名家,曾一度想辞去工作,一门心思在老先生门下专事绘画。这个念头一闪而过,终究未能付诸实施。岁月蹉跎,如今想与老先生有"际遇"已不可得。由此而见,人生苦短,有"际"时,必要紧紧抓住,以期"遇"当其时、"遇"得正果。

古人对人生际遇总结得很到位,把英雄相遇,比喻为"风云际会"。

人生的三大遗憾是:生不逢时,逢时不遇,遇而不交。我们常说"机遇垂青于有准备的人",指的是自身一定要强大。自身强大包括两个方面,一是精神的强大;二是知识的强大。唯有精神强大,才能从容应对任何艰难困苦,在心理上实现完整意义上的独立,不以物喜,不以己悲。唯有知识强大,才能从容驾驭一切稍纵即逝的机会,让机会为我所用,成就自己的无悔人生。

2022年4月17日上午与王玉山老师聊天,聊到他与恩师孙其峰先生的人生际遇,深为孙先生卓越的艺品和人品所折服。孙先生和孙师母一直托举着王玉山和一众弟子的成长。这样的师生际遇，是美术界的佳话，演绎着人间的真情故事，闻之令人动容。

我们说机遇垂青于有准备的人，不但要有知识储备方面的准备，更要有思想上的准备。要有清晰的人生规划、明确的人生目标、敏锐的洞察力和行动力。否则，机遇来临而不自知，岂非人生憾事？

所谓际遇，是指在人生道路上有交集。如果仅仅是见上一面、共进一餐，还谈不上交集。真正的交集是要在一起做事，一起探讨人生、谋划未来。能够在不断交往的过程中增进相互之间的了解，求同存异，进而心心相印，引为知己。

古人对于生不逢时的喟叹，往往是指生逢乱世，朝不保夕。《三国演义》在开篇中就说"乱世出英雄"。怎么理解？如今正是实现中华民族复兴伟业的好时代，应该是"盛世出英才"。对于大多数人来说，应该不会有"生不逢时"之叹。古人在遭遇挫折时，常常会慨叹："时也，命也，运也。"在我看来，这个"时"对有的人来说是不如人意的"背时"，而对有的人说，则是正合吾意的"好时"。"好雨知时节。当春乃发生，随风潜入夜，润物细无声。"

走在大街上，但见车水马龙，人潮汹涌，使人望"海"兴叹。何以"逢时不遇"？是因为你不知道要与谁去"遇"。如果你有清晰的人生目标，就会努力去克服"逢时不遇"的困难。因为地位悬殊，路途相隔遥远，会在客观上产生"逢时不遇"的问题。但是我想，只要你的思想上有"遇"的愿望、行动上有"遇"的能力，则无论是"偶遇"还是"幸遇"，定然能"逢时而遇"。所谓"遇而不交"，是指虽然认识了，但没有交往，或者说，明明有机会可以相遇相交相知，却失之交臂，引为人生憾事，说到底，这也是你主观上的问题。

不知大家有没有听说过"吸引力法则"？通俗一点说，就是你所渴望的总是与你实现的大致相匹配，几乎可以说是"心想事成"。这是一种心理学效应。很多人会把这个法则与日本著名经营大师稻盛和夫的"心不唤物，物不至"联系起来。一个人之于自己梦想的事业，会从内心里发出呼唤，会时时刻刻保持着追求之念，并付诸长期不懈的努力，事业的曙光就会显现；同理，一个人对于志趣相投的朋友、对于提供助力的"贵人"（事业发展上的"关键先生"）也能全天候、全波段、全频道地发出寻求的信号，对方自然也有更大的可能接收到，从而有所反馈。比如，在马云最需要资金的时候，孙正义出现了；在他需要敲开国际化大门的时候，蔡崇信出现了……没有一种"风云际会"是单向的，朋友也好，"贵人"也罢，一定是彼此需要，只不过是他们在同一个时刻以各自拥有的资源或方式揳入同一桩事业，然后他们可能在不同的时刻、以不同的形式获得成功的回馈，然后分享共同的成功体验。这，就是难得的机缘，就是美好的际遇。

延伸阅读

吾生有涯而学无涯，因此哲人有"闲聊休过三分钟"之戒。时间有限而欲交往者众，该如何抉择？我们要多交益友、诤友、良友，不交损友、馋友、酒肉朋友。微信好友有一个"朋友权限"设置选项叫"仅聊天"，对于无良之人，连这个"仅聊天"的待遇都不给予。人的生命是由时间组成的，浪费时间等于浪费生命啊。

造物主"独一份"的创造

陈寅恪先生 1929 年在为王国维先生作纪念碑铭时提出的"独立之精神，自由之思想"，如今已成为中国人共同追求的精神与价值取向。年轻人追求思想独立是好事，但应该有相应的技能做支撑。独立不是停留在想象中、挂在嘴上，而是要落实到行动上。假如经济上无法自立，必然想"独立"而不可得，犹如空中楼阁，只可臆想而不可登临也。

每一个生命个体，都是造物主"独一份"的创造。只要你拥有独立的思想，不人云亦云、随波逐流，那么，没有人能够阻止你人格的独立。独立的人格、独立的思想、独到的见解、独立生活能力，是成就一切事业的前提。

独者，孤独也；立者，成也。老子曰："大道屹立于地。"古人以"立德、立功、立言"为"三不朽"，追求"三十而立"。"立"是状态，"立"是过程，"立"是目标。

修身是一个人的安身立命之本。一个人唯有确立人生的价值取向，才能心之所向、步之所履。每个人都是一个独立的生命体。有选择的权利，但每个人都是社会人，不可能将自己从纷繁复杂的社会关系中"剥离"出来，成为一个"万事不求人"的"自然人"。

就像这个世界上任何国家都没有绝对的自由一样，所有的社会人都应当遵循社会规则。假如大家各行其是，为所欲为，那么，社会秩序一定会乱，你想在芸芸众生中实现"独立"岂非异想天开？

人无信不立。信从何来？从道德修养中来，从一点一滴的为人处世中来。古人所倡导的"君子慎独"，就是要严格包括时间管理、道德约束在内的自我要求，真正做到外人在与不在一个样。

没有思想的深度，就没有独立的高度。思想的深度从学习中来。向书本学，向社会学，向长辈学。长辈丰富的人生阅历是一座宝库，要学会分享。古人说"不听老人言，吃亏在眼前"，并非虚言。

独立独立，独在前，而立在后，没有"独"何以"立"？独是一种与他人和社会隔离的生存状态，是一种超越现实的心灵体验。能够直面、忍受和消解孤独，是一个人走向成熟的标志。慎独，是一种品质，是一种境界，是一种操守。

有一位独臂航海家，名叫徐京坤，他是人类历史上第一位环球航行的独臂船长。在接受《十三邀》节目采访时他说，他敬佩从前的航海家们，那时候人们对地球的认知还有限，还没有完整的海图，那些孤独的先行者，他们在茫茫大海中前行，是如何相信前方有陆地的呢？

这位航海家对于孤独、独立有着超越于常人的理解。他讲到了一次独特的体验。跨太平洋远航时，有一个晚上，船漂在海上，他呢，躺在甲板上看书、看星空，无限的想象力变得超级发达：如果此时此刻天上有一只眼睛在看着地球的话，这只眼睛是看不到那些生活在城市大楼里的人们的，因为那就像我们看到了一个蚂蚁窝，里面有数亿只蚁，我们不会关注到蚁群中的任何一只。但这时的"上帝之眼"会突然关注到茫茫大海上的这一条船，这条船上的这一个人，这个人是人类中最少数的一类，他可以到不适合生存的地方，在那儿漂着，甚至可以跟上帝之眼对视。那上帝之眼只会关注那一个人，就是"我"。

　　无论是在上帝眼里，还是从宇宙的尺度看，人都是渺小的。但傲然独立于天地之间的"我"，却正如孟子所说，是充实而有光辉的"大"人。

延伸阅读

　　《庄子》有言："独与天地精神往来，而不敖倪于万物，不谴是非，以与世俗处。"李白说："古来圣贤皆寂寞，惟有饮者留其名。"庄子的"独"是一种大境界，李白的"独"是一种大潇洒。人生百年，要学会享受孤独。马尔克斯之所以将他的书取名为《百年孤独》，是因为他认为："无论我们出生、我们成长、我们相爱还是我们成功失败，直到生命的最后，孤独犹如影子一样存在于生命一隅。生命，从来不曾离开过孤独而独立存在。"

　　思想独立，应该成为人终其一生的追求。

有趣才有真生活

记得 2017 年北京大学开学典礼，我被选为新生家长代表作视频发言。北大派人来我家，事先摄制了一段视频，开学典礼时作为"家长寄语"在大屏幕上播放。我在发言时说："希望我的孩子成为一个有趣的人。我相信，一个人只有时刻保持对学习的兴趣、对世界的兴趣，才能激发其潜能。"

把"趣味主义"看成生活信仰的梁启超曾这样说："趣味是生活的原动力。趣味丧掉，生活便成了无意义。""我不敢说趣味便是生活，然而敢说没趣味便不成生活。"他认为，一个人本来应该做任何事情都兴致勃勃、生趣盎然的。

所谓有趣，是指一个人所展现的与外界相处的特质，是好奇心的外在表现，是人格魅力的外在投射。著名戏曲研究专家徐朔方先生年轻时在温州一带当教师，闲暇时与友漫步田野，他忽然看着田里的庄稼，说道："这青青的萝卜菜，底下却长着个萝卜！"他说时真心诧异发笑，以至于那朋友顿时也觉得"那萝卜菜好像有一桩事在胸口满满的，却怕被人知道"。

有趣是一种素养，也是一种境界。没有人愿意跟一个一天到晚绷着脸的人交往。同理，没有人会拒绝与一个有趣的人交往。一本书，因为有趣，才能吸引读者的目光；一件事，因为有趣，才会让人津津乐道；一堂课，因为有趣，才能引发学生的热烈讨论和共鸣；一个人，因为有趣，才会有好人缘。那么，怎样才能做到有趣呢？有趣需要知识积淀。

如果你拥有渊博的知识，与人交谈时，能够引经据典，言之有物，使听者能从中受益，那么，一定会被听众评价为"这个人真有趣啊"。有趣需要高情商。高情商的人善于换位思考，与别人的灵魂契合度较高，讲的话有味、生动，别人爱听、乐听。有趣需要通透的思想支撑。一个人饱经风雨，洞明世事，就不会斤斤计较，就会"踏平坎坷成大道"，做事坦然，遇事释然。有趣的人往往幽默风趣，浑身上下充满太阳般的光泽，使人容易产生信任感。

画家林风眠曾自称"好色之徒"，因为他一辈子无非就是玩玩颜色；建筑学家梁思成自称"蒙了不白之冤"，因为他到老了头发还是一片乌黑，他有一次开会发言时，开口就说"我是无耻（齿）之徒"，因为牙齿早掉光了，戴的是假齿。

不久前以九十九岁高寿去世的画家黄永玉，被称作"全中国最有趣的老头"。在这个老顽童眼里，这个世界上的人和事简直是无比生动灿烂：沈从文的儿子想吃冰棍却又忸怩着，"他们还客气地做出少先队员从来不嗜好冰棍的样子"。他陪"三毛"的作者张乐平喝酒，趁老张走开的瞬间抢吃牛肚，"两筷子就扫光了那个可怜的小碟子"，老张只得再叫来一碟后，"非常警惕我筷子的动向"。而黄永玉自己呢？八十多岁时，有一次接受某电视台访谈，谈着谈着，就把主持人晾在一边，自己却像个老猴子，欢欣地跳跃着跑开，看拳击赛的电视直播去了。另一位名主持人采访他，见他老是捧着个烟斗，就说："我发现你说话的时候不抽烟，抽烟的时候就不说话了。"黄永玉就说："你知道当年，有人问苏东坡，你睡觉的时候胡子是放在被子里还是被子外，结果那一天他就睡不着觉了……"

有趣一般含"意料之外，情理之中"之义。有趣，虽然是一个浅显的词，让人一看就明白，但要真正做到有趣却不是一件容易的事。一个人不是生来就有趣的，要在学习中明得失，在做事中明事理，慢慢形成属于自己的行为习惯和处事风格。做人有趣是一种美德，做事有趣是一种智慧。有趣，不但能拉近人与人之间的距离，也能拉近人与知识之间的距离，拉近人与天地万物之间的距离。对于学生来说，有趣比成绩重要。大多数学霸，是能够领会学习真趣之人。假如你一捧起书本就感到索然无味，那么，又怎么能够取得好成绩呢？王小波在《沉默的大多数》里说："我对自己的要求很低：我活在世上，无非想要明白些道理，遇见些有趣的事。倘能如我愿，我的一生就算成功。"

延伸阅读

子曰："朝闻道，夕死可矣。"在我看来，有趣就是人生之"道"，它超出了一切世俗意义上的成功概念。有趣是一种生存状态，有趣是一种人生智慧。一个有趣的人，拥有灵魂深处的教养，乐观向上的人生态度，不以物喜，不以己悲，活得通透、自在。

人无根不立

中国人最大的信仰就是对中华文化的认同。在女儿读小学的时候，我曾经与朋友一家带领孩子一起开展"小脚丫寻根"活动，先后拜谒了泰伯陵、仲雍墓、季札祠、炎帝陵、黄帝陵、大禹陵等人文始祖的纪念地，如今想来记忆犹新。

"物有本末，事有终始，知所先后，则近道矣。"根脉是传承传统的依凭，是一个民族的主动脉。根脉里有使命和担当，根脉里有愿景和责任。

树无根要死，人无根不立。这本是十分浅显的道理。可现在偏偏有很多年轻人不懂。

重视自身的根脉，就是要明白自己"从哪里来""到哪里去"。有的年轻人认为"光宗耀祖"是封建思想，他能做到"独善其身"就已经很不错了，祖宗在虚无缥缈的天上，"关我什么事？"其实，从遗传学的角度来看，每一个祖宗都与你的生命息息有关。一个人是无法切断自己与祖宗的关系的。一个民族有根脉，"炎黄子孙"是中华儿女的共同称谓。一旦认同自己是"炎黄子孙"中的一员，就是将自己与五千年中华文明史紧密联系了起来，会使人产生骄傲、自豪、自信等情愫。

中华民族的根脉，并非看不见摸不着，而是实实在在地存在于我们的精神世界里。"慎终追远,民德归厚矣。"我们在汉赋唐诗宋词元曲等文学作品中看到根脉,我们在"上山文化""良渚文化""跨湖桥文化"等考古遗存上看到根脉,我们在巍巍长城和滔滔运河上看到根脉。

一个家族有根脉,《朱子家训》也好,《郑氏家规》也罢,都是一个家族绵延不息的家风传承,是根脉传承的体现。我国古代的家族制度,是社会治理结构的重要组成部分。家族是指由若干具有亲近的血缘关系的家庭组成,具有共同的祖先、共同的姓氏,在一定意义上的共同财产,同受宗法制度的约束的组织。家风传承跟重男轻女无关。旧社会女孩不能入宗祠。新社会倡导男女平等,女孩也可以认祖归宗。《朱子家训》全文仅五百二十四字,却囊括了人世间"修身""齐家"的大道理。其中一些警句,如"一粥一饭,当思来处不易;半丝半缕,恒念物力维艰""宜未雨而绸缪,毋临渴而掘井"等,在今天看来,仍有教育意义。朱子谆谆教诲:"祖宗虽远,祭祀不可不诚;子孙虽愚,经书不可不读。"

一个人有根脉,认识自己的履历,珍爱自己成长的每一段旅程,就能将其化为自信自立自尊自强的内生动力。一个人的成长史,就是时代发展史的缩影。否定自己的过去,就是切断自己的根脉,切断自信心的渊源,就会使自己迷失在这个时代中的点位,想自立而无从立,只能做一朵随波漂荡的浮萍。

延伸阅读

根脉根脉,根是根须,树赖以吸收水分,汲取营养;脉的本义是指分布在人和动物周身内的血管,引申为像血管那样连贯而自成系统的东西,如山脉、叶脉、矿脉等等。我们探究真理,就要理清脉络,追本溯源。

重视根脉,如重视河流之疏浚,引不竭清泉润干涸之广野,虽千万人吾往矣。

有小满而无大满

2022年5月21是农历二十四节气中的"小满",是夏季的第二个节气,一大早收到敢胜兄从杭州发来的微信:"又是一年小满到,花未全开月未圆,人生最好是小满。"一年二十四节气,只有小满而无大满,足见中国人的智慧。

记得在金华工作期间,战堡叔叔曾书一联以赠我:"岂能尽如人意,但求无愧我心。"这是中国人知足常乐、随遇而安的生活理想。

天气明显开始热起来了。2022年5月20日早起,绕小区跑了三圈,出了一身微汗。长久未跑步了,下楼时,曾想跑个十圈,但三圈下来,觉得活动量已恰到好处。2022年5月21日上午,全家齐动手,把换季衣服全都清理了一遍,秋冬衣归位,夏衣登场。小满适逢周末,天朗气清,家人相聚,共话未来,学业亦如农事,治学当怀小满之思,知春播秋收乃天道。

"二十四节气"是古代农耕文明的产物,包含有丰富的农事生产信息和民俗文化内容。小满的"满"字通常包含双重含义:一是指南方雨量充沛;二是指北方麦类等夏熟作物的籽粒开始灌浆,但还没完全饱满。而在我看来,这个"满"字还有一层含义就是提醒我们:月满则亏,水满则溢。人不能骄傲自满。

小满是一种豁达与智慧。"满"是一种生活愿景,"小"是一种处世哲学。人生不存在十全十美。缺憾美,才是生活本色、生命常态。"岂能尽如人意"是客观现实,"但求无愧我心"是主观努力。

"小"的本义是指细碎的沙尘微粒,引申为微小,由微小义引申出低微或年幼等义。满的本义为水充满容器,饱和、满溢,引申为自满、饱满、足够、全部、达到等义。《黄帝内经》说:"满则泄之。"俗话说"话不可说得太满",意思是凡事要留有余地。小和满的组合,意在告诉人们,小并不小,满未必满,这就是东方哲学的智慧。孙策据有江东,号称"小霸王",却死于宵小之手。《管子·宙合》云:"盛而不落者未之有也。故有道者不平其称,不满其量。"故大满无益,小满最佳。

小满是最富哲学意味的一个时令节气。汤世贤老伯下午发来他刚创作的诗:"乐天知命故不忧,借词移字强说愁。老妻堂前栽花忙,老汉屋后望远畴。晨起独行田间路,麦苗青青如绿雪。小满时节多希望,锄地种菜自怡悦。"读此诗,深为汤世贤老伯乐天知命的精神所感佩。汤老伯世居乡下,自号"顽童",其田园诗颇具真趣,值得玩味。读书谓已多,抚事知不足。

各地都有这样的风俗吧,给客人斟茶,不能斟满,只要七分即可。

有些地方的婚礼上,结婚主人家收到红包,都要返回去一些。

人们常说,人生最好的境界是:花未全开月未圆。

学者朱光潜和钱锺书,都阐发过德国美学家莱辛名作《拉奥孔》中的重要观点,认为最值得把握的瞬间是"包孕性顷刻",包含了前因,将开启后果。

这样的"顷刻"都是小满时间,或者用另一位美学家王朝闻的话说,是"不到顶点"。

延伸阅读

读书未到康成处,不敢高声论圣贤。然而,当今社会,经常可见"半桶水"摇晃的人、懂得一点皮毛就在那里高谈阔论的人。事实上,人的认知是有边界的,一个人只能在力所能及的范畴有所作为。任何人都做不到"无所不能,无所不晓"。因此,我们要牢记"谦受益,满招损"的古训。

爱别人家的老人

2018年1月,有一件新闻在朋友圈刷了屏:浙江浦江一个小学生晚上路遇一位环卫工老奶奶,发现老奶奶竟坐着睡着了,扫把立在一旁。她和爸爸奇怪地询问:"您这么晚还不回家?"老人说,管理严,不能提前下班。孩子在爸爸鼓励下,给县长写了封信,希望能让环卫工人在忙完工作后早点回家。县长看到信后,马上带领相关部门负责人上门慰问这位环卫工,送上了防寒物资,并于当天下午开会研究,出台了一些关爱环卫工人的政策措施。在忙完这一切之后,县长还不忘记给这位小学生写了一封满满两页纸的回信。

这虽然是件小事,然闻者无不叫好。古时称知县为"县尊",称老师为"师尊",长者为尊。地方党政领导干部承担着"教化一方"的职责,行政管理的最高境界就是"教化"。因此,县长可解释为"一县之师长",既要以身作则,更要以自己的言行来引导和教育人民。"县长"只是一个职务名称,而"老师"在很多时候则是一种尊称。上述这位与小学生热情互动的浦江县县长,是无愧于"老师"这一尊称的。他用自己的实际行动给孩子和围观群众上了生动的一课。

无独有偶,金华市一小学生在途经银泰城门口天桥时,发现在桥上乞讨的老爷爷正在喝一碗冷冰冰的汤。孩子觉得老人可怜,回家自己动手煮了碗热气腾腾的面条,加上鸡蛋、香肠等,在爸爸的陪伴下,给老人送去。这件事同样在网络上赢得点赞无数。

  记得有位教育家曾经说过:"爱自己的孩子是人,爱别人的孩子是神。"套用一下,"爱自己家的老人是人,爱别人家的老人是神"。这与我们中华文化的老祖宗孟子所说的"老吾老以及人之老"是同一个道理。小事不小。你要想知道三十年后的中国是什么样子,看看今天的小学生就知道。

  在这一事件中,小学生是主角,县长和老奶奶是配角,他们配合默契,在这个寒冷的冬天,为我们提供了一盆可供取暖的"炭火"。首先,孩子牵挂的不是自家奶奶,而是别人家的奶奶。因为一次偶遇,幼小心灵的悲悯情怀被点燃。在爸爸引导下,她知道,要让"奶奶"得到关爱,投书到县长信箱,是可行途径,因为县长有"权"。在老师眼里,这孩子是"小学生";而在县长眼里,这孩子是"小公民"。给县长写信的行为,既是一个善良的愿望,更是孩子"公民意识"的觉醒。县长像学校老师那样,蹲下身来,以促膝谈心的口吻,洋洋洒洒地给孩子写了一封回信。这样一种平等的姿态,不正好诠释了教育的真谛吗?

  教育贵在引导,贵在陪伴。从报道的内容可知,在整个事件的过程中,孩子的爸爸一直与孩子在一起,跟她一起询问老人,跟她一起商量如何写信,等等。都说父母是孩子人生道路上的第一任老师。聪明的父母,懂得"留心处处有教育,用心时时可教育",生活中的任何一件事,都是教育的好素材。

  "爱别人家的老人",孩子自发行为的背后,正是家庭教育和学校教育的成功之处。家有老人是个宝。老人,为家庭为社会操劳了一辈子,他们的阅历和经验,是用时间和智慧累积而成的宝贵财富;他们的言传和身教,是我们指路的明灯;他们的牵挂和期盼,是我们心灵深处最温暖的庇护所。那些不孝亲敬老的人,是人格发育不健全的人，是可悲可叹之人！

我们说一个人知书达礼，首先体现在他对家中老人的态度上，对生养自己的父母都不敬，这样的人，何以会敬友？何以会爱人？作为朋友，这样的人，断不可交！组织部门考察干部，对于不孝之人，应实行一票否决制。因为让不敬老者去爱民，无异于缘木求鱼。在我国汉代，"举孝廉"成为一种由下向上推选人才为官的制度。皇帝命令州县官吏寻访孝子，向朝廷举荐为官——这便是孝成为中华民族的传统美德的历史根源。

生活是一本"无字书"，我们要用行动去阅读它、领悟它。我们中华民族的性格特征，正是由无数仁人志士用行动诠释而成的。

延伸阅读

家长要为孩子做表率，身体力行倡导"爱别人家的老人"。当你看天下老人人人该敬、人人可爱之时，你便拥有了一颗博爱之心，你便是一个胸怀天下的人。教育家徐锦生曾说：兴趣的发掘比分数更重要，方法的习得比分数更重要，能力的培养比分数更重要，习惯的养成比分数更重要，个性的张扬比分数更重要。在此，我想加一句话："人格的塑造比分数更重要。"培根曾有言："凡有所学，皆成性格。"人们只有在不断学习的过程中，才能逐渐养成自己良好的性格。

第三辑　人生有梦不觉寒

长风万里待后生

2023年7月2日一早，好友从杭州发来微信，他的儿子小包一起床就赶去高铁杭州东站，乘坐去往浙中老家的高铁。要知道，小包刚刚于前一天完成在北京大学光华学院为期二十天的暑期交流学习，乘坐南航航班由北京大兴机场飞往杭州。该航班降落萧山机场时已近傍晚。

小包同学如此马不停蹄，是因为老家有什么急事吗？非也！作为将于今年秋季入学的哥伦比亚大学硕士研究生，他即将开启在杭州为期两个月的暑期实习生涯。把暑假学习计划安排得满满当当的他，想在实习开启之前去浙中老家看望一下爷爷奶奶，这本身就是他暑期计划的一部分。

小包的爷爷奶奶世居浙中农村，如今已是杖朝之年。小包父母虽然定居杭州，但每个双休日，只要没有特别重要的工作安排，都会自驾车带全家人一起回乡下老家看望小包的爷爷奶奶，并陪爷爷奶奶在老家住一晚，共享天伦之乐。耳濡目染，小包也深深懂得"百善孝为先"。

小包是在美国读的高中和本科，在大学本科期间，他当选为该学院中国留学生联合会的副主席。因为品学兼优，他争取到了北大的暑期交流资格。

小包同学在北京大学学习交流期间我与他多有接触。有几个细节使我感受到孩子的成长仿佛在不经意间。也许每个孩子的学习成绩会有差异，但最重要的并不是成绩，而是人格塑造，是一种发自内心的积极向上精神的培育。虽然是一枚妥妥的"富二代"，但在小包身上，全然没有挥金如土的"阔少习气"，也没有不思进取的"躺平心态"，有的是谦虚内敛的品格、吃苦耐劳的秉性。

来京前半个月，他就给我打电话，希望能帮他留意在北大附近是否有短租房。他说住宾馆太贵了。他自己也在网上寻找相关信息。因为总共住二十天，短租房很难找到，如果找房地产中介公司，还得付一个月的中介费，算下来还不如住宾馆划算。朋友介绍了北大博雅国际酒店，但一天房费要一千多元，小包嫌贵。最后是自己联系了善缘街上的一处公寓房，并预付了两天房费。入住当天我陪他去看房，并与公寓管家见了面。小包对管家说："我先住两天，如果满意，再续约，假如连住二十天，希望能打个折。"管家答应了。

放下行李，我提议带他去北大走一走，熟悉一下周边环境。于是两人步行出门，因为北大的标志性建筑是西门，我便带他沿颐和路一直走到西门，返回时路过北大资源宾馆，我提议进去看看是否有空房。结果一问，空房是有，但因为该宾馆正在接待团队，可能会比较吵。小包用手机查一查路线，因为北大光华学院靠近北大东门，相对于资源宾馆，可能还是他所预订的公寓更近一些，于是放弃。

小包在北大的学习安排得很紧。这期间，利用周末的时间，我们见了几次面。有一次见面时，我说："小包，我发现你爷爷的微信电话语音很有教育意义，不知该如何下载？"小包接过我的手机摆弄了一下，没弄成，刚好其他朋友陆续到了，我说："没关系，下次再说吧！"结果第二天，小包就给我发来微信，告诉我下载的步骤。按照他的提示，我马上下载成功了。我随意一问，小包就记在心里，就像读书看报时发现有一个字语义不明，非得查字典弄个究竟一样。这种探究精神，是一种非常可贵的求学态度。作为从小看着小包长大的长辈，我由衷为他点赞。

有一天，小包突然给我发了一条信息，说碰到了一件麻烦事，希望能得到我的指点和帮助。我忙给他打电话。原来，在美读大学时，有一位北京籍的男生向他借钱。其时他与这位男生以兄弟相称，小包二话没说，就借给对方十多万元。结果对方这个钱一直拖着不还。因为暑期放假的缘故，他得知那位男生也回到北京了，而且因为双方交好，男生之前也告诉了小包自己北京家里的详细地址。小包准备上门去讨要这笔钱，想找一位长辈陪同。我了解情况后说："钱的数额不论大小，都是你父母的辛苦钱。无论如何都要追回这笔钱。"如果该男生家里没人，是否该去属地社区或派出所反映？我说："要给这位男同学机会，不战而屈人之兵，是为上上之策。这样，我陪你去该男生的小区，先给他打电话，如果他拒绝，咱们再去敲门。"于是当天下班后，我会同小包一起找到了该生居住的小区，但并未贸然去敲门，而是打通了该同学的电话，经过交涉，该同学表示希望能给他两个小时的时间，他与父母沟通一下这件事。我答应了。

两个小时快到的时候，我和小包再次来到该小区。估计是在最后关头，该同学才把此事的原委告诉了其父母，他的父亲非常生气。其父亲在电话里承诺：给他三天时间，他保证把钱款打到小包的卡上。结果，过了两天，钱款就入账了。

事后，我和小包一起分析、总结了这件事的前因后果。在外读书，要谨记"近朱者赤，近墨者黑"的古训。既要与人为善，也要擦亮眼睛。处理问题要有理有节，维权也要讲究方式方法。假如我们当初贸然地去敲门，在该同学父母不明究竟的情况下上门，难保对方情绪不失控。对方父母肯定不愿意发生这样的事，应该给对方留下处理问题的时间和空间，真正做到仁至义尽。我叮嘱小包，凡事要牢记

不畏将来

"得理且让三分"的古训，这样路会越走越宽。

时间过得真快！转眼小包同学在北大的暑期交流学习结束了。我早就答应要送他去机场，结果前一天我的车被女儿开到北戴河去了。为了信守承诺，我特意请好朋友潘总开车一起接上小包去大兴机场。车上，潘总介绍了她目前准备开展的工作思路。作为共同听众，我问小包有什么好的建议。小包认认真真地做了分析，既肯定了项目的可行性，又指出了目前设想的欠缺之处，听得潘总连连点头表示赞许。我在心里暗自感慨，小包同学的的确确长大了，他不属于死读书的那种。

这使我想起他的暑期实习安排。北京的一家知名金融企业已向他发出实习邀请，但小包权衡再三，决定选择去杭州的一家医药投资公司，因为后者跟他的专业方向和未来职业规划更匹配。他的务实和主见让我欣慰。

"登机了"，我和潘总在驾车返城途中，收到小包发来的微信，潘总感慨："这后生真有礼貌！"当天，北京晴空万里。抬头望窗外，一架银鹰正缓缓飞过天际，使我想起李白的诗句："长风破浪会有时，直挂云帆济沧海。"

延伸阅读

父母要放手让孩子去闯，去试。一旦遇到了困难，发现了问题，既不要不问缘由地责怪孩子，也不要忙于出面帮孩子解决，而是要引导孩子通过自己的努力去克服困难，解决问题。与此同时，也要鼓励孩子自己去寻找"外援"——叔叔伯伯或者老师有时候说一句话，可能比父母管用得多。

不畏浮云遮望眼

2022年7月19日，我与北京大学艺术学院的陈教授一起，在河北省赞皇县吴县长的陪同下，登上了嶂石岩九女峰，再次见识了"无限风光在险峰"。

眼前是被誉为"太行之根"的擎天柱，我们在山顶观景台近距离观察十八亿年前的天地造化之景，为自己在攀登时没有中途放弃而庆幸。因山高路陡，同行者中有两位朋友想中途折返。大家感慨：倘若半途而废，岂不辜负了这华北大平原之上的绝顶风光？

在追求人生理想的道路上，往往需要"坚持到最后一刻"。这种坚持不仅仅是数量的累积，而且是质量的飞跃、高度的提升。

居高声自远，居高景自阔。视野开阔览物多，胸襟开朗风入怀。在自然界攀登山峰是对人体力和毅力的考验。人之求知、学艺，亦是一个不断接受各种困难挑战的过程。

攀登是一种前行的姿态。夏日登山，虫声唧唧，仿佛是一种声音的滋养。登山与室内运动方式最大的不同是与大自然的亲密接触。人本是自然之子。敬畏自然，融入自然，与自然和谐共处，是人类的最佳选择。艺术源于自然而高于自然。自然即"造化"。中国美学史上"师造化"理论的代表性观点为唐代画家张璪所提出的"外师造化，中得心源"。如何将自然的美转换成艺术的美？需要艺术家独特的创造。自然是最伟大的教育家，草木无言而有情，山川有色且有声。

攀登需要同行者，相互勉励，相互支持。攀登者之所以精神抖擞，是因为他们共同的目标指引，共同的信念支撑。同行者之所以给力，是因为道不同不相为谋。向上向阳是一种力量，能够互相传递；向善向美是一种能量，能够彼此感染。

夏伯渝，中国第一个依靠双腿假肢登上珠峰的登山家，他的故事激励着千千万万的人。1975年年初，夏伯渝入选国家登山队，第一次攀登珠峰。他们在离峰顶两百多米的"死亡地带"遭遇恶劣天气，无奈下撤。下撤途中，一位队员失去了睡袋，夏伯渝就把自己的睡袋让给了他。第二天撤回六千五百米营地时，夏伯渝才发现靴子脱不下来了，双脚失去了一切知觉，经诊断，双足冻伤坏死，只能截肢。但夏伯渝始终没有放弃，经过四十三年等待和日复一日的艰苦训练，年近七旬的夏伯渝第五次抵达珠峰大本营，并于北京时间2018年5月14日登顶珠峰，实现了自己的梦想。这位电影《攀登者》主角的原型，用自己的传奇经历诠释了"攀登"这两个字沉甸甸的分量。

都说"书籍是人类进步的阶梯"，攀登知识的巅峰同样需要毅力和方法。如果山路不陡，山峰不险，攀登者反而会觉得索然寡味。不登高山，不知天之高也；不临深渊，不知地之厚也。人生就是一个不断登攀的过程。只有"凌绝顶"者，才有资格发出"一览众山小"之喟叹。对于匍匐于山脚下的人来说，永远无法知晓登顶者的收获。

延伸阅读

艺术工作者要想形成自己独特的艺术面貌，达到"艺术家"的境界，就要勇于并善于攀登艺术高峰、艺术险峰。孩子读书也是同样的道理。要心之所向，步之所履，迎着高峰攀登，向着险峰前进。"世上无难事，只要肯登攀"，这是伟人重上井冈山时发出的诗意号召，体现了诗人革命的乐观主义精神，揭示了一个亘古不变的真理：一个人只要积极向上，努力进取，所有的困难都会迎刃而解。节假日，多开展以家庭为单位的登山运动，有助于融洽亲子关系，培养孩子"登高望远"的意识和意志。

人生有梦不觉寒

记得二十多岁时出差北京,我一个人在琉璃厂的一家画廊里观看画展,痴痴地看了两个多小时,以至于忘了吃饭。我对书画的热爱是与生俱来的吗?很多时候,我这样问自己。对于一个出生在"书画之乡"的人来说,似乎不难找到答案。

近三十年前,我应邀去拜访上海美术馆馆长方增先老师。由于对交通状况不熟,居然比约定的时间整整晚到了一个多小时!正当我怀着忐忑不安的心情,下了公交车,一路小跑,气喘吁吁地出现在方增先老师面前时,这位憨厚的长者,正站在上海美术馆一楼的台阶上,微笑着注视着我。

听我解释迟到的原因,老人不以为意,淡淡地说了一句:"上海的路况就是这样,你第一次来,难怪难怪。"我的困窘之状悄然化解。方老师饶有兴趣地听我介绍家乡浦江的新闻,抬头看了看墙上的挂钟:"时间不早了,咱们吃饭去吧!"

他带着我来到美术馆附近餐馆一楼的餐厅,找里面一个安静的位置,坐定。我这才发现方老师手上拿着一本自己新出版的画册。只见他掏出钢笔,在画册扉页上写下:"浦阳多才俊,吴溪有新人——重生同志留念,方增先于上海。"

第三辑　人生有梦不觉寒

这是我跟方老师的第一次见面，方老师毫无名家派头，穿一件褪了色的夹克衫，衣着朴素，言语坦诚。方老师对于晚辈的宽容和提携深深地感动了我。从此，外出开会或拜访师友，我都会匀出时间来，保证不迟到。

"一个画家对社会的贡献是什么？是为社会、为人民多画一些传世之作。"——这是方增先的价值观。画人民，是方增先的创作方向；为人民，是方增先的艺术追求。终其一生，他始终关切现实生活，关切普通的劳动者，始终抱着人文关怀的理念去创作。

方增先老师的老家兰溪市横溪镇西塘下村旧属浦江。翻过一条山岭，就到了浦江县城，也就十几分钟的车程。乡亲们平时讲的都是浦江话，相互打招呼，说"今天到城里去一趟"，指的就是去浦江县城。方增先老师每次回老家都是先到浦江县城落脚。他的代表作之一《家乡板凳龙》就是看了浦江元宵灯会之后而创作的。

浦江板凳龙是用一条条板凳串联而成的游动的龙灯，一条龙从头到尾，用八十多条板凳相连，板与板之间用一木棍相连，每一个木棍有一人拿着，每条板凳上都扎有花灯做的龙身，花灯上都画了自己喜欢的花草、树、鸟等图案。由于花灯是由各家各户提供的，每家农民都会选出一人来画花灯。因此，八十多只花灯联在一起的花灯图案迥异，俨然是一次流动的国画大展。板凳龙也从一个侧面印证了浦江获得"中国书画之乡"的美称可谓实至名归。

方增先对浦江的感情很深。他和夫人、著名雕塑家卢琪辉教授精心创作的"神笔马良"雕塑，至今仍矗立在浦江县城的多个地方，成为留给家乡的永久纪念。2001年，由马锋辉和王平共同策划的国际水墨画学术邀请展，在浦江"江南第一家"古宅内举行，方增先不但亲自担任学术主持人，还多方联络，全程参与，使活动获得圆满成功。

方增先老师的"粉丝"很多，曾任浦江县委书记的郑宇民先生，用"挤"出来的业余时间，写下了具有专业品质的《方增先造型——

结构表现和表现结构的律动》一书。该书出版后，我第一时间采访郑宇民，并在《中国新闻出版报》上以《心灵的默契，智慧的交融》为题重磅推出该书的书评。

在谈到写作该书的初衷时，郑宇民说："作为国家造型艺术终身成就奖的获得者，方增先从未办过一次画展。方老师保持着一个书画家的本真，把自己的精力全都花在了创作上。他是市场经济没有浸染过的艺术家，永远保持着一颗纯真的心。我是怀着一种责任感，自觉自愿地来帮方老师做一些总结工作的。"

随着我的工作辗转调动，尤其是定居北京之后，与方老师的联系渐少。

2005年，我的书画评论随笔集《缘溪行》出版，方老师闻讯后，欣然题词："钱塘江畔听涛声——题吴重生文集。方增先。"与方老师渊源颇深的吴山明教授和马锋辉先生也分别为该书出版题了词。

人生有梦不觉寒。我的梦是畅游墨海的丹青梦，是受到方增先等老一辈艺术家熏陶的传播中华文化的艺术梦。我们要从小培养孩子的梦想，鼓励他们用一生的努力去追梦、圆梦。

2019年12月4日，我刚刚结束在英国为期两周的培训学习回到北京，传来方增先老师仙逝的消息。网络上纪念方老师的文章铺天盖地，足见方老师对当今中国画坛的影响之巨。笔墨粒粒皆辛苦，艺坛岁岁艳阳天。方老师是中国画坛的一座高峰，我相信，随着时间的推移，他对中国美术事业的贡献将进一步彰显。方老师的人生观和价值观却深深地影响着我。入夜，我又想起了家乡的板凳龙，想起了那黑色天幕下长长的殷红的花灯队伍。我仿佛听到了此起彼伏的锣鼓声、号角声、喝彩声和震天响的鸟铳声。当然，我也想到了"用作品说话"，为家乡板凳龙树碑立传的方增先老师。

捡麦穗的父亲、怀抱孩子的母亲、高举龙灯行走在路上的乡亲，他们在田间地头伫立，抬头望云，向驾鹤而去的方增先老师致敬！

延伸阅读

　　人生有梦不觉寒。要早早地在孩子的心中播下梦想的种子，让积极向上的梦想如影随形地伴随着孩子的一生。因为心怀梦想，在碰到挫折和苦难时才不会消极悲观；因为心怀梦想，才会披荆斩棘勇往直前。

不臣服于局限性

二十世纪八十年代初，浦江县文化馆举办国画培训班，请来授课的老师是方增先、吴山明等名家，可惜我没有出现在培训班的听课席上。虽然我从小喜欢画画，但父母从未想过要送我去培训，这有他们思想认识上的局限性。

我们看一个人要历史地看，客观地看。每个人都有自己的历史局限性。正是因为发现父母身上的不足，子女才可能超越父母。就像对于快乐和幸福的理解，都是一种个人的感受，与他人无关。

2022年7月13日下午，碰到的两位在省级党报理论部工作的"90后"女生，浑身洋溢着青春朝气和乐观向上的精神，因为她们知道自己想要的是什么，思想笃定，心绪安宁。我相信每一位正在经历"思想流浪期"的年轻人，只要到达"工作稳定，目标明确"的阶段，也会像这两位"90后"女生一样，走出困惑和迷惘，进入情绪的稳定期。

我们说每一个历史人物，都有其局限性，因为他们所处的时代不同、环境不同、文化氛围不同。我们不能以今天的标准来衡量古人。同样的道理，现在的孩子接受新生事物的能力很强，但不能据此要求父母也跟自己一样，对日新月异的科技有着敏锐的嗅觉，对一些新的观念能够毫无保留地接受。

艺术创新的前提在于理念，理念的先进性为艺术创新提供了根本保障。很难相信，一个理念落后的人，能在创新的道路上搞出名堂。新理念来自哪里？来自学习，来自积累，来自实践。我们认识局限的目的是突破局限。

俗话说："人贵有自知之明。"很多人是没有自知之明的，这是他们在思想认知上的局限性，这种局限性，会影响一个人的生活、工作和事业。局限的本义是指限制在狭小的范围内。孙悟空在地上给唐僧画了一个圈，让他在圈内等自己化缘回来。这个地上的圈应该是物理意义的圈，而更多无形的"圈"存在于我们的脑子里。一个人有一个人的际遇，一个时代有一个时代的风貌。只有真正认识到自身和他人思想观念的局限性，我们才能客观地看待自己，看待他人并且审视世界，才不会患得患失怨天尤人。世界上没有完美的事物。宇宙虽然浩瀚无穷，但每一个星球都有自己的边界。

美学家朱光潜说过一句名言："朝抵抗力最大的路径走。"为什么放着顺风顺水的路不走，要走抵抗力最大的路？朱光潜的解释是，人的意志力可以自动地随抵抗力之增加而增加，所以，物质永远是朝抵抗力最低的路径走，而人可以朝抵抗力最大的路径走。"有些人在紧要关头拿不出一点意志力，听惰性摆布，轻轻易易地堕落下去。"这跟"逆风飞翔"的道理是相通的。一位叫贝尔的探险家，被称作"站在食物链顶端的男人"，有一年他到中国来带领一群演艺明星体验野外生存，他带着户外"小白"们经历了一项又一项颇有难度的挑战，比如瀑布速降、吃蠕动的虫子补充蛋白质等等。令我深受触动的是贝尔对那些平时养尊处优的明星说的一番话。他说，要走出自己的舒适区，要让恐惧感引导自己前行。唯其如此，才能打破自己的局限，开拓更大的境界。

延伸阅读

有一句话这么说:"一个人永远无法赚取他认知范围之外的钱。"一个人,由于其所处的历史发展阶段的原因,必然造成思想认识上的局限性。局限性是客观存在的,但我们的认知水平可以通过不断学习得以扩大。认识到自身的局限性并不是要我们臣服于它,而是尽可能地提升自己,使自己能够跳出认知的窠臼,站在高处俯瞰山川大地,明白每一条河流的走向,以期尽可能地少走由于局限性而导致的"弯路"。

随缘就好

年轻时，我曾有机会调到市政府机关工作。这件事情无果而终，回头想想也是对自己的一种成全。因为终日碌碌忙于案牍，于我而言，未必是最佳选择。"岂能尽如人意，但求无愧我心"——堂叔吴战堡先生当年书写此联赠我，他看到我细微的心理变化，故赠此联。此联装裱后曾悬挂于我金报公寓的客厅里多年。让年少气盛的我，睹之而渐生沉稳之心。

人生在世，很多事情，努力了就好，不必强求结果。因为你今天所强求的结果，明天回过头来看，未必是最理想的选择。万事随缘，是一种人生的大智慧。在教育孩子这个问题上也是如此，不必在学习成绩上去争第一。因为孩子人格的塑造、习惯的养成比学习成绩更重要。

缘是什么？从普遍的命运关系来看，缘分是人与人之间命中注定的遇合机会，泛指人与人或人与事物之间发生联系的可能性。"缘"宛如命运纠缠的丝线。为什么说"不识庐山真面目，只缘身在此山中"？当我们缘江而下、缘溪而行，一定会发现大千世界的真实和美好。

随缘，不是得过且过、随波逐流，而是要尽人事而听天命。随缘，是要适应环境的变化，创造发展机会，掌握改变命运的主动权，不与缘分失之交臂。

"随缘"的本义是顺应机缘，任其自然。人与人之间的相识和相知，是一种缘分；人与一个机构、一个单位的相遇，也是一种缘分。相逢是缘，值得彼此珍惜。随缘的人懂得惜福，随缘的人知道感恩。

有缘或无缘，并不是唯心论，因为我们的人生际遇，很多时候是由偶然的机缘造就的。你外出办事、读书、工作或参加活动，会认识什么人？在你外出时，你不知道什么人会同时外出，并会与你在某一个时间点交集。有些事情我们无法选择，有些现象我们说不清，有些结果我们猜不到，你大可不必为此纠结，只需淡淡一笑："随缘就好。"

随缘是一种心态。不以物喜，不以己悲，眼神清澈，心境平和，凡事努力了就行，不强求结果。因为结果是无法强求的。谋事在人而成事在天。聚散也好，离合也罢；欢喜也好，哀愁也罢；成功也好，失败也罢；丰收也好，歉收也罢，只要顺应天时，顺势而为，就没什么可遗憾的了。

随缘是一种智慧。相信一切都是最好的安排，凡事不必纠结，珍惜当下，做好自己的分内事就可以了。

有人跟我说，现在的家长都很焦虑，小学家长、中学家长、大学家长，只要是戴着"家长"这顶帽子的，没有一个不焦虑的，为孩子担心这个担心那个的。有一句话叫作"不念过往，不畏将来"，这种担心完全没有必要。教育孩子，让他掌握生存技能，懂得人情世故，明白真假美丑，培养他们正确的世界观、人生观和价值观，这是父母应尽的职责。至于学习成绩，强中更有强中手，何必强求？随缘，就不会焦虑；随意，就不会苛求；随喜，就不会抱怨。

随缘，就是尊重人生的"非线性"特点。人生不是一台计算器，遵循线性的规律，输入一个数字，必定输出另一个数字。你得接受它具有一定的"混沌"的特性。虽然总体上"天道酬勤"，但不是所有的"勤"一定能换回可观的酬劳。虽然我们渴望"种豆得豆，种瓜得瓜",但更应该相信"只管耕耘,不问收获"。随缘意味着承认变数,而并非所有的变数都只有负面价值,只要你接受变数,放下心理包袱,张帆举棹,也能"船到桥头自然直",不知不觉间"轻舟已过万重山";只要你抱着坦然的心境继续寻觅,上下而求索,那么就有极大的可能另辟蹊径,峰回路转,不但发现"车到山前必有路",而且能领略到"柳暗花明又一村"的别样风光。

罗大佑热爱音乐,但不得不选择赴美国学医以满足家里人的期待,可是兜兜转转之后,他还是回到了音乐这块田地,成为流行音乐的一代宗师。中国工程院院士、华中科技大学原校长李培根,最初他心仪的专业根本不是机械,而是想学医。但是这并不妨碍他在机械领域里披荆斩棘、开疆拓土。他说,无奈的选择中也蕴含着机遇,要善于从痛苦中寻求新的生机、新的免疫力。他还说,他接触的校友中,取得最大成就的往往是当初专业"不好"的。所以说,不尽如人意之后的心态和行为,才是影响人生成功和幸福的最大"X 因素"。

延伸阅读

"千里马常有,而伯乐不常有"。知遇之恩,要铭记于心,涌泉相报。要明白"怀才不遇"是常态,世间有才能的人那么多,哪能都做到"人尽其才,物尽其用"?因此,要常怀感恩之心,常念相助之人,努力做最好的自己。努力了,拼搏了,人生无悔,至于能否"大鹏一日同风起,扶摇直上九万里",那就随缘吧!父母有了随缘之心,在教育孩子的问题上就不会钻牛角尖,就不会因一时急躁而训斥孩子。书非静不能读也。读书,随缘就好。

我们要铭记什么

小时候在农村读小学、上初中,因为没有学前教育,读小学时有两年是"代课老师"教的,普通话没学好。长大后游历四方,深感学前教育的重要性。忽一日,接家乡父母官赵书记来电,邀我为新落成的"平安中心幼儿园"题写园名。我说我不是书法家,恐难当此任。赵书记说:"要的就是乡贤题词,有正向激励作用。"于是不揣浅陋,奉命挥毫。

在人生道路上,有许多事情值得我们铭记,如中考前父母的叮咛、第一次出远门长辈的嘱咐等等。有些是经验,有些是心得,有些是教训。总之,人就要在不断经历之后,慢慢长大,逐渐成熟。

我们要铭记些什么?方向、脚印,父母之恩、朋友之助、社会之暖、自然之美、人生之际遇……

铭记是为了少走弯路。晋陶渊明在《桃花源记》中说"便扶向路,处处志之",也就是说在路上要留下记号,以便下次再走时不迷路。古话说:"吃一堑,长一智。"年轻人要做生活的有心人。套用新闻界的一句行话"留心处处皆新闻",留心处处皆经验。经,就是经历;验,就是验证。不断地经验,是到达"世事洞明皆学问"的必由之路。当我们从他人身上汲取教训,从先人身上汲取经验,就能够登高望远,走好脚下的每一步。

　　铭记是为了不忘历史。拿破仑临终曾说过一段话："我曾经统领百万雄师，现在却空无一人；我曾经横扫三大洲，如今却无立足之地。世间有两种武器：精神和利剑。从长远看，精神必将打败利剑。"北京孔庙和国子监博物馆内有许多汉白玉石碑，碑阳通体镌刻着碑文。古人讲究"勒石而铭"，有重大事件或圣人的重要语录，都会将其铭刻在石碑上，以传之后世。我办公的地方东四十二条离北京孔庙和国子监博物馆很近，我曾多次利用午间休息时间步行去国子监街感受浓郁的文化氛围。东西贯通的国子监街以其幽雅、宁静的环境和丰富的历史、人文内涵，成为北京的文化地标。正如乾隆皇帝所言，"京师为首善之区，而国子监为首善之地"。有幸与国子监毗邻而居是一件多么幸运的事啊！

　　铭记是为了感恩。对于那些帮助过自己的人，要常怀感恩之心。与古人铭记在石碑上不同，感恩之情要铭记在心田之上。人家施恩于我，要铭记；我施恩于人，要淡忘。逢年过节一声问候，见面时一杯清茶，足慰平生。

　　美剧《摩登家庭》中有这样一个场景：男主菲尔有一回不小心惹恼了妻子，让妻子以为菲尔对她的看法想法完全不在意，从而大为抓狂。菲尔后来拿出一本相册，翻动一张张从年轻时候一路过来的照片给妻子看：最早他是留着辫子的另类青年，因为她不喜欢，剪了；他原来是戴着羽毛耳环的，因为她不认可，摘了；还有，他原来的专业，他最初的志向……最后他说了这么一番话："你是那个拯救了我的女巫。你不能说我不在乎你的意见，你用上百种方式使我变得更好。我也许错过了一本书或一份沙拉，但我的身上都是你的印记。"是的，我们的身上都是在乎的人所留下的印记，我们实际是因为这些印记而拥有今天的精神样貌的。

延伸阅读

　　一个人无论走多远，都不要忘记来时的路，都要记得为什么而出发。值得你一生铭记的人，一定是你生命中的贵人；值得你终生铭记的事，一定是影响你人生走向的大事。

　　铭记不等于胎记，胎记是与生俱来的，而铭记是后天遭逢的印记。每个人都是一个独立的生命个体。你在人世间行走，会遇到形形色色的人，碰见各种各样的事，大多数人和事如过眼云烟随风飘散了，而只有少数的人和事会像混迹于浮沙中的黄金，沉淀下来。它们像大海里的灯塔，暗夜里的星星，会在你迷惘时照亮你前行的路。

人无癖不可交

2023年6月初,当我收到并且阅读瞿弦和、张筠英所著的《铃铛的世界》一书时,被一种惊讶、惊喜和敬佩的情绪所包围。我惊讶的是,两位老人居然收藏了一百八十五个国家的三千多个铃铛,完全可以构建一个世界级的"铃铛博物馆"。这该是一种多么巨大的热情呀!我惊喜的是通过欣赏这些质地不同、造型各异、色彩缤纷的铃铛,等于是周游了一遍世界,上了一堂生动的世界人文历史地理课。我敬佩的是,每一个铃铛的背后,都有一段不平凡的收藏故事,凝聚着两位老人的审美眼光、审美情趣和无私付出。这是一种多么持之以恒的努力呀!

打开《铃铛的世界》,使我看到了两位老艺术家的大情怀和大担当、大胸襟和大格局。他们是生活的有心人。无论走到世界的哪一个角落,他们都是中华文化的传播者,向世界传递纯正、洪亮的中国声音的文化使者。翻读《铃铛的世界》,我常常产生这样一种幻觉:铃铛的声音和老一辈演播家的声音交织在一起,成为人与自然的和鸣、中国与世界的合奏。这是一种多么美妙的声音艺术啊!声音艺术家收藏声音的载体——铃铛,冥冥当中,似乎乃是天意?他们的灵魂很有趣。漫漫人生路,相知相爱的人该如何一起走过?在收藏的过程中,搜索资料，拜访行家，行万里路，读万卷书。学问的积累，视野的开阔，生活的充实，使人生永远积极向上，充满收获的喜悦。

明代散文家张岱说过："人无癖不可与交，以其无深情也；人无疵不可与交，以其无真气也。"什么是高雅的兴趣爱好？《铃铛的世界》一书给出了答案。瞿老和张老一辈子都在从事声音艺术，他们的声音影响了一代又一代中国人，见证了新中国从站起来、富起来到强起来的发展历程。他们热爱祖国，热爱人民，热爱生活，无论是做人还是做事，都是年轻一代学习的榜样。

癖好，是一个人兴趣爱好所在，从癖好可以观察一个人的思想和个性。

我们说看一个人的品位，主要是看他的空闲时间在干什么、在忙什么。工作之余能够看到一个人的真性情。有癖好的人，通常是有真性情的人。我们评价一个人说"他是一个性情中人"，常常带有褒义。

有癖好是好事，如果一个人什么都不爱好，仿佛是机器工业化所生产出来的"规范人"，这样的人，既无个性，也无情趣，是不值得交往的。因为他什么爱好也没有，你无法窥探他的内心世界。我们每个人都需要用精神文化方面的追求来丰盈自己的心灵，来充实自己的生活。

任何兴趣爱好都没有的人，他的思想、他的灵魂是无趣而乏味的。"人无癖不可交"，说的就是这个道理。我们与人交往，首先要了解对方的兴趣爱好。与人交往的最高境界是志同道合。这个"志"，我们通常理解为志向、理想、远大的目标。在我看来，这个"志"不仅包括志向和目标，也包括志趣。有共同兴趣爱好的人在一起，一定是会很快乐的。秉持这种快乐去从事自己所喜欢的职业，一定会有所建树。

癖好就是要把普通的爱好，上升到"癖好"的境界。癖好就是朝思暮想，爱到极致。在生活当中，仿佛离开这个爱好，他就活不下去。这才是癖好的真正境界。

癖好通常是指高雅的兴趣爱好，而不是一些低级趣味。高雅的兴趣爱好怎样才能养成？需要日积月累，需要朋友相呼，需要环境造就，需要氛围熏陶。一个人的癖好，是在长期生活中，在参与社会交往中自然形成的。有些人小小年纪就非常酷爱某种事物，他的业余时间就非常充实，生活也有滋有味。

癖好是指对某种事物的特殊爱好。这个癖好的养成，有家族传承的因素，也有偶然因素。如有的人在少年时代偶尔接触某项运动、某门艺术，发现自己对这种事物非常感兴趣，渐渐入迷。这种入迷不是玩物丧志，不是无聊寻趣，而是发自内心的热爱。癖好不一定是自己的工作，也不一定是自己的事业，但一定是工作和事业的推进器。

张爱玲说过一句名言："出名要趁早。"其实，养成自己的个人趣味也应趁早。而且对于年轻时培养的"高级趣味"，也是要呵护的。《达尔文自传》里说，小时候爱好文学和音乐，后来专注于生物学研究，把爱好抛开了，年纪大了以后想再以诗歌消遣，却再也找不到什么感觉了。此外，虽说"趣味无争辩"，但并非所有癖好都值得揄扬赞赏，如果一味沉溺于感官享受，沉迷于"生活之欲"，比如嗜赌贪色之类，那就落入了如王国维先生所说的"眩惑"之境。

延伸阅读

高雅的兴趣爱好，也就是我们所说的癖好。对于一个人健康身心的养成，以及调剂自己的精神是大有裨益的。有癖好的人，他内心是不会空虚的，因为他的心房里总是"住"着一个追求。这种爱好和追求是深入骨髓，跟他的生命连接在一起的。通过这个高雅的爱好，你可以去认识一批人、交往一批人、团结一批人。有癖好的人，是不缺乏同伴的。我们说物以类聚，人以群分。有共同爱好的人，会在同类当中相互抱团，相互取暖，相互鼓励，共同进步。

假如你从童年、少年到青年，发现自己没什么癖好，这时候需要用心地去培养属于自己的癖好，有意识地去参与一些有益活动，掌握一些健康技能。我们衡量一个人的灵魂是否有趣，有无癖好是一个重要的参照系。家长要注重对孩子高雅兴趣爱好的培养。

一个灵魂有趣的人，对某一种事物保持着一份童心、十分热情。很好玩、很爱玩是这些人的标配。随着年龄的增长，癖好有增无减，生活乐在其中。这样的人是非常让人羡慕的。

谨记天有不测风云

2022年6月12日晚饭后，我骑着单车出门，想去东四环南路边上的燕莎商城买几件夏季用品，结果买好了东西却发现天降大雨，只得在商场里等待。没想到一等就是一个多小时，到了晚上十点钟，商场打烊了。我随着鱼贯而出的工作人员一起走出大门。外面风雨稍缓，我赶紧骑车上路。

不料，刚刚到商场出口处，风雨又起，伴随着雷电，气温急剧降低。我接连打了两个寒战，连忙将车骑进旁边的加油站躲避。我心想，看来骑车回家已不现实了，于是便将单车停在了加油站里，通过手机打车软件打上了车。上了车，有一种"终于逃离灾难现场了"的庆幸感。汽车很快开进了我家所在的小区。此时，狂风大作，雷电交加，天上下起了大冰雹。驾驶员大惊，催促我抓紧下车，说他要找个地方躲一躲，担心汽车被砸坏了。从停车处到小区单元门口也就十多米远，但是要穿过冰雹阵，也足以让人胆战心惊，真是应了一句"天有不测风云"的古话啊。

回到家，恍若做梦一般。心有余悸的我赶紧上网查看即时新闻，一则《北京晚报》发布的消息映入眼帘，标题为《北京市区出现冰雹最大直径5厘米》。

我老家有一句俚语："晴不离伞，饱不离饭。"说的是即使晴天外出也要记得带伞，哪怕吃饱了饭出门，也别忘了带干粮，以备不时之需，这是老一辈人的经验之谈。看来我昨晚出门时还是大意了，想想短距离、短时间，肯定没啥问题，不料问题就在须臾之间产生了。看来，凡事只有考虑周全，才能让意料之中的事多一些、意料之外的事少一些。杜甫《赠李十五丈别》诗云："下临不测江，中有万里船。"滔滔江水难以测其深浅，但至少让人可以看到江水汹涌澎湃之形状，而人生旅途中很多难以预料的因素，却不是肉眼所能见到的，需要借助经验参考，依靠头脑分析。

《三国演义》中有一场著名的"上方谷之战"：在诸葛亮的谋划下，司马懿被魏延引入上方谷中。待司马懿进入上方谷后，诸葛亮命人将事先准备好的易燃物资点燃，意欲将魏军活活烧死。就在司马懿即将葬身火海之际，不料一场大雨从天而降，将大火扑灭。诸葛亮眼睁睁看着司马懿逃脱。这就是上方谷之战中的"不测之风云"。

2022年4月26日上午，杭州朋友邓总来电，说他原计划近日来北京，但因受疫情影响，无法买到杭州到北京的高铁票和飞机票。来京工作的日程只能再一次推迟。北京有很重要的工作等着他，怎么办？只能先采取"线上办公"的模式。但"线上办公"有很多局限性，有些事需要亲力亲为。

古人说：凡事预则立，不预则废。疫情教会了人们很多。很多事物的发展是不以人的意志为转移的，这就是法律合同条文里所说的"不可抗力"。不可抗力是指不能预见、不能避免且不能克服的客观情况。不可抗力，既包括自然现象也包括某些社会现象。自然现象的不可抗力包括地震、台风、洪水等，社会现象的不可抗力包括战争、封锁、政府禁令等。

承平日久，人们已习惯于按部就班的生活。面对突袭而来的疫情，一些人缺乏思想上和精神上的准备。其实，一部人类社会史，就是一部不断与瘟疫抗争的历史。瘟疫是影响人类文明进程的重要因素。在公元前500年前后，伴随古老文明中心的发展，天花、白喉、流感、水痘、流行性腮腺炎等传染病迅速地在人类之间传播。人类就是在与这些传染病的抗争中得以生存延续的。当"不可抗力"从"书面用语"走进现实生活中，无疑为我们敲响了"居安思危"的警钟。

我认为，年轻人无论是求学还是求职，都要有预案。假定你要去某地求学，那么对于该地区的交通路线、风俗礼仪等都要提前做功课。假如你要实行某项考试计划，那么就要考虑到，如果没考上，接下来该做何打算？做任何事情，都要有两手准备：如何面对最好的结果和最坏的结果。因为任何事物的发展，都会面临一些不可预料的因素。所谓的"胜券在握"只是针对常规情况而言。对于风险的研判，要根据事物发展的实际情况做出。这就是我们通常所说的"风险意识"。

有一次乘地铁，我听到两位女生在吐槽。一位说，哎呀，那天简直倒霉透了！去参加一个约会，以为手机充满了电，结果竟没充进去，刷码上地铁，但出地铁时手机已自动关机了，求了工作人员才出去；共享单车刷不了，一路半跑过去，满头大汗，电梯口又不让进，也没法跟人家手机联系，真是崩溃！另一位说，她更倒霉！前几天出门办点小事，想着很快回家，也不见什么人的，就没化妆，穿得也挺随意，没想到不幸的事偏偏发生了——遇见了前男友，而且是以这么一副略带邋遢的样子！吐完槽后，两个人不约而同地感叹道："唉，墨菲定律！"

无论墨菲定律是不是铁律，请记住，一方面要相信总有好事会发生，另一方面必须提防总有意外在窥伺。这也是做好预案的意义。

预案要体现前瞻性和全局观。只有思路清晰、预测准确，才能胸有成竹、计谋长远。对于一项重大工程、重要工作，制订执行预案的"时间表、路线图和任务书"是十分必要的。就企业安全生产责任来说，制定应急预案体系十分必要。要明确"综合应急预案""专项应急预案""现场处置方案"等层级的内容。现场处置方案应具体、简单、针对性强，要求事故相关人员应知应会，熟练掌握，并通过应急演练，做到迅速反应、正确处置。

除了墨菲定律，其实还有一个海恩法则。德国飞机涡轮机的发明者帕布斯·海恩提出过一个在航空界关于飞行安全的法则，认为任何安全事故都是可以预防的。他指出：每一起严重事故的背后，必然有29次轻微事故和300起未遂先兆以及1000次事故隐患。只有我们对"事故征兆"和"事故苗头"进行排查处理，才能及时消除隐患。做预案的过程就是把问题解决在萌芽状态的过程。从这个意义上说，做预案的目的，是永远用不上预案。

延伸阅读

世事难料。强调凡事要有预案，并不是一种消极的处世观，而是一种务实的态度。做事情，谁都希望有一个圆满的结果。预案，就是要给这种结果多一分保障。

在这个世界上，即使聪明如诸葛亮者，也有失算的时候，何况我辈凡夫俗子？由此可见，凡事要多一些深思熟虑，少一些鲁莽行事；多一些提前准备，少一些仓促上阵；多一些应急方案，少一些随心所欲。父母教育孩子要有预案意识。预案意识就是忧患意识，就是提前谋划的能力。生活如此，学业亦同。

合力同心万事成

　　为丰富学生的课余生活，增强班级凝聚力，磨炼学生意志、陶冶学生情操，内蒙古自治区达拉特旗达旗一中高一级部利用大课间时间于 2020 年 6 月 8 日至 6 月 28 日举办为期二十天的同心击鼓比赛，共有十六个班级近三百名师生参与比赛。同心击鼓游戏规则为：参与游戏的每个参赛队由八至十名队员组成。游戏开始时，每个队员牵拉一根绳子，保证鼓面水平。同时裁判将一个排球从鼓面中心上方竖直抛下，队员们齐心协力将球颠起，保证球每次被颠起的高度都距离鼓面四十厘米以上，否则游戏停止，颠球次数最多者胜出。同心击鼓比赛，参与者必须要协力同心才能完成。

　　有的年轻人说：我人微言轻，无法"兼济天下"，只求"独善其身"，过自己"小确幸"的日子。你们也不要用国家前途、民族大义来要求我，我就是一个普通人，国家大事与我没啥关系。

　　毋庸讳言，这种观点在当下的年轻人当中具有一定的市场。"风声雨声读书声声声入耳，家事国事天下事事事关心"——明代学者顾宪成题于无锡东林书院的这一对联，曾鼓舞和激励了多少仁人志士。为什么到了今天，很多年轻人会只顾追求自己的"小确幸"，而不论国家、民族的"大幸福"呢？个人的力量果真是很渺小吗？涓涓细流汇成大江，汇入大海。任何一滴水的力量都不可忽视。试想，没有滴水，何以有细流？没有细流，何以有大江？没有大江，何以有大海？

"合"的本义为闭合、合拢，乃聚集之意。来自不同地方、不同方向的事物聚集在一起，称之为"合"。什么叫合力？合力就是众多力量合在一起。每一份力量也许都很微小，但"积土成山，风雨兴焉；积水成渊，蛟龙生焉"。形成合力的前提是"心往一处想，劲往一处使"，假如努力的方向不一致，那么，即使你个人的力量再强大，最终也无法推动历史的车轮滚滚向前。没有国家的大幸福，又何来个人的"小确幸"？假如你出生在二十世纪三十年代的南京，在日寇的屠刀之下，遍地硝烟，你如何保障自己的"小确幸"？

当今时代，是一个合作共赢的时代。大到国与国之间的合作，小到人与人之间的合作。单打独斗只能是匹夫之勇，是无法成就大事的。与什么样的人去合作？这关系到个人的前途命运。古人早有断言"近朱者赤，近墨者黑"，与人合作，一定要找志同道合者，"道不同则不相为谋"。年轻人要早早明确自己的人生定位和职业规划，这是寻求志同道合者的前提。假如你连自己的"志"都没有确立，等于没有了参照系，寻找同志却缺了一把"尺子"。

班级同学或单位同事团建的时候，往往会选择一些拓展项目让大家参与，从而培养合作精神。像集体拔河、集体骑木马、踩脚下气球之类，都是要让每个人认识到合力同心的重要性。记得还有一个项目是请一个人站在两米的高处，往后倒下，一群小伙伴在下面手拉手形成一个"安全垫"接住他（她）。站在高处的人，一定要对自己的队友有绝对信任，才敢往下倒，否则后果不堪设想；而接他（她）的人，也要以最可靠的方式做到绝不辜负队友。

有人说，今天的生存环境不像以前那么恶劣了，年轻人就做个与世隔绝的"宅男""宅女"也能过得挺好。真的吗？其实早就有人分析过了，"宅男"虽然不喜欢社交，常宣称自己是社恐，也容易

emo，但他们在自己的专业圈子里往往具有高合作性，只不过他们的合作是兴趣驱动的而已。其实，哪怕"宅"在家里玩电子游戏，也是强调分工协作、配合共赢的。比如"王者荣耀"里的"战士"近战能力强，"法师"拥有魔法武器，"坦克"的抗压能力强，"刺客"很有爆发力，"射手"擅长远程输出，"辅助"虽然输出能力不强，但可以通过辅助手段提升团队战力……

合力，既需要有合作的意识，也需要有合作的能力。国家兴亡，匹夫有责。年轻人首先要端正自己的认识，既不能妄自菲薄，也不能妄自尊大，要自觉承担起属于自己的那一份责任，在时代的洪流之中做"弄潮儿""把旗手"。

在新时代的长征路上，我们确信，一个人可以走得更快，但一群人可以走得更远。

延伸阅读

常言道："独木难支。"合力意识就是要有协调和配合意识，有时候要甘当配角、乐当队员。大丈夫生逢其时，既要有取人之长补己之短的眼界和胸襟，也要有"事了拂衣去，深藏身与名"的智慧。合天地之本为资，求同道之友以作，聚万善之水为源。在孩子迎接中考和高考的征途中，从来就不是一个人在战斗，而是一支以家庭为单位的队伍，孩子是"主力队员"，其他家庭成员是"辅助队员"。只有全家人合力同心，方能抵达理想的彼岸。

好风凭借力

有一年，我带《浙江日报》采编团队赴天津采访，从事建筑行业的旅津浙江乡贤方总给我讲了一个故事：改革开放初期，浙江一个民工和内陆省份的几位民工一起到天津的建筑工地上打工。因为没什么文化，他们只能干"搬砖"这种粗活，完全靠体力赚钱。搬砖的流程很简单，从甲地搬到乙地，手手相传。包工头给他们付计件工资，看起来很公平：搬得多，赚的钱就多；搬得少，赚的钱就少，年底结账走人，两不相欠。

第二年开春，那位浙江籍民工带来三个帮手，他自己除了搬砖，还当起了小组长，给三个帮手派工，承包了一部分搬砖任务。到了第三年，这位浙江籍民工已经成了一个小包工头，由搬砖者成了管理者，辗转于多个工地之间，而与他同一年到达天津的那几位内陆省份的民工，依然在工地上搬砖。

这位浙江籍民工给了我们很深的启示：很多成功者并不是他的能力有多强，而是他能整合更多的资源。任正非在华为新员工入职培训座谈会上指出："新员工要有开放的心态，站在前人的肩膀上前进，哪怕只前进一毫米，也是功勋。"站在前人的肩膀上，就是借助前人的力量。人类的文明就是继往开来、代代传承的结果。

某地有一家大型图书馆，因藏书丰富而闻名。根据规划，图书馆有一年要搬家，从旧馆所在的地址搬到新馆去，结果一算，搬运费要几百万，远远超出了馆里的预算费用。怎么办？馆长灵机一动，在报上登了一个广告：从即日开始，每个市民可以免费从图书馆借十本书。结果，许多市民蜂拥而至，没几天，就把图书馆的书借光了。借书时，每个人都领到了一张书面通知，上面写着还书地址。毫无疑问，这正是新馆的地址。就这样，图书馆不花一分钱的搬运费，借用读者的力量搬了一次家。

俗话说："一个好汉三个帮，一个篱笆三个桩。"想做事，会做事，能做事，需要学会借势借力，团结一切可以团结的人，整合一切可以整合的资源，让"外力"为我所用。

在借力方面，古人有着深刻的认识，如"借鸡生蛋""借船出海"等成语，语义朴素，一看就明白。荀子在《劝学》中，更是将"善假于物"者比喻为"君子"："登高而招，臂非加长也，而见者远；顺风而呼，声非加疾也，而闻者彰。假舆马者，非利足也，而致千里；假舟楫者，非能水也，而绝江河。君子生非异也，善假于物也。"

在日常生活中，也有许多善借力、巧借力的例子。如前一天晚上，将水和五谷杂粮放进锅里，调到自动挡，让炖锅工作，你自己安心睡觉，第二天一早醒来，五谷杂粮粥已经煮好了。再比如吃早饭的时候，你把前一天的换洗衣服扔到洗衣机里，打开洗衣机开关，让洗衣机工作，你自己安心吃饭。当你早饭吃好，衣服也洗好了。上班前把衣服晒到阳台上，让白天的阳光"工作"，等你下班回家，衣服已可收进来放进衣柜了。

以前，我在给浙江传媒学院和武汉轻工大学的学生讲课时，曾对"记者"这个名词做如下解释："记者不仅仅是现场记录者，更是资源的发现者和整合者。"怎样才能整合资源呢？就是要借助各种力量。

延伸阅读

现在年轻人的自主意识很强，做什么事都想依靠自己的力量，通过努力来证明自己。这种想法无可厚非。然而，依靠自己不等于一个人单打独斗，能够借力于他人，不正是证明自己有能力吗？

"严是爱，宽是害。"真正爱子女的父母，是不会时时、事事为孩子代劳的。对此，作家刘墉在《靠自己去成功》一书中做出了回答。在这本书里，作者既是一位慈父，又是一位严父：他从怎样规划睡眠、怎样利用时间、怎样得体穿衣、怎样训练写作这些切实可行的小事情谈起，在怎样克服恐惧、焦虑等方面为年轻读者提出建议，也教他们如何正确地看待胜败和死亡这些人生的重大课题。

年轻人接受新生事物的能力强，父母的人生经验比较丰富，双方取长补短，协力同心，则于家有福，于己有利。

向身边的榜样学习

七岁时，山鹏途经一山路，一块巨石突然翻滚而下，他的右脚被砸得只剩下踝，不得不装上了假肢，从此失去了奔跑的能力。从小品学兼优的他，初中毕业时，以优异成绩考上了宁国师范学校，成了一名光荣的人民教师。不料又遭遇意外事故，他的面部被大面积烧伤，导致语言功能受损，吐字不清晰，不得不放下他心爱的教鞭。

后来他的身体有所恢复，被选调到政府机关任职。工作之余，他爱上了诗和画。别人写诗画画是爱好，他写诗画画是性命。他把自己的身心全部沉浸在诗画艺术里，救赎自己，成全他人。

山鹏，高山之鹏。观其名，可知其志向；观其人，温文儒雅，书香盈袖；听其言，多真知灼见；与其交往，方知昔日程普"与周公瑾交，若饮醇醪，不觉自醉"之叹非虚言也！

山鹏本名鹏凯，与我同宗，1963年6月出生于安徽无为，系中国美术家协会会员、中华诗词学会会员。大约在六年前，浙江省文史馆馆员、画家兼美术评论家郑竹三先生来京时，向我隆重介绍山鹏兄。山鹏兄的面部有烧伤之痕，走路好像不太方便。交往多年，我从未问他缘由。一是因为在我眼里，就并非什么值得探究之事；二是因为山鹏兄的人格魅力强大，已完全覆盖了这些生理上的瑕疵。况且，在我看来，这根本不算瑕疵。

加了山鹏兄微信之后，他每天给我发他当天创作的诗词和书画作品，有时是一天一首，有时是一天三首——早中晚各一首。他的勤奋和高产让我惊讶。读其诗，乃一日之见闻，人生之感悟，语言优美，哲思飞扬，令人感怀；品其画，个性鲜明，线条流畅，气韵生动，催人遐想。虽同居京城，因平时工作忙，我与山鹏兄见面机会并不多。他的工作室搬到钓鱼台山庄之后，邀我前往一观。终于有机会坐下来详聊。原来，山鹏兄遭受的人生苦难是如此之巨！

都说经历是财富，苦难铸辉煌，山鹏之志，山鹏之艺，山鹏之思，感染了无数人。每天收到他发来微信诗词作品时，仿佛在无声地提醒我："我写好了，你呢？"身边有这么一个励志榜样，你还好意思不努力？你说人生实苦，你有山鹏兄苦吗？童年时就被飞来横祸砸成了残疾，青年时又被意外事故毁了容。但山鹏兄总是笑对人生。对于往事，别人不问，他绝不提。别人问了，他轻声回答，仿佛遭遇苦难的是另外一个人。这种举重若轻的心态，这种云淡风轻的神态，可知山鹏兄精神之安宁、内心之强大。

山鹏兄写诗画画，信手拈来，看似随意挥洒，实则匠心独具。我在浙报北京分社举办书画雅集时，山鹏兄曾携弟子前来。谈笑间，已完成画作和书法各一。他之画，落款必为自己原创的诗词作品。这种文学素养，在当代美术家中并不多见。

我想山鹏兄恐怕没有想到他的经历和他的心态会成为我学习的"资源"。这里可没有半点儿功利的性质，因为最好的朋友之道，本来就是互相濡染、砥砺共进。我们谁也不想跟那种一天到晚唉声叹气、碰到点事就怨气冲天、浑身上下都带着负能量的人待在一块儿，时间稍长一点，自己好像也会被拖到那种灰暗的、颓废的泥淖里，艰于呼吸。山鹏兄是那种正能量爆棚的朋友。当然，我希望自己身上散发出的能量也能被他接收到。

卞之琳写过一首被广为传诵的诗《断章》："你站在桥上看风景，看风景人在楼上看你。明月装饰了你的窗子，你装饰了别人的梦。"这首诗正好可以用来形容良朋佳友之间的正向影响力，他们总是互相成全、彼此成就的。

比如，我的一位校长朋友（就是那位每年除夕都会跟保安一起吃年夜饭的徐锦生校长），他自己是特级教师、全国劳动模范，别的教师受他积极进取、乐于分享、善于激励等人格因素影响，追求卓越的学校文化氛围也因为他的倡导和实践而变得浓郁，于是优秀教师们成群结队地成长起来了。过去这些年间，他担任校长的金师附小共走出了十三位特级教师。

千万别小看身边人的影响。他可能是你的"泄气阀"，也可能是你的"充电器"。请远离前者，珍重后者。

延伸阅读

这已经不是我第一次强调要向身边的榜样学习了，可见此念是多么顽强地"盘踞"于我心。家长要鼓励孩子多向身边的励志榜样学习。只要你用心观察，在我们的身边，总不难发现一些愈挫愈勇、迎难而上的励志榜样，或身残志坚，或家贫而发愤图强。要利用节假日，带孩子去走访他们，与他们面对面交谈，让孩子近距离感受到一种积极向上的能量。

爱出者爱返

电视剧《人世间》中，殷桃扮演的郑娟是个孤儿，遭遇流氓强奸后，面对多舛的命运、生活的挑战，依然心怀感恩。为了感恩周秉坤多年的照顾，当秉坤需要她照顾母亲的时候，这个没有结婚的姑娘，顶住流言，一手领着和她同样是孤儿的双目失明的弟弟，一手领着被坏人强奸生下的儿子，来秉坤家里照顾已成为植物人的秉坤母亲。

由于郑娟的悉心照顾，原本人事不省的秉坤母亲在两年内得以康复。虽然很苦很累，但郑娟没有怨天尤人，而是任劳任怨。她从未希冀过自己的付出有什么回报，但她用自己的行动赢得了家人的认可、世人的尊重。很多人感叹："这个没有什么文化的弱女子，活得多通透啊！"

"我做这件事情，是遵从自己的内心，并不图什么回报，现在不说，将来也无须让其知晓。"2022年5月15日，在与朋友谈论感恩这一话题时，金华一位姜姓朋友的话，让我肃然起敬。

长期以来，在人际交往中，付出就要回报，似乎成了一些人所信奉的"铁律"。家人间的亲情、朋友间的友谊，又岂能称斤约两？感恩是一种发自内心的道德情感，它跟一个人文化程度高低并无直接关联。有的人生活在社会底层，没什么文化，但很有教养。

我非常欣赏两句话，一句是"只问耕耘，不问收获"，还有一句是"但行好事，莫问前程"。当你决定要尽己所能帮一个人忙的时候，如果你一直在想，这个忙帮了之后，对自己有什么好处？那么，你的动机就带有功利色彩。"不问收获"是一种人生智慧。如果斤斤计较，那么，你所失去的，一定会比你得到的更多。我们常说，一个人要做到博闻强记，就要多读"无用之书"，多读杂书、闲书。如果你每读一本书，就想着"读了这本书对我今后的人生有什么好处"，那么，你还能读得进书吗？

"但行好事，莫问前程"，出自明代的《增广贤文》。一个人来到世上，如果能给更多的人带去光明和温暖，那就说明你是一个发光体。你多行一个义举，多做一件好事，他人就多得到一份光明和温暖。

高尔基说："给，永远比拿快乐。"给予比索取更幸福。你自己手里有"东西"，才能有给予的能力。这"东西"可以是有形的，如钱财、物品等，也可以是无形的，如资源、智慧、体力等。试想，假如你人脉很广，人缘很好，那么，即使你两手空空走在大街上，也一定会有人给你饭吃，给你衣穿。反之，假如你私心很重，杂念很多，凡事只想着自己，不考虑他人，那么纵使一时富贵，终不能长久。

困苦的年代里，有位抱着女婴的父亲从异乡来，为了让婴儿活下去，这位父亲到处找正在哺乳期中的母亲。找到后，他就拿出一个铜板，用乞求的眼睛看着那位母亲，意思是请她帮个忙给婴儿喂奶。大多数年轻母亲都是愿意的，但处在贫困境遇里的人，脸上的表情是木然的。可有一位母亲，在接过婴儿后赞叹女婴的美丽，继而赞叹女婴身上的衣服帽子，还不断凑到女孩头发上闻一闻，而且压根儿不在意那一枚铜钱……这位母亲不但帮着给婴儿喂奶，而且让那位落魄的父亲感受到一种难得的家庭气息。

这段故事，来自余华的长篇小说《文城》。里面写道，从这一刻开始，女婴的父亲也就是本书的主角，就从心底里与这一家人建立起了最为珍贵的亲缘，此后他们共患难，同富裕，成为艰难时世里可以互相依偎着取暖的亲人。

著名心理学家弗罗姆说："爱是一种给予的能力。"不是索取和占有，而是给予，才是一个人真正强大的证明。诚如《道德经》中所云："上善若水，水善利万物而不争。"强大，也可以是柔软的。

延伸阅读

孟子有言："爱人者，人恒爱之；敬人者，人恒敬之。"多年以前，谈到感恩时，我曾说过这样一段话："我们要感恩父母给了我们生命，感恩自然给了我们四季，感恩朋友给了我们情谊，感恩社会给了我们温暖。"如果你常怀感恩之心，常念相助之人，那么你的内心一定会宁静而温暖。这是上苍赐予你的回报。

第四辑

少年之心贵沉淀

求证的态度和智慧

诸葛亮真的能利用草船，借到曹军的十万支箭吗？神射手真的能在百步之外射穿杨柳叶吗？2021年10月，纪录片《典故里的科学》正式与观众见面。该片用科学的视角求证我国传统典故，还原它们背后真实的历史。这种新颖的求证方式，激发了观众一探究竟的兴趣。任何事物都需要有一个反复求证的过程，才能明辨是非，得到正确的答案。

学生解答数学题，需要求证；法官断案需要求证；普通人处理日常生活事务，也需要求证。求证是一种习惯，遇事三思而后行，有助于真正解决问题；求证是一种思维方式，通过逻辑推理、沙盘推演和实地考察，可求而证之；求证是一种科学务实的态度。古人说："尽信书，不如无书。"求证就是秉持实事求是的态度，遇到问题不匆忙下结论，而是举一反三，了解相关情况，掌握相关信息，然后广泛征求意见，得出正确的结论。求证是一种素养，当今社会信息纷繁多元，要在林林总总的信息中，获取真实有用的信息，犹如要在大雾天拨开迷雾，殊为不易。求证需要讲究方法和艺术，以避免犯生活常识类的低级错误。

我们了解一个事物的本质，就要学会去粗取精、去伪存真、由表及里、由外而内地去探究。有些事情如果不求证，或者说只求证一次，那么你所了解到的往往不一定是真相。做好求证工作，不但要有求真意识和探究精神,还要有赖以求证的知识储备和思想储备,学会使用科学的方法和手段。我们探究事物的真相,不能浅尝辄止;我们了解事物的本质,眼见也未必为实。反复求证的过程,就是探求真理的过程,就是比较、推断、检验的过程。

求证,顾名思义,就是寻求证据或求得证实。一个人在对外交往过程中,有时候需要临时发表讲话,或者在人家征求你意见时,需要发表观点。这个时候,绝不可以信口开河,对于未经本人求证的信息,尽量不说;非说不可时,在表述上也要留有余地,不然就会闹笑话。求证之前要做功课,求证过程中要认真细致。

在日常生活中,无论是发表观点,还是解决问题,都需要用到求证。由此可见,掌握一套科学的、行之有效的求证方法,是多么重要。

"没有调查,就没有发言权",不做正确的调查同样没有发言权。公众关注社会热点问题,但限于路途遥远、疑雾重重等诸多客观原因,难以像专职记者那样深入事发地调查、取证,因此,等待官方媒体权威发声之后,再发表观点,不失为一种负责任的态度。

我们都听说过"温水煮青蛙"这个故事,说的是如果把青蛙扔进一锅热水里,那青蛙一接触到热水,就会动用自己全部的力量跳出来逃生;可是如果先把一只青蛙放在凉水里,我们慢慢地给水加热,水变温了,青蛙觉得很舒服,就心安理得地待在里面,可随着水越来越热,等到它意识到情况不妙时,已经来不及逃离了……可是有较真的人去求证了,发现只要那口锅不是很深,则无论哪种情况,青蛙都能跳出逃生。故事是个好故事,道理也是个好道理——但是千万别以为这是真实发生的情形。青蛙才没那么笨。

眼下,全社会都在大举调查研究之风,真心希望我们的调研不是浅尝辄止的,"涉浅滩者得鱼虾,入深水者得蛟龙",还是要沉得下去,才能有真收获;当然更不能是想当然的,否则,轻则闹笑话,重则犯大错。

延伸阅读

　　勇于求证是一种态度，善于求证是一种智慧，乐于求证是一种品质。求证素养体现了一个人谦虚谨慎、实事求是的工作作风，是珍爱自己羽毛的一种体现。

　　自媒体时代，很多学生都拥有手机，人人都是"记者"。在阅读新闻时，要留意新闻的来源，一些自媒体公众号为了吸引眼球，故意夸大其词，在网络上散布不实信息，引发公众认识混乱。近年来，不断有"山寨高校"的招生信息被曝光就是例证。要教育孩子不要当缺乏求证意识的盲从者。倘若不加鉴别和求证就盲目发表评论，既害人又害己。

做好准备迎接机遇

《楚王射猎》一文中有如下记载：楚王猎于云梦，使虞人驱禽兽而射之。禽飞，鹿出于王之右，麋逸于王之左。王欲引弓射之，又有鹄掠过。王注矢于弓，不知射何也。养由基进曰："臣之射也，置一叶于百步之外，十发而十中；若置十叶于前，则中不中非臣所能必也。"王曰："何为？"养由基曰："心不专也。"由此可见，机遇稍纵即逝。当机遇来临时，不可三心二意，而是要快速行动，以免贻误时机，追悔莫及。

对于机遇，我们听得最多的一句话就是"机遇只垂青于有准备的人"。我们平时努力学习，以获取多方面的知识；我们平时广交朋友、善交朋友，以积攒更多的人脉资源。从本质上来说，交一个好朋友和看一本好书，对自己都是有所助益的。因为朋友如书，好书如好友。无论是读书还是交友，都是为迎接机遇做准备。

对于那些发愤图强、积极进取的人来说，一辈子都在迎接机遇、利用机遇的过程之中。我以前曾经说过，人要多读"无用之书"，多学"无用之学"。为什么？因为"无用"和"有用"，都是相对而言，今天的"无用"，有可能是明天的"有用"。你不知道明天要用到什么知识，多一些知识储备总是好的。同样，你也不知道明天会遇到什么困难，多个朋友多条路，"朋友多了路好走"。当然，一个人的时间和精力是有限的，我们要减少"无效社交"。

什么叫机遇？机，就是机会；遇，就是遇见。遇见伯乐，遇见好的环境，遇见有利于自己事业发展的局面，等等。当机遇递给你球的时候，你不但要把球接住，还要想办法把球投入篮中。我们通常说机缘巧合、美丽遇见，其实，机遇是无处不在、无时不有的，关键是你是否有一双慧眼，能够发现机遇；是否目光敏锐、勇敢果决，能够抓住稍纵即逝的机遇。

《易经·系辞下》有言云："君子藏器于身，待时而动。"意思是说，君子虽有卓越的才华却不四处炫耀，而是在必要的时刻才施展出来。这句话意在告诫人们，平时要加强自身修养，韬光养晦，以等待机会来临。在条件不具备的情况下，切不可贸然行动，而要藏器待时，相时而动。

没有一位成功者不是善于抓住机会的，但有人总是不服气，以为他们只是因为运气好，就连比尔·盖茨也被人这么看待过。但事实并非如此。当年，比尔·盖茨一注意到《大众电子》杂志把 Altair 当作封面，并宣称这是史上第一台个人电脑时，他就立刻联合保罗·艾伦组建了一家软件公司，为 Altair 电脑编写 BASIC 语言程序。当时，其实有无数人掌握了编程技术，加州理工、麻省理工、斯坦福等顶级名校里有大批聪明的学生在学电脑科学和电子信息工程，数以万计的人能做到比尔·盖茨所做的，但他们没有做。比尔·盖茨当机立断从哈佛辍学，还把家搬到了 Altair 电脑的基地所在城市，夜以继日编写程序。与他在计算机方面的能力相比，也许他抓住机遇的天赋更为出色。而他能抓机遇的前提是，他所做的准备几乎超过了当时的所有人。他的准备不仅仅是指高超的计算机编程能力，更有地理上的（毅然搬家）、心理上的（退学创业）。

不但每一代人，事实上每一个人都有属于自己的机会。我们所要做的，不是被动地等机遇，而是积极准备、应时而动。事实上，哪怕那个"一生中最闪亮的时刻"永远不出现也没关系，我们的"准备"本身就已经是一种自我实现。甚至可以这么说，人的一生，就是"时刻准备着"。

延伸阅读

机遇往往是在面临困难和挑战时出现，人生中遇到的一些难事，往往也是好事，看你能不能迎难而上，成功化解矛盾，变坏事为好事。机遇只垂青于有准备者。孩子们从小学到初中到高中，都在为迎接高考做准备。读大学，又要为迎接就业做准备。年少时努力学习积蓄能量，就是为今后"大鹏一日同风起"做准备。

高考志愿首选大城市

记得女儿小时候，我们家从来不看电视，家中客厅的电视机完全成了摆设，后来到了北京，家中房子装修，干脆不给电视机留位置了。因为爱好阅读和写作，从单位回家，不是看书就是写作，看书和写作成了一家人业余生活的主要内容。家里人手一台电脑，受家庭氛围的影响，女儿从小爱上了阅读和写作，这种习惯一直保持到现在。

熏陶，指人的思想行为因长期接触某些事物而受到好的影响。"耳濡目染"和"环境造就人"，说的是同一个道理。

一年一度大学生填报志愿的时间，很多学生和家长都在纠结：选城市还是选学校？选学校还是选专业？似乎并没有标准答案。我的建议是，如果条件许可，一定要去大城市；如果分数够得上，一定要去好学校。真正的好学校不仅仅因为有好老师，更是因为有好同学，同伴之间的影响往往超过老师和家长。为什么要选择大城市？因为大城市等于是一所没有围墙的大学校。城市里所有的公园、名人故居、博物馆、科技馆、青少年活动中心以及科研院所都是这所没有围墙的"大学"的有机组成部分。一座城市有一座城市的气质，一座城市有其独特的文化。生活在其中的人们，一定会受到这座城市的熏陶。南方的学生选择到北方的高校去求学，北方的学子选择到南方去求学，内陆省份经济欠发达地区的学子，选择到东南沿海经济发达地区去读大学。这样，思想、观念和文化的交融碰撞，有利于一个人的成长和进步。

　　古人说："近朱者赤，近墨者黑。"每个人的成长环境不同、身边人不同，他在接受家庭和社会熏陶时的收获也不同。无论你生活在哪一个地方，当地都有社会贤达，放寒暑假期间，作为父母，应尽可能多地为孩子创造与这些社会贤达见面接触的机会。社会贤达之所以具有广泛的社会声望，是因为他们在做人和做事上有过人之处。社会贤达之所以受人尊重，首先是品德端正，然后才是能力出众。纵览古今中外，成大事者在年幼时几乎都受过高人指点，或拜名师习艺，或延请名师来家授课。刘备幼时，虽已家道中落，刘母仍执意让他拜原九江郡太守、博士卢植为师。刘备上学后，刘母无法按时支付刘备学习所需的费用，多亏族中长辈资助，才使刘备得以完成学业，刘备由此与贵族出身的辽西公孙瓒成为同窗，为日后"兴汉室"奠定了知识储备和人脉基础。

　　以前看过一个人的励志演讲，说是如果把小鱼养在小鱼缸里，由于鱼的活动受限，食欲减小，鱼儿也就长不大；只有把它换到更大的鱼缸里，小鱼才能获得惊人的成长。不知道这样的"鸡汤"有多少科学的养分，但道理终归是有一点的。迁移到人的成长上，大体上也差不多，那就是一个人所处的环境、所立身的平台对他具有重要意义。"蓬生麻中，不扶自直"，蓬草长在麻的中间，不用扶持也能健康生长。而倘若稻子被稗草包围，稻子本该享有的阳光、水分、无机盐和生存空间都被夺走了，它自然也无法结下沉甸甸的果实。

　　主张高考志愿首选大城市，并非是对小城市有偏见，刻意制造地域对立，或者鼓吹什么"鄙视链"，而是用一种实事求是的态度点出二者之间存在的客观差异。学校的层次差异也是客观存在的，它对于人的成才和事业发展的影响不容小视。比如，今天有很多人轻视六七十年代出生的人，第一学历居然是初中中专。这是因为他们不懂历史，要知道当年中考结束后是中专优先录取的，中专学校有资格在重点高中前"掐尖"，把资质最优秀的一批学生抢先收归麾下。尽管这批资优生天赋很高，后来纷纷在各自领域做出了不俗的成绩（比如中师毕业生当了教育局长、校长，卫生学校毕业生当了医院院长等），但由于学习的平台偏低，终究鲜有成大器者——要知道，他们中的许多人如果进入一流大学（多在大城市）接受更高质量的教育，凭他们的高智商和学习能力，是可以成为大专家、大学者，甚至能成为院士级的科学家的！

世间职业无贵贱，个人成就有大小，这里不存在价值偏见。但是如果一个人的事业原本可以更辉煌，能够给国家和社会作出更大贡献，却因为外部环境因素未尽展其才，无法充分实现自我价值，那确实是很可惜的。

延伸阅读

环境有"硬环境"和"软环境"之分。"软环境"的构成要素首先是人，是人才。它是指物质条件以外的诸如政策、文化、制度、法律、思想观念等外部因素和条件的总和。无论在什么时候，人都是决定性的因素。大学有"有围墙之大学"和"无围墙之大学"之分。从宏观来看，一个城市就是一所大学。让大城市成为"我的大学"，选择一个好的环境来熏陶自己，是一种人生智慧。

做人要有深谋远虑

记得我在武汉攻读硕士学位时,曾受邀为本科生作人生职业规划讲座。我说,读小学时就想到大学要去哪里读书,读大一时就明确自己的职业规划。这样,目标明确,在学习的过程中就不会左右摇摆,就会铆足了劲向前冲,就不会三心二意、虎头蛇尾。

"人无远虑,必有近忧",说的是凡夫俗子的生存常态。人生天地之间,不能真正做到独来独往、与世隔绝,因为每一个人都处在纷繁复杂的社会中,受到社会各个方面和周围环境的影响。人在社会上生存,少不了要与人打交道。因此,"若无闲事挂心头,便是人生好时节",只能说是文人的一种遐想罢了。

"父母之爱子,必为之计深远"出自我国著名的历史典故《触龙说赵太后》。然而,在现实生活中,真正能为自身,或为子女谋长远的人并不多。棋界有"走一步看三步"的说法。面对棋局,走一步算一步是初入门者,走一步看三步是已入门者,走一步看十步乃大智慧者。下棋如此,人生亦然。

远虑就是要从长计议,今天想到几个月后的事,今年想到十年后的事。读书,工作,事业,莫不如此。有一个成语叫"深谋远虑",可见远虑是需要深谋的。何谓深谋?就是要想深、想透、想好,不为眼前利益和表面现象所迷惑。始终把最后结果、最终胜利放在心上。这是人生的大格局，谋篇布局的大智慧。

远虑也好，近忧也罢，都是建立在对前途的期许之上的。人生之所以美好，是因为始终有希望在前面招手。泥潭和坎坷，荆棘和刀丛，不过是胜利的序曲、成功的考验。

人的追求如果是因梦想而牵引的，那么他的目光就不会短浅，格局就不会太小。那么什么是梦想呢？有人说过，梦想就是你每天一早醒来想到的第一件事，那件事便是你的兴趣所在，也是你的天赋所在。

要做到深谋远虑，就需要暂时地从繁杂事务中、从琐碎的欲望中抽离出来，获得一定的审美距离，产生一定的间离效果，所谓能"入乎其中"，更要能"出乎其外"。当年毛主席就曾屡屡告诫各级领导干部不要陷于"事务主义"，要多读书，多学习，多调研。我曾看过有关比尔·盖茨的一部纪录片。从二十世纪九十年代开始，每隔一段时间，即使在创业最紧张的时候，他都会坐着私人水上小飞机去一座小岛。从飞机里出来时，他的手上拎着一大袋书，那是他接下来一周要读的东西。他需要面对和处理复杂的问题，也需要完全独属于自己的时间和空间，让自己静下来，慢下来，去阅读、思考、提炼、整合各种各样的想法，并用这些想法去引领世界。这就是他的"思考周"。从某种意义上说，这样的思考有助于他形成真正深谋远虑的战略思维。

延伸阅读

常怀远虑之心、常思安居之危是中华民族的一种忧患意识。古往今来，无数仁人志士，用自己的鲜血和生命践行了"生于忧患，死于安乐"的使命担当。深谋者兴国，远虑者兴家。家国如此，为人亦然。

家长要教育孩子从小养成"长远打算"的思想，这样，他就不会得过且过，脚踩西瓜皮，滑到哪里算哪里，而会增强学习的自觉性和目的性。家长可以现身说法，举例说明自己在人生道路上的得失，感同身受地触动孩子、引导孩子。

　　事实上，让孩子做到"深谋远虑"很难，不断叠加的课业负担，使得他们难以有时间静下心来思考并谋划若干年后的事情。家长不妨督促孩子做好每周计划、每月计划、学期计划和年度计划，让孩子慢慢养成时间思维的能力。

倒逼自己努力一回

每年有两个时间节点，我都会进入一种严肃的沉思状态：新年第一天和自己生日这一天。元旦，一元复始，万象更新。扪心自问，当天地万物都进入"更新"状态时，"我"该如何更新？今日之"我"总应该优于昨日之"我"吧！于是，我会认认真真地给自己拟订一个年度计划。这个计划与单位里要求写的年度工作计划不同，更多的是针对自己的秉性、兴趣、爱好、特长等等，在提升自己综合素养和专业能力方面确立目标和行动方向。而每年生日，我都会认认真真地写一段"生日感言"，或作画一幅，或作诗一首，告诉自己：当警惕年岁渐长而事业无成，"朝闻道，夕死可矣"。

倒逼，是指确定一个目标之后，倒过来逼自己朝这个目标去努力。倒逼的前提是要确立目标，这个目标并非高不可攀，而是"跳一跳，能够够上天花板"的；这个目标并非唾手可得，而是要付出耐心、毅力的，是对自己智力、能力或者体力的一次考验。

但凡遇到重大的行动，人们都会以"倒计时"的方式，提醒自己不断地朝目标努力，以彰显目标的神圣性和努力过程的庄重性。如北京冬奥会倒计时、杭州亚运会倒计时、高考倒计时等等。一个国家、一级组织如此，那么，一个家，一个人，又何尝不是如此呢？

我们常听人自况:"我是一个有惰性的人。"其实,人都有惰性。如果没有目标引领,即便是世界田径锦标赛的长跑冠军,在跑步的过程中也会不由自主地放慢脚步。由此可见倒逼机制的重要性。作为成年人,没有人会给你设置工作以外的学习目标,这个目标的确立完全靠自觉。什么叫自觉?自觉就是自我觉醒,这种觉醒体现在思想上,就是真正认识到行动的必要性。朝着目标去努力的过程,从本质上来说,是一种自我修炼、自我提升的过程。

年轻时,说起理想,往往豪情满怀,自认为春秋鼎盛,来日方长,有的是时间,有的是希望。而随着年龄慢慢增长,蓦然发现,很多计划还没付诸实施或者说根本无法付诸实施,于是便自怨自艾:"时也,命也,运也。"时、命、运,不过是你的借口罢了。目标如果不细化,决策如果没有行动支撑,等于是废纸一张。真正聪明的人,一定是善于合理安排时间的人。将人生的大理想切分成若干小理想,逐个实现之,这样积少成多,聚沙成塔,终有一天,你将实现自己人生的大理想。

倒逼机制需要有人监督。以前,也许我们可以在逢年过节等重要的时间节点,当着全体亲朋好友的面,宣布某一项行动计划,然后要求大家监督和助力自己。现在是互联网时代,这种监督显得更便捷。你可以在微博微信上喊一声:"我决心在某某时间内完成某项工作,请大家监督我呀!"于是众人应和,宛若山谷回音。有支招的,有喝彩的,有质疑的。互联网是有记忆的。倘若你言出不行或半途而废或无功而返,势必失信于人,人设崩塌。

失信于人是可怕的,人们会因为怕失信于人的压力而勉力去完成某件事;但一个人如果失信于己,那更是会一点点蚕食掉自己奋斗的意志,而堕于颓靡之境。倒逼机制,也有失灵的时候。

三十岁的郁达夫客居广州时,经常喝酒。有一天,他决定好好努力。他在那天的日记里写道:"明天起,要紧张些才好,近两三年来,实在太颓丧了,可怜可惜。"两三天后,他又一次发狠道:"我很想振作。""我打算于明日起,再来努力,再来继续我两三年前奋斗的精神。""打算从明天起,再发愤用功。"这些话反复出现在同一本日记里,足见郁达夫心意之诚、决心之大。转眼十天过去了。郁达夫又开始自责和表决心了:"洗了一个澡,换了一身衣服,打算从今天起,再振作一番。"然而,发誓后的第二天中午,他酒又喝多了,下午打牌,晚上因为不胜酒力较早就寝了。当天,他痛感自己因沉湎酒中而身体虚弱做不得事,仍然是在发誓:"振作的事,当自戒烟戒酒,保养身体做起。"又是五天过去了,其间却仍然是痛快喝酒,他的发誓也变得越来越像是个很不成熟的小孩子的玩闹。月底到了,他为自己做了一个小结:"从明日起,我已无职业,当努力于著作翻译,后半生的事业,全看今后的意志力能否坚强保持。总之有志者事竟成,此话不错。"但是第二天醒来后却因为天气不好,而"不能振作有为"。接下来他动辄说"真正的戒酒,自今日始",但是次日,他又发誓了:"断酒断烟,始自今日。"一个多月后,他还在喋喋不休地说:"从今天起,我要戒烟戒酒,努力于我的工作了。"……

郁达夫的日记是当时就正式出版了的,它无比真实地展示了一个人不断失信于己的状态。我尊敬郁达夫作为一名作家的才华、成就和他袒露自我弱点的勇气。没错,流于怠惰、困于旧习,几乎算是人性的弱点。郁达夫真是够拼的,不断地立 flag,也算是倒逼自己吧,可是,他却一次次食言,决心一次次作废,终于进入不可收拾的境地。

倒逼如同一个药引子,要让它真正起效,还需辅以一味"内功":自我意志的修炼。

延伸阅读

倒逼机制好处多多。只要持之以恒,你一定会明白"坚持就是胜利"的真谛。那些成功人士,并非个个比你聪明,而是善于自我约束,自我倒逼,自我提升。暑假已经来临,同学们不妨给自己拟定一个短期奋斗目标,倒逼自己努力一回,体验那种"想一事,成一事"的快感吧!

不要困于"用"的视角

《庄子·人间世》篇中讲述了这样一个故事：某一天，庄子与弟子路过一座高山，在山脚下发现一株枝繁叶茂的大树，耸立于山溪一侧，树身须多人合抱，而树高数千尺，树冠遮天蔽日，十分壮观。庄子和弟子十分好奇，这树就长在路旁边，却无人砍伐，观其树龄已有数千年。此时，恰好有一伐木者路过，便向其请教。伐木者说："此乃无用之树也！用来做舟船，则沉于水；用来做棺材，则很快腐烂；用来做器具，则容易毁坏；用来做门窗，则脂液不干；用来做柱子，则易受虫蚀。因人皆知其无用，故而无人问津。"

在我看来，这棵大树，因其无用得以保全性命于乱世，给过路之人以荫蔽。用现在的话来说，已成为当地不可多得的文旅资源，乃名副其实之"千年树王"。其善存故事，必引得众人探个究竟；其独特风姿，必招来蜂拥而至的合影留念者。一树在兹，带动当地文旅产业发展可期。无用之用，岂非大用乎？

世人常说"某乃无用之人"，指其没有能力，无所建树。谦称"我乃无用之人"者，果真无用乎？非也。认识到自己无用者，往往大智若愚。

俗世常以"有用""无用"来衡量一个人的心智、能力和才学。

其实，一个人的能力水平并无尺子可以衡量。倘怀功利之心，为人处世于己有用而未必于社会有用。由此可见，有用无用是看待事物的不同角度所得出的不同结论。

人生在世，要多读无用之书。"无用之书"是指那些与自己的专业不相关、读的知识一时半会儿用不上，有的甚至一辈子也不可能用上的杂书、闲书。倘若你为了升学而去读复习教材，为了应聘而去读职场礼仪和应聘技巧类图书，为了致富而去书店买《生意经》《理财宝典》等，仿佛这些书里藏着秘籍，能够"救急"。一旦考试成功，马上将书丢弃。抱着这样"实用主义"的态度去读书，是不可能学到真知识的。风景名胜之书，可供卧游；音乐美术之书，可以怡情；花鸟虫鱼之书，可以养心；游戏娱乐之书，可以益智。总之，书本无"有用无用"之分。当读书被实用主义所裹挟，一定要用有用或无用来评价一本书的思想厚度和知识广度，则读书的趣味荡然无存，岂不悲乎？

人生在世，要多做无用之事。无用之事，正是精神自由的一种体现。我花了半天去画画，是有用还是无用？子猷访戴，是有用还是无用？王子猷居山阴，夜大雪，眠觉，开室，命酌酒。四望皎然，因起彷徨，咏左思《招隐诗》。忽忆戴安道，时戴在剡，即便夜乘小船就之。经宿方至，造门不前而返。人问其故，王曰："吾本乘兴而行，兴尽而返，何必见戴？""子猷访戴"的故事告诉我们，多做"无用之事"，才能使自己活得有趣、活得通透，获得灵魂的安宁和满足。

人一旦功利，就会忙碌；人一旦忙碌，就会无趣；人一旦无趣，就会孤独。近日收到一位金华朋友发来的微信问候，这是一位已近十年没有谋面的朋友。我问他现在忙些什么，他答"我早就过着看看书、打打牌、喝喝茶的悠闲时光了"。我问："这么年轻就退休？"他答："前半生做有用之事，后半生做无用之事。温饱无虞就可以退休了。"

"阿里云"创始人王坚院士有一次接受采访时说，今天人们说到"大数据"，首先想到的是它很有用，于是想方设法去收集，去挖掘，去分析。可是他一次次强调，数据不是"收集"的，而是"沉淀"的！"收集"是指人们带着"有用"主观意愿去测度未知，这其实也"框定"或束缚了未来的可能性；而"沉淀"本身并没有目的，你必须承认你不知道那数据有什么用——就像十亿年前一片森林或一棵树的倒下，如果当时有人，谁知道它有什么用？只不过在十亿年之后，它们成了我们人类派上大用场的宝贵的石油。宇宙浩渺，人生有限，居于此世间，看人、看事，不该困于"用"的视角，方能有大格局。

延伸阅读

家长要鼓励孩子多看"无用之书"，那是获取真知以达博学的必由之路。

要有"大我"意识

2022年6月3日是端午节。大家都知道这是一个为纪念屈原而设立的节日。北京一些学校开展了纪念屈原的活动,包括诗歌朗诵和文艺演出等。屈原是我国古代伟大的爱国主义诗人。为什么纪念屈原?因为屈原是一个心有"大我"的人。

大我,佛教中是指远离"我执""我见"而达到自由自在境界的"我",是"我"的最高境界。在当代语境中,"大我"指时时以国家利益为先、以大局为重的思想和行为。

在屈原心中,个人荣辱始终是小事,而国家利益、民族大义始终是大事。促使他舍身成仁的根本动力,就在于"大我"精神的激励。我之为我,并非属于我个人。一个人不可能脱离自己的家乡和祖国而存在。只有把"小我"融入"大我"当中,才能创造属于自己的人生价值。

每一位成功人士的奋斗史,无不是奉献"小我"、成就"大我"的英雄史。具体到每一个生命个体的"小我"人人可见,而上升到精神和认知层面的"大我"却需要用心体悟。

"大我"是一种境界。把个人的前途命运与祖国的前途命运紧紧地联系在一起,理想如灯塔,指引着人生之舟的航程;信仰如火炬,照耀并且温暖人生的旅途。当个人利益与集体利益甚至于国家利益发生冲突时，自觉以集体利益和国家利益为重。"大我"讲究无私奉献，在奉献过程中体会"大幸福"和"大快乐"。

"大我"是一种气度。心中有"大我"的人，眼中无私事。看到损害集体和国家利益的事，绝不会袖手旁观；看到对国家和集体有利的事，必定会亲力亲为。他们从不计较个人得失，习惯于算是否有利于促进社会文明和进步的"大账"。

静坐常思己过，闲谈莫论人非，是"小我"；静以修身，俭以养德，是"小我"。一个人在做好"小我"的前提下，方能成就"大我"。"大我"意识就是要时时警醒自己，胸怀天下，兼济苍生，事事以家国为念，时时为他人着想。

"四海之内，皆兄弟也"，《论语》中的这句话是中华传统文化中"仁爱"思想的集中体现，比西方所倡导的"博爱"更胜一筹。"小我"是个体，放入"大我"之中，就成了群体中的一员，成为血肉相连的同胞。一国之中，人人像兄弟姐妹一样协力同心，就会产生巨大的能量，这既是我们为人处世的行为准则，也是处理国与国之间关系的重要准则。

"小我"并非一切都以个人利益为出发点和归宿点，而是独善其身。"小我"和"大我"并非对立的关系。"大我"是"小我"精神的升华，是一个人对更宽广的生命价值的探寻，是大爱情怀的一种体现。

延伸阅读

一个人，只有真正把"小我"融入"大我"，把"小我意识"转化为"大我意识"，才能进入"我将无我"的大境界，感受到"处处有我"的大温暖。

消除人生的盲区

因疫情原因，我于 2022 年 5 月 27 日入住海友酒店。此地离我家不过十多分钟的车程，而离天坛东门才一公里多。平时忙碌在熙熙攘攘的人流和车流之间，从未意识到自己离天坛竟是如此之近。小区正在管控，暂时无法回家，便想到天坛公园走一走。

天坛公园面积相当于四个北京故宫的总和，园内古木参天，浓荫蔽日，置身其中，举目四望，满眼皆绿，令人心旷神怡。想来，我家也算是天坛公园的近邻了，为何时至今日，才发现天坛公园的好呢？因为长期以来，天坛公园在我视野的盲区之内，与我平时上下班路线从无交集，也未能有机会从空中俯瞰，即便地理上离得近，心理上还是觉得远。也许，这就是认知上的盲区吧！

所谓盲区，就是目前尚未达到或者认知的区域，如科技盲区、地理盲区等。当你开车翻越山岭的时候，你无从知晓大山的背部究竟是城市还是乡村，那是因为大山挡住了你的视线。学过汽车驾驶技术的人都知道，开车有一个"盲区"，是指驾驶员位于正常驾驶座位置，其视线被车体遮挡而不能直接观察到的那部分区域，包括车内盲区和车外盲区等。了解开车盲区，是避免交通事故的重要一环。有时候手机信号不好，通话时断时续，或者干脆没有信号，因此，人们会说：

"哦，可能在信号盲区呢！"

　　限于阅历和知识储备，年轻人在对事物的认知上，一定会有盲区。学习科学文化知识的过程，就是不断消除盲区的过程。其实，盲区并非年轻人的"专利"，一些"过来人"因为经验丰富，对人对事会产生思维定式，甚至偏见。这种定式和偏见就是认知上的盲区，轻者产生误解，重者造成冲突乃至更严重的后果。

　　投资界有一句行话，叫作"人永远赚不到认知范围以外的钱"，那是因为认知以外的生意逻辑没办法在你身上形成正向反馈，最后成为信息盲区。生活阅历不同，专业特长不同，对事物的判断结果迥异。股市专家能判断熊市还是牛市，赌石专家能凭肉眼判断是翡翠还是顽石。叫赌石专家去判断股市，虽满地黄金而不自知，认知盲区使然也。

　　学习法律，是因为我们要消除法律盲区；学习哲学，是因为我们要消除思想盲区；学习艺术，是因为我们要消除审美盲区。人为什么会"一叶遮目，不见森林"？是因为人们常常被局部现象所迷惑，看不清全局。大凡成功者，都有自己明确的人生定位和职业规划，学霸们为什么会不约而同地选择"纠错本"？是因为他们深深懂得消灭认知盲区，有助于扔掉包袱，轻装上阵。

　　有一种理论叫"乔哈里视窗"。在心理学家乔瑟夫和哈里描画的这个"视窗"里，有一块恰好是"我不知"与"你知"的交会区，这块区域就被称为"盲目区"。任何人都存在这样的盲区。它与一般意义上的"未知区"不同，后者是充满潜力、有待发现的自我，而盲区的存在则只会让自己出现判断失误，很容易给自己或他人造成伤害。无数真实发生过的"教育事故"，都在提醒每一位家长和教师，在引领孩子成长的世界里，谁都不是全知全能者，谁都没有"上帝视角"。

延伸阅读

消除盲区是一个人终其一生的功课。掌握的知识越多，对事物的认知水平越高，消除盲区的能力就越强。认识到自身盲区的存在是一种可贵的自省，是避免人生的车轮在模糊区打转、在舒适区兜圈的关键一步。"横看成岭侧成峰，远近高低各不同。不识庐山真面目，只缘身在此山中。"换个角度看世界、看事物，你的盲区会越来越少。

努力量化你的学习

2016年，应时任学军中学校长陈萍的邀请，我曾陪同全国政协副主席（时任民进中央副主席）朱永新先生一起考察杭州学军中学，朱永新先生在学校报告厅发表了即兴演讲。他着重讲了通过写日记来强化学习效果的重要性。他说："清华经管学院的钱颖一院长跟我讲，大学里面最重要的一门课程就是写作，无论是文科、理科、工科，写作是真正思考的开始。我一直建议我们大家要学会写日记，可长可短，不要以为这是一个浪费时间的过程，其实这是一生的财富。我从十九岁一直写到今天，我觉得对我一生的成长起着很重要的作用。学会反省，用智慧的解剖刀去解剖自己，是一个人成长的最有效的手段。"

学习学习，学在先，习在后，二者须臾不可分离。学就是学知识技能，习就是用知识技能去解决问题。孔子将学习的三层境界说得很透彻："知之者不如好之者，好之者不如乐之者。"当你真正养成了学习的兴趣，那么，学习就会变成一种自觉、一种习惯、一种能力。

谈到学习，使我想起国画大师孙其峰先生对弟子的教诲。孙先生认为，学习需要量化。比方说你每天要画一张画、写两幅字，就要立下志愿，养成"日课"的习惯。一旦对自己做出学习上的量化要求，那么倘若哪一天没做到，你心里就会有一种缺失感、一种负疚感。量化的过程其实就是实现计划的过程。如果没有量化，就会变成"脚踩西瓜皮，滑到哪里算哪里"。时光飞逝，一天又一天，一年又一年，学习目标就会变成遥遥无期的"镜中月"和"水中花"，学有所成也就成了一种奢望。

我觉得孙其峰先生关于学习需要量化这个提法非常好，一个人只有把远大理想切分成若干个阶段，通过实现阶段性小目标，才能最终实现大目标。远大理想从来都不是一蹴而就、一步登天的，需要我们一步一个脚印地去努力。为什么很多人"白了少年头，空悲切"？是因为他们对自己的学习目标缺乏量化考核的能力和动力。因此，我们要把远期目标和眼前计划结合起来，做综合考量。

领导在听取下属汇报的时候，希望下属能够把自己的想法说出来、写下来。说，是口头表达；写，是书面表达。说和写不但是学习能力的一种体现，而且是工作能力的重要组成部分。能说会写，是一个现代人基本的素养。社会就是一个大课堂，你无时无刻不在学习之中。

一个人的精神发育史，其实就是他的学习史。一个人从离开学校步入社会那一天起，就意味着自主学习生涯的开启。当今社会，科技发展日新月异，不学习，则必然会遭到时代的淘汰。随着生活和工作节奏的加快，人心浮躁成为普遍现象。每个人每天一早醒来，就面临各类信息的冲击、各种压力的挤压，于是学习就成了一种"奢望"，好像只有不食人间烟火的"桃花源中人"才会有学习的时间。其实，学习和生活，是水乳交融的一种关系。"纸上得来终觉浅，绝知此事要躬行。"每个人都要学会利用碎片化的时间来学习，以期聚"时间之沙"成"知识之塔"。

"有志之人立长志，无志之人常立志。""立志"和"学习"之间，有着紧密的关联。立志是订规划、画蓝图，学习是亲力亲为地"组织施工"。"学"，是从外部寻求知识和经验；而"习"，则是将所学到的知识和经验，融会贯通到工作和生活之中。学到新知识，就应该经常温习并在实践中加以验证,这就是"学而时习之"的本义。"学而不思则罔,思而不学则殆",这个"思",是建立在"习"基础上的举一反三。

两兄弟挑着担子去登高山,一个成功登顶,一个半途而废。人究其因,成功登顶者说:"我知道这座山很高,但我会把几千个台阶分成一截一截的,每当走完一截,回望来路,看到自身到达的高度,心里就松快一些,再向前看,只觉得离山顶又近了一些,信心也更足了。就这样,一步一步,一截一截,巅峰已在眼前!"半途而废者,则是被那看上去几乎遥不可及、高不可攀的云中山峰吓倒了,早早就放弃前行。学习正如挑担登山,在漫长的征途中,时时要有看得见的"小目标"牵引自己,刻刻要有做得到的"小欢喜"激励自己,进一步有进一步的方向感,得一尺有得一尺的成就感,如此,何愁学习不精进!

延伸阅读

家长要教育孩子,让孩子真正懂得:人与人之间,最根本的差异在于学习能力的差异。学习能力强的人,往往具有强大的意志力、触类旁通的思考能力和勇于实践的行动能力。从"知之"到"好之",再到"乐之",是一个循序渐进的过程。随着自身素养的不断提升,你就会成为一个用知识武装起来的人、一个有益于社会的人。

学而量化之,不亦乐乎?

熟读深思《古文观止》

二十多年前,我有一位同事是杭州大学中文系的高才生,他要求自己读小学的儿子不要上语文课,由他自己来教。他的教材只有一本,那就是由清代吴楚材、吴调侯选定的古代散文选本《古文观止》。

该书是清朝康熙年间选编的一部供学塾使用的文学读本,全书十二卷,以散文为主,骈文为辅;以时代为经,以作家为纬。收录自东周至明代的文章二百二十二篇,题名"观止"是指该书所选之文皆为语言精练、短小精悍、便于传诵的佳作,且思想性与艺术性俱佳。

我的这位前同事在自己读小学的儿子身上进行试验,让儿子从小学一年级开始,改背语文课文为背诵《古文观止》书中的文章。结果到了小学五年级,他的儿子已经会背诵《古文观止》中的几十篇文章,写起作文来引经据典、头头是道,使学校老师大为惊奇。这种古文的训练和熏陶,是会让孩子受益终身的。可惜,在现实生活中,能像我这位前同事这样重视古文教育、保持清醒头脑的人很少。绝大多数家长都是应试教育的跟随者。

如果不懂古文,就不能算是一个真正"有文化"的人,这样的论断虽然有点武断,但在一定程度上说明了当前古文阅读所面临的困境。

很多人读不懂、不愿读古文,更遑论古为今用了!一些人不愿意读原著，满足于看译本，寻章摘句，导致对中华传统文化一知半解。如有的书法家把"皇后"写成了"皇後"；把"千里江山图"写成了"千裏江山图"，闹出了不少笑话。

文言文早在先秦时代就已经出现，原是古人口语的摘要。西汉时统治者推行"独尊儒术"，以文言文记载经典成为不二选择。随着历史的演变，文言文同老百姓实际口语的距离越来越远。自唐宋以后，白话文书面语开始出现。五四运动促进了民众思想解放，同时也带来了文体的解放，白话文应用逐渐得以普及。"打倒孔家店"之后，很多人把古文和白话文对立起来，以至于白话文大行其道，而古文逐渐式微。

随着时代的进步，越来越多的人认识到学习古文的重要性。我们中华文明的成果都以文言文的形式记载在古籍里，如果我们不学古文、不懂古文，那么，安能听懂先贤的谆谆告诫？如何继承和弘扬中华优秀传统文化？

现在已有越来越多的家长认识到学古文的重要性，但普遍反映古文不好学，太深奥。那么，探索古籍今读和文言文写作的简便方法，就成为当务之急。中华文化博大精深，老祖宗的很多智慧都藏在浩如烟海的典籍之中。现代人喜欢快餐式阅读，而真正的阅读，必须读原著才有意义。如何解决这两者之间的矛盾呢？这就需要有识之士矢志不渝地去努力才行。

一个地方的文脉，是赖古籍而得以流传。我家乡浦江的月泉书院，因为有吴渭等先贤的《月泉吟社诗》而有了灵魂；兰溪的芥子园，因为有李渔的《闲情偶寄》而得以永世流传。

坦率地说，现在放眼全世界，所谓的"阅读"几乎就是人人盯着一只手机不断刷屏。当年欧阳修实行的"三上"读书法，如今倒貌似实现了，枕上、厕上、车（汽车、高铁）上，乃至饭桌上、马路上……无时无处不是手机阅读。在这样的背景下，倡导读一些古文、读一些经典显得多么不合"时宜"。可是,其实每一位沉迷于刷手机的成年人都知道,自己的"阅读"甚至连浅阅读都谈不上,更遑论从中汲取养分、润泽身心、传承文脉了。但积习难改,惰性易成,也只能一边刷手机,一边骂自己。作为家长,谁都不希望这样的情形发生在自己孩子身上吧!无论如何,让孩子趁早读一些经典古文,都不失为一个明智的选择。这种阅读趣味的养成,可以抵抗未来一些俗滥趣味的诱惑,用梁启超先生的话说,就是指可以用养成的"高等趣味"去摆脱"低等趣味";用朱光潜先生的话说,是"如果能在读书中寻出一种趣味,养成正常的嗜好,将来抵抗引诱的能力会比别人大些"。这样的早期经典阅读是"奠基性"的。著名语文特级教师王崧舟在一次演讲中说过,有的经典阅读,是机不可失、时不再来的,是过了这个村就没那个店的。所以说,经典阅读的时间窗口,千万不要错过。

延伸阅读

我的前同事在自己儿子身上做阅读《古文观止》试验,是个案,难以复制。因为像他这样有古文功底又有时间亲自教孩子的家长毕竟是少数。我举这个例子,意在说古文学习的重要性,并非全盘否定当前的小学语文教育模式。但是,这个家庭教育成功的案例,至少可以给我们的教育工作者和广大家长带来启示和反思:我们的教育改革如何推进?如何让中华优秀传统文化润泽孩子们幼小的心灵?

这是一个时代的课题,期待我们共同去解答。

赶路也要抬头看路

　　记得我六七岁时，去浦西山区花桥乡的外公家拜年。那时候交通工具很少，拜年要么走路，要么搭乘公共汽车。因为人多车少，公共汽车上常常拥挤不堪。有一天，我和父亲在马路旁边等候公共汽车，父亲叮嘱我："看到有车停下来，要赶紧上车。"刚交代完，就看见有一辆车停在了马路边，我赶紧冲上车去，刚刚找座位坐定，车子就启动了。结果我发现父亲并没有上车，便把头探出车窗往外看，看到父亲正着急地朝着车的方向呼喊，可惜驾驶员并未听见，原来这是一辆反方向的车。

　　这一次上错车的经历，使我认识到在上路时首先要看清方向。

　　相信很多人都有过迷路的经历。狭义的"迷路"是个地理概念，指的是你在出行时迷失在路上；广义的迷路，则是指在人生的道路上迷失了方向。迷路问题，究其根本是方向问题。

　　人生道路上会面临无数个十字路口，何去何从？一个人如果有明确的职业规划，坚定地朝着一个目标去努力，那么终有一天，你会抵达你所想抵达的港口。

　　有的人天生有着很强的方向感，有的人则一走上街头就分不清东南西北。2022年春节，我去成府路拜访一位八旬老先生，老先生家之前我去过多次，每次都是自驾车去。那天刚好我的车限号，于是便坐地铁去，出了地铁站，外面正下着雨。走着走着，不想竟走错了方向，走了一段冤枉路，方才明白过来。折回地铁站沿着反方向走，很快找到了老先生家所在的小区。

我自认是一个方向感比较强的人，这样的迷路经历很少，因此印象深刻。人生在世，要面临各种复杂的路况，很难保证不迷路。现在虽然有手机导航软件，但"尽信机不如无机"。有一次跟朋友付君去京西探访大草坪，开着车跟着手机导航走，不想竟迷了路，在左转左转再左转之后，车子又回到了原地。

人之所以会迷路，是因为固有的经验在作怪。自认为这样走是对的，结果走上了反方向。如果是"自古华山一条道"，像曹操败走华容道一样，仅此一路，别无选择，那就不会迷路。如果有很多条相似的道路摆在你的面前，供你选择，则难免会踟蹰、迟疑。俗话说"路长在你的嘴巴上"，问路者首先要有礼貌。记得以前在杭州进城口专门有一种职业，叫"带路人"。你不认识路，他上你的车，帮你带路，带到目的地后，你付报酬。

导航软件一问世，"带路人"这种职业很快就没了市场。但在日常生活中，还是会经常遇到需要问路的时候。当你身处新环境，不明位置，不知方向，最好的办法，就是向当地知情人询问。帮人指路事虽小，助人为乐是美德。

说到固有经验导致的迷路，忽然想起书上读到过的一段有趣故事，禁不住与大家分享：

两艘军舰在雾海上演习。一艘军舰正行进中，瞭望员发现右舷位置有灯光，并且正在逼近他们。因为有相撞的危险，舰长命令信号兵与对方通话，要求其转向。没想到对方却建议该舰转向。舰长勃然大怒，令信号兵喊道："这是战舰，对方必须马上转向！"对方答复："这是灯塔。"

无论埋头赶路、张嘴问路还是抬头看路，我们都要先弄清楚"我在哪里"，尤其是知道"我"当下面临的境遇，才能避免不可测的危险。

延伸阅读

对于方向的取舍，不能仅仅依靠经验，还要多看多问多了解情况，以便做出正确的选择。方向问题，是生而为人的"根本问题"。无论你从事什么职业、做什么事，方向都是最根本的问题。方向选择正确与否，直接关系你人生的走向、事业的成败。要想实现自己的人生价值，必须早早确定行进方向，坚定不移地沿着既定方向前进，希望不迷路，避免走弯路。

孔子云："三人行，必有我师焉；择其善者而从之，其不善者而改之。"迷路并不可怕，关键在于你能够迷途知返。不能光低头走路，还要时时抬头看路。勤张口问路，则路上所遇皆我师，又何愁迷路哉？

有"见"方有"识"

　　说到实践出真知，我想到多年以前为金华技师学院所写的《躬行亭记》，现节录一段于后：婺江襟三水而入富阳，承安文而奔大海。人杰地灵，有名胜古迹；物华天宝，多亭台楼阁。亭台之胜，多在风景区内；人文之美，美在大黄山麓。门之内有躬行亭焉，青石为体，斗拱飞檐；松竹掩映，桌凳俨然。造亭之旨，非唯点缀风景，更在激励后学。亭柱上镂镌一联："纸上得来终觉浅，绝知此事要躬行。"

　　俗话说："百闻不如一见。"我们常说"见识"，而不说"听识"，是因为耳听为虚，眼见为实。对于一个人、一件事的判断，最好是亲身去经历一番，然后再下结论。

　　增长见识，应该走进大自然。孔子说："多识于鸟兽草木之名。"草木鸟兽都"居住"在大自然里，你不走进大自然，何以贴近它们、观察它们，进而了解它们？认识草木鸟兽的过程，其实就是认识天地万物的过程。人类作为万物之灵，如果连韭菜和香葱都分辨不清，岂不羞愧？增长见识，应该遍寻名师。唐代韩愈的《师说》总结得很到位："古之学者必有师。师者，所以传道授业解惑也。人非生而知之者，孰能无惑？惑而不从师，其为惑也，终不解矣。生乎吾前，其闻道也固先乎吾，吾从而师之；生乎吾后，其闻道也亦先乎吾，吾从而师之。吾师道也，夫庸知其年之先后生于吾乎？是故无贵无贱，无长无少，道之所存，师之所存也。"

年轻人在学习和生活上产生困惑，很正常。假如一味盲从，连产生困惑的能力都没有，岂不可悲？产生困惑就要去寻求答案。父母和身边的朋友因为受教育程度不同，知识结构差异，往往不能做出很好的解答。书本上又没有现成的答案，那么就应该遍寻名师。名师之所以有名，是因为他见多识广，有真知灼见。遍寻名师和博览群书是同样的道理，都体现了求知的主观能动性。

增长见识，应合上书本，走进工厂、农村，到广阔天地去经历风雨。倘若不到社会上去历练，仅凭道听途说，那得出的结论一定会失之偏颇。

很多时候，事业的成功与否取决于见识的高低，而不是自己简单的努力。当今社会，科技发展日新月异，各类信息层出不穷，知识迭代很快，人们增加见识的途径比过去更多。多看书，看好书，无疑是提升见识的有效途径。同时要牢记"读万卷书，行万里路"。保持旺盛的求知欲和好奇心，碰到问题，就要"打破砂锅问到底"，那么，日积月累，你的见识会越来越丰富，视野会越来越宽广。

见识上的拓展，有可能改变一个人的命运。十多年前，在香格里拉的一个村庄，有位十七岁的女孩茨姆身穿藏袍，抱着一只小羔羊与游客合影，这是她的小生意：拍一张合影收到五元钱。不过她的生意并不好，合影者寥寥。正在那儿拍纪录片的日本导演竹内亮，也把这一幕拍进了镜头，并且与她进行了交流。茨姆当时从没见过外面的世界，好奇地问剧组的人："飞机在天上飞，有路吗？"听说大城市的高楼有一百多层，满脸难以置信的表情。然后，竹内亮他们就邀请茨姆去上海看看，开开眼界。经过一番波折，茨姆真的成行了。她去了上海，看了外滩，住了高档的酒店。然后她回到家乡。然后……十年过去了！

十年后，竹内亮为了拍《再会长江》纪录片，再次来到香格里拉，并且想找到当年那个懵懂的小女孩茨姆。令人大为感叹的是，茨姆已经独自创业，开了一家相当不错的民宿。里面的设计全是茨姆自己做的，有卫生间、有地暖、装饰风格也很有情调……而所有这一切，都源自十多年前她在上海的"见识"。如果她一直待在原地，她不可能知道，更不会这么去做。所以，当纪录片里切进十多年前茨姆抱着小羔羊在风中迎候游客的镜头时，满屏都是这样的一句字幕："命运的齿轮开始转动……"

谁也无法预料命运的齿轮何时转动。对一辈子自称"乡下人"的沈从文来说，也许是不再当兵混饭，从湘西到北京小出租屋里"窄而霉斋"练习写作的时候；对在国棉厂混日子的张艺谋来说，也许是听到恢复高考的消息的时候；对又瘦又小貌不惊人的马云来说，也许是到西湖边的"英语角"试练第一句口语的时候……无论是什么时候，有一点是共同的，都是他们眼前的世界猛然间变大的时候。

延伸阅读

年轻人应该勇敢地走出去，用脚步丈量时空，用自己的眼睛去看、耳朵去听、头脑去思考。唯其如此，才能提升自己认识问题、研判问题和解决问题的能力，从而认识一个真实、立体而多元的世界。

要有沉淀之心

一

昨晚拜读著名摄影家刘宇老师的新著《看见自己》，有一段内容引起了我的注意："那时，我觉得采访完发了稿，工作就结束了，经常把剩余的底片装进底片袋，随手一塞，其他的就废弃了。中央组办公室有个装底片和样片的大木箱，每星期我都会和同事抬着装得满满的箱子去新华社西门附近的垃圾场销毁……现在回想起来真是可惜，不知道里面还藏着多少好东西……我们那时把不够发稿标准的照片称为'闲片'，现在来看，有些当年觉得不错的新闻照片，现在能在眼前停留的时间其实很短，反而这些不经意拍的'闲片'会让人觉得更有意思。"

由此，刘宇老师发出这样的感慨："人的认识往往很难超越时代的限制，影像的梳理需要时间的沉淀，当时被看不上的照片，随着读者阅历的增加和对摄影理解的深化，可能就会有全新的认识被读解出来。"

由此，我想到"沉淀"这个词。有些事物，需要经过时光的过滤，才能将其本真的东西沉淀下来。一件艺术品因时代不同，视角不同，审美眼光不同，而在人们的眼里，其价值也不同。黄宾虹先生在世时，能看懂他的画的人很少。一些人只看到他画山水时"团团墨里团团黑"，却不知他"团团黑里天地宽"。由此可见，真正伟大的艺术品，是能够经受住时间的考验的。

鲁迅先生在传授写作"秘诀"时曾说过："在文章写成之后不急于拿出去，搁它几天，然后再来复看，删去若干，改换几字。"对此，我也深有体会，写文章像画画一样，是一个人当时心情、心境和思想的反映。写好初稿以后，不妨让时间来沉淀一下它。当你过几天重新审视它的时候，能够更加客观、更加理性，会发现更多可以修改的地方。当然，"下笔千言，一挥而就"的情形，是另当别论的。

金华一位朋友，多年没有联系，前段时间突然找上门来，有事要我帮忙。当年我在金华工作期间，彼此交好。此后虽天各一方、疏于问候，但友谊沉淀于心。我尽己所能，热情相助，令这位老友感激不尽。我想，人与人之间，如果彼此以心交心、真诚相待，那么，随着时间的推移，友谊会像黄酒一样，历久弥香。

人不可有浮夸之意，而应该有沉淀之心。沉淀自己的学识，以积蓄他日高飞的能量；沉淀自己的心气，以培植行事稳重的作风；沉淀自己的思想，以锤炼闪光有趣的灵魂。

对孩子来说，现在所体验的一切活动、所阅读的一切书籍，身为父母者都不必刻意去求某种立竿见影的效果，而是不妨观长效，所谓"放长线钓大鱼"。他们登过的每一座山，涉过的每一条河，嗅过的每一朵花，都会成为他们的记忆库存，在成长途中或长大成人后的某种瞬间被唤醒、被激活，化为他们热爱生活的能量源。他们读过的每一本书，领略的每一次感动，都会在不知不觉中塑造他们更为轻灵的心智、更为醇厚的性情。苏霍姆林斯基曾说，儿童应该在三四年时间里，朗读两百小时以上，默读两千小时以上，平均每天阅读一个半小时，通过阅读所获得的养分经过沉淀，将滋养他们的心田。

实现远大理想，需要有才华支撑，而才华来自学习和历练。莎士比亚说:"时间会成全一切。凡事开始最难,然而更难的是何以善终。"

浑浊之水,因沉淀而澄清;浮躁之人,因沉淀而稳重。让阅历沉淀成智慧;让飞扬的情绪沉淀成宁静的心灵。

二

2022年7月17日,我应邀赴小汤山现代农业科技示范园参加好朋友组织的聚会,其间有人提到,现在很多年轻人拍完照片喜欢迫不及待地发朋友圈,不会等一等,让照片"沉淀"一会儿。

也许有人会觉得很奇怪:照片又不是饮料,怎么能够"沉淀"呢?其实,沉淀的不是照片本身,而是摄影者的思路。影像传播不是有闻必录式的拍照,而是相机背后那一双眼睛的观察与思考。拍完照片,还要取舍和后期制作。为了加强传播效果,通常需要给图片配上文字说明。好的文字说明能够使照片锦上添花,差的文字说明会拉低照片的档次,影响传播效果。等待的过程,其实就是完善影像传播内容的过程。

由此想到中国画创作。"大胆着笔,小心收拾",用笔时要大胆,胸有成竹,潇洒挥毫而不迟疑,但到了"小心收拾"的环节,则不妨等一等、看一看。像鲁迅先生写文章那样,写好了一篇文章,搁置在一旁,等三五天后再去看它改它,说不定会有很多之前没有的灵感冒出来协助你。

随着科技的发展,影像传播以其便捷、直观、形象而受到广大青年朋友的青睐。很多青年朋友喜欢有事没事发个朋友圈,分享自己生活中的点点滴滴,这是热爱生活的一种表现,无可厚非。我说的"好照片需要沉淀",是从传播效果来说的。古人说的"三思而后行",就是让思绪飘飞的时间更长一些,凡事不要匆忙下结论,要让自己的判断建立在充分论证的基础之上。

2021年，本人率"大美中国行"采风团赴浙江衢州采风，其中有一晚住在江山市，摄影家们次日凌晨四点不到就起床攀登江郎山，目的是拍江郎山日出。摄影家们在黑乎乎的山顶要静静等待一个多小时。这种等待不但没有使摄影家疲惫，反而让他们兴奋。

由此想到一句俗话"好饭不怕晚"。在对待孩子的教育问题上，"等待"也许是家长们的优先选项。纵观古今中外，真正打大胜仗者，并不在乎一城一池的得失，而是通盘考虑，直指最终胜利的目标。孩子一次考试失利，家长大可不必为此焦虑，甚至于责备孩子。有的男孩子在小学阶段比较贪玩，常常忘记做作业，或者作业不能按时完成。家长得知后大可不必发"雷霆之怒"，只需要跟孩子促膝谈心，让他懂得按时完成作业的重要性即可。因为贪玩本身并不是坏事，关键是怎么玩，跟谁一起玩、玩什么。很多教育家都倡导"在玩中学"，也就是说"兴趣是最好的老师"。很多热衷于编程的男生，就是把编程当游戏玩的。小学阶段的小男孩精力旺盛，喜欢到处跑，只要不干出格的事，在保证安全的前提之下，跑得满身大汗，还是锻炼身体的一种好方式呢！因此，要懂得给孩子"懂事"的时间和空间，不必时时关注、事事干预。

延伸阅读

由此可见，目的性明确的等待，不但不会使人感到无聊，反而会让人感到充实。譬如说，你去市民中心、银行或医院办事，往往享受"叫号"服务，在等待叫号的过程中，你完全可以看一会儿书，思考一下当前需要解决的问题。总之，等待的过程只要安排得当，并不会让时间白白流逝掉。

凡事，善始易，善终难。处世，浮躁易，沉稳难。只有耐得住成长的寂寞，经受得起时间的考验的人，方能在日后"不鸣则已，一鸣惊人；不飞则已，一飞冲天"。

等待，使人从容；等待，使人睿智；等待，使人成熟。在教育孩子的事上，家长们也应牢记：事急则变，事缓则圆。请给"等待"以时间吧！

第五辑

努力请从早起始

努力请从早起始

小白说她病了，精神萎靡，全身乏力，吓了我们一大跳，细问是得了"假期综合征"。放暑假了，小白选择躺平，理由是"我在学校学习要早睡早起，已经很辛苦了，现在放暑假了，就应该想吃就吃，想睡就睡"。结果两个月过去，她自己都觉得难受得不行。作为她朋友的爸爸，我忍不住要念叨两句，不知道小白听不听得进去。

"黎明即起，洒扫庭除，要内外整洁"，这是《朱子家训》开篇的话。我的朋友当中很多人习惯早晨作业，或读书，或写作，往往是利用吃早饭前的一小时左右时间，心无旁骛，专心写一篇文章或看若干页书。所谓学问，就是这样日积月累而成的。

早晨空气好、记性好，早晨的时间不用来学习，实在是可惜。而且，从中医的角度来说，早晨睡懒觉，对身体有害无益。现在年轻人习惯于熬夜，早晨往往起不了床。虽然年纪轻，体内阳气充足，但也经不住日蚀夜耗。长此以往，好身体终将被掏空。早睡早起身体好，这是尽人皆知的道理，偏偏现在有很多年轻人不以为意。古人强调"日出而作，日落而息"是有大智慧的。其实不独人类，很多动物也是遵循"日出而作，日落而息"这一规律的。太阳落山之后，温度开始降低，植物停止光合作用，改为吸收氧气释放二氧化碳。也就是说，到了晚上，植物在与人类争夺氧气的呼吸量。你日落而息，就能减少体能消耗，维持机体平衡。

一日之计在于晨。早起使一天的生活有了一个良好的开端，就像写文章一样，等于开了一个好头。你可以倒一杯温开水，在书桌前享受片刻宁静；可以在备忘录上写几条当天的计划，从容面对已经到来的新的一天。当你迎着朝阳去上班，心情一定是轻松而愉悦的。《早起的奇迹》一书的作者说，不管你的身份或职业是什么，早起都可以让你超越95%的人。他提出一个SAVERS人生拯救计划，听上去有点玄乎，但如果真的能做到早起静心、锻炼、阅读、书写等几件事，人生真的可能会发生改变。早起的意义不仅仅是争夺了一点时间，更重要的是，早起会令整个人的精神面貌变得振奋昂扬，当你呼吸到清新的空气，注意到美丽的晨曦，会情不自禁地赞美生活，体内仿佛奔涌着一股不竭的动力。这样的体验，不是真正坚持了早起习惯的人是无法获得的。

早起的好处，人所共知。为什么会有那么多的人，尤其是年轻人置若罔闻呢？看来，中医养生知识教育要从娃娃抓起。睡觉是最简单的养生方法。中医认为，子午时辰睡觉对人体机能修复至关重要。子时、午时都是"阴阳交替"的时候，适合沉下心来休息，以适应外界环境的变化，维持阴阳平衡。如果懂得这个道理，就不会有那么多的年轻人熬夜，尤其是在前半夜熬夜了。肝脏在夜晚人睡觉时排毒，晚睡会导致人体毒素无法排出体外，轻者会产生色斑、痘痘等皮肤问题，重者会导致生物钟紊乱，表现为记忆力下降，精神不振，食欲下降，烦躁不安，以至于猝死。要知道，该睡时不睡，该起时不起，是最不划算的时间经营观。在你睡懒觉的时候，早起的人们已沐浴在阳光里了。

表面上看，无法早起，是因为前一天熬夜忙学习，实际上是做事没计划，不会统筹安排时间，或者说意志力不够强。要做到早起其实并不难。按时吃晚饭，睡前不看手机等生活习惯的养成，都有助于早起。

早起是一种美德，早起是一种自律，早起是一种习惯。每一天都是一个完整的生命，早起，就是掌握对自己生命的自主权。我们常说的一句话是"要把钱用在刀刃上"，套用一下，我们应该把时间用在刀刃上，而早起，就是有效利用时间的最好方式。曾国藩在信里经常提到特别土的八字真经："考、宝、早、扫、书、蔬、鱼、猪。"训诫家人要从早起、洒扫、种菜、养鱼、喂猪这些最切实的小事做起，达到修身齐家的目的。今天我们尤其是孩子们早起后当然不必也不可能做种菜、喂猪之类的事，但一早锻炼或读书却有百利而无一害。在家长的引领下，孩子一旦养成早起的习惯，每天晨读不辍、晨练不歇，很难不优秀。

延伸阅读

假期综合征的发病原因在于打乱了正常的生活规律，导致身体的免疫力下降。看起来躺在床上休息的时间很长，其实对身体不但无益，反而有害。最好的方法就是将学习任务进行划分，分解成若干个小任务一个个去完成，这样可以慢慢地调整心态，回到最佳的学习状态。

孩子患隐形假期综合征的原因在于自认为学习是一件苦差事，而不是一件有趣且有意义的事，于是他们选择用短暂的放纵来麻痹自己、安慰自己。结果发现，"心如平原走马易放难收"。因此，家长要教育孩子从每一天的早起做起，养成好习惯。

第一天和最后一天

小白是女儿的朋友，2021年年初，我遇到小白的父亲，没有想到他是业界首屈一指的人物。小白提出想学烹饪时，他毫不犹豫地给予肯定和支持。他认为应该充分尊重孩子的选择，让孩子去做自己喜欢做的事，但不可三天打鱼两天晒网。无论你从事什么职业，都不能好高骛远，而应该咬定青山不放松，一以贯之地朝着同一个目标去努力，须牢记"有志之人立长志，无志之人常立志"。小白父亲后来成了我的挚友，真可谓志同道合者也！

古人说："吾日三省吾身。"我想，我做不到像古代圣贤那样"日三省吾身"。我总可以做到"年三省吾身"吧！每年元旦或元旦的前一天，我都会有一种历史的庄重感。年龄渐长而学业无成，令我惶恐不安。因此，有时我会写下一篇反省自己的文字；有时我会把自己关在房间里沉思半天。

年末的最后一天和年初的最早一天，那是多么神圣的时间啊！年轻人崇尚"跨年晚会"，在热闹之余，最好也能够静下心来，梳理一下一年来自己所做的事，想一想新年的努力方向。

2023年元旦，我特意约《中国美术报》的好友到中国摄影家协会的小会议室一起画画，我俩合作了两幅国画，一幅冷梅图，一幅松鹤图。因为有策划、有想法、有行动、有成果，这一天感觉就特别充实。

随着年龄的增长，我越来越怕浪费时间，想尽量多做点有意义的事。从事出版工作，最大的好处就是天天要看书，等于天天在学习。学习使人进步，这是颠扑不破的真理。

又是一年元旦。这一年开始的第一天，应该怎么度过？每年的这一天都是假期，除了干必要的家务之外，我要给朋友们发微信问候以及回问候微信。因为各行各业的朋友多，发微信要占用我的一部分时间。我觉得这种对朋友关系的打理是十分必要的。我们要对无效社交说"不"，但要珍惜生命中那些美好的遇见，常怀感恩之心，常念相助之人！

每年的第一天和最后一天，如果时间允许，要尽量和家人尤其是孩子一起度过：一起做有意义的事，一起做家务，一起做总结，一起做规划。

记得有一位著名作家曾说过："一个人至少拥有一个梦想，有一个理由去坚强。心若没有栖息的地方，到哪里都是在流浪。"我们终其一生，都在寻找生命的意义。人生就是一个过程。生命是由一年一年、一月一月、一天一天的时间组成的。我们每年都规划好自己的年度计划，实际上就是规划好了自己的人生。理想不是漫无边际的空想，而是由一段又一段真实的旅程接续而成的。

年轻的时候，就应该出去多看看世界。这样有利于真正的"世界观"的形成。我们的人生观和价值观是建立在世界观的基础之上的，一个人不可能脱离世界而存在。

延伸阅读

利用好每年的第一天和最后一天，究其本质，是教育孩子对时间要有敬畏之心。面对岁月流逝,要有"一寸光阴一寸金"的惜时意识。在充满仪式感的氛围里,在特殊的日子里,总结过去,展望未来,有一种庄重感让人铭记。

识得苦难真财富

在我身边,就有这样真实的案例:一位在985名校读本科的女生,得知母亲患了癌症,毅然决定休学一年陪母亲治病。一夜之间,孩子成熟了许多。我相信,苦难是一种财富。我祝福这个有孝心的孩子,相信在她的精心陪护之下,她的母亲一定会否极泰来。我更相信,这一年的休学经历,会让她收获更多的成长,学到许多课本上没有的知识。

"艰难困苦,玉汝于成",贫穷、疾病以及天灾等种种不幸的遭遇,往往能够磨砺一个人的意志,使其发愤图强,终成大器。古往今来,从困顿中崛起的人和事不胜枚举。司马迁《报任安书》中的这段话,每个中学生都应该耳熟能详吧:"盖文王拘而演《周易》,仲尼厄而作《春秋》。屈原放逐,乃赋《离骚》;左丘失明,厥有《国语》……"这种吃苦耐劳、迎难而上的意志和信念,已成为中华民族品格的重要组成部分,根植于每一个中国人的血脉之中。

苦难是财富。现在很多年轻人似乎想经苦难而不可得。生活安逸,可以躺在父辈的功劳簿上享福的人不在少数。生活条件好了,"苦难"这个词,对很多孩子来说,似乎有些遥远。事实果真是如此吗?非也。

不畏将来

有的人一遭遇苦难，就怨天尤人。《孟子》中说："故天将降大任于是人也，必先苦其心志，劳其筋骨，饿其体肤，空乏其身，行拂乱其所为，所以动心忍性，曾益其所不能。"纵观中华民族的历史，那些肩负重大使命的杰出人物，都曾饱经忧患。历史已经证明并将继续证明，只有在艰难困苦中自觉磨砺意志、修炼性情的人，才有可能"大鹏一日同风起，扶摇直上九万里。假令风歇时下来，犹能簸却沧溟水"。

"苦难"是一个相对的概念，更多的苦难源自我们的内心感受。如果你内心有坚定的信念，立志一定要考上自己心仪的大学，那么在备战高考的过程中，再多的挑灯夜战也不会觉得苦，再多的题海战术也不会觉得难。如果你立志要画一幅反映时代精神的大画，那么即使遍访五岳、废稿万千也不会觉得累。

为什么说"穷人的孩子早当家"？是因为他们经历过苦难，懂得生活的不易。苦难是命运的试金石，与其把时间和精力耗费在哀怨、彷徨和迷惘上，不如直面人生。心胸广博了，苦难就缩小了。先苦后甜是人生的规律。苦难给了人磨炼自己意志的机会。一个人不可能永远在顺境之中，起起伏伏是人生的常态。有些坏事的出现，也许正是冥冥之中的命运在成全你。

我无意于美化苦难，只是从本质上说，艰难困苦乃是人生真相。谁不得经历一些磨难，谁不曾遭受过困厄？作家史铁生甚至说过，其实每个人都是"残疾人"，因为你总有达不到的愿望、够不到的目标。当然，也会有一些处于特别境遇里的人，他们成长路上的底色相对阴沉，但这绝不意味着他们的人生与阳光无缘。

苦难是一种财富，对于写作者而言，苦难是双重财富。虽然在人生经历中，你会受伤，会痛苦和彷徨，但酸甜苦辣才是人生的真味。吃过苦的人，会真正懂得甜的可贵！摔过跤的人，才能真正享受奔跑的乐趣。关键是要有在哪里跌倒就从哪里爬起来的勇气、愈挫愈勇的精神、披荆斩棘的智慧和能力！自助者天必助之！

延伸阅读

　　一个人心智的健全和成熟，是在不断经历困难、遭受苦难的过程中完成的。孟子举例说："舜发于畎亩之中，傅说举于版筑之间，胶鬲举于鱼盐之中，管夷吾举于士，孙叔敖举于海，百里奚举于市……"倘若孟子活到现在，不知该举出多少"玉汝于成"的例子来。

　　苦难不是我们的错，是一个机会。苦难比幸福更有助于成长。父母要教育和引导孩子从自身经历中寻找智慧、勇气和力量。你是谁？你想成为怎样的人？你需要怎样的伴侣？答案都藏在苦难里。

品尝生活的真味

2022 年 7 月 13 日上午，携小女一起参观位于北京市朝阳区百子湾路苹果社区北区的绿洲图书馆。正在值班的负责人李老师告诉我，这是一家面向儿童的图书馆，她相信通过引导阅读可以帮助孩子树立正确的价值观，而对于学龄前和小学低段的儿童来说，通过阅读指导，形成科学的阅读方法，养成独立的阅读习惯，比教会他们背多少首唐诗、多少篇课文更重要。我问："图书馆指导孩子阅读与学校老师授课有什么区别？"李老师答："我们指导孩子在玩中学，譬如说今天很高兴，就从古诗里寻找高兴的诗句，让孩子明白，哦，原来很高兴可以这么说；假如今天妈妈没有按时下班，宝宝想妈妈了，也可以从古诗中寻找思念父母的诗句，让孩子学会用古诗词来表达生活的感受。"多好！原来学习古诗词一点也不枯燥，融合在生活中的教育，才是真正"润物细无声"的教育。

我们每天都在生活之中，生活还有什么可以说的呢？事实上，很多人并不懂得生活。生活是比生存更高层次的一种状态，泛指人的日常生活行为，包括学习、工作、休闲、社交和娱乐等。在物资匮乏的年代，人们终日为饱暖而奔波。这样的生活只能叫生存。如今，"对美好生活的向往"已成为人们共同的奋斗目标，今日"生活"之概念自然与往日不同。

生活中如果缺失了艺术,那么就像菜肴里没有放盐,是索然寡味的。教育家陶行知先生说"生活就是教育",我完全赞同。真正的教育从来不会脱离生活而存在。诚如陶行知先生所言:"千教万教,教人求真;千学万学,学做真人。"这才是教育的真谛。而真正的生活绝非"在现实世界里饰演他人",而是在亮着万家灯火的人间表现最真实的自己。

在小女读小学时,我坚持每天早起自己开车送女儿上学,后来得知有一位邻居的孩子跟小女在同一学校读书,于是便与邻居拼车,每人轮流接送孩子一天。有人认为,如果条件许可,接送孩子这种活完全可以交给司机去干,其实不然,送孩子上学的路上是与孩子交流的黄金时间,也是亲子关系得以巩固的有效途径。到了小学高段,常常让孩子一个人坐公交车回家,因为乘坐公交车的经历,也是这个城市生活的一部分。回家后,与孩子分享一天来的所见所闻,让孩子感知人间烟火和世上冷暖,受到向上向善向美的熏陶,就是最好的教育。

电视剧《渴望》片头曲《好人一生平安》开头这么唱:"有过多少往事,仿佛就在昨天;有过多少朋友,仿佛还在身边……"往事来自哪里?来自生活。每个人的生活都是一幅五彩斑斓的画卷。做父母的要重视对孩子的生活技能教育,让他们参与到家庭生活的细节中来:一起包饺子,一起拖地,一起买菜……不要让他们除了学习还是学习。假如家长只重视孩子的学习成绩,那无异于舍本逐末。

延伸阅读

俗话说,"穷人的孩子早当家"。《红灯记》中李玉和夸赞其女李铁梅从小目睹父母的辛劳、体验生活的困苦,有着奋斗与吃苦的自觉。学习的目的也是过上更好的生活,向生活本身学习是教育的应有之义。人生的智慧都包含在生活的点点滴滴之中,假如你不想培养出一个"连韭菜和葱都分辨不清"的书呆子的话,那么,从今天开始就教会孩子基本的生活技能吧!

归期未定说挂念

2022年7月9日上午，收到友人吴君从老家浦江乌浆村发来的问候："在哪？"我回答："京。""何时回来？家乡人都想你了！""归期未定，随风飘荡。"呀，刚刚不久前，友人何君从老家发回来微信问候，问同样的问题，我做同样的回答。

当天去钓鱼台山庄会约山鹏兄一起画画，我一连画了四幅寿桃图，其中三幅由山鹏兄落款。挂念是因为有共同的爱好。喜欢画画的人在一起，画多久都不觉得累；喜欢旅游的人在一起，行遍千山万水都不觉得远；喜欢读书的人在一起，可以围炉夜话秉烛夜谈通宵达旦。为何？志趣使然也。

疫情的不可预知性，将很多计划冲刷得七零八落，所幸我有朋友们坚固的友谊，即使在小区管控的日子里，依然能够不断收到来自遥远地方的问候。

挂念是一种心理的感应，人与人之间的交往，首先要彼此投缘、心气相通，彼此之间都能感受到对方的善意，这种善意让人心安。精神愉悦，才会主动联系对方。朋友为什么会挂念你？说明你对朋友有所助益。好人缘不是从天而降的。一个人能够将心比心、换位思考，经常站在他人的角度考虑问题，那么他一定会广受欢迎。

不畏将来

　　友谊何以产生？是因为共同经历的那些人和事，给人留下了珍贵的回忆。有的人信奉"万事不求人"，老是怕麻烦别人，其结果是朋友稀少，势单力孤。既然是朋友，就要彼此"麻烦"、相互帮助，就要经常挂念、不时问候。

　　俄国诗人普希金在《假如生活欺骗了你》一诗中写道："假如生活欺骗了你，不要悲伤，不要心急！忧郁的日子里须要镇静：相信吧，快乐的日子将会来临！心儿永远向往着未来；现在却常是忧郁。一切都是瞬息，一切都将会过去；而那过去了的，就会成为亲切的怀恋。"与朋友交往最重要的是以诚待人，把握当下。

　　常言道："物以类聚，人以群分。"今天在山鹏兄处吃中饭前，来了两位老朋友，自带食材，到厨房里动手烹饪，菜成，大家一起享用，一起聊天，都有一种"宾至如归"的感觉。跟积极向上的人在一起，会感受到阳光、快乐和温暖。快乐是一种情绪，会彼此感染。

　　我挂念朋友，或者被朋友挂念；我与朋友盘桓于书房，或逗留于画室……都是基于一个"诚"字，以诚心待人，则人亦以诚心待我；以诚心游于艺，则同好者可长久相与，相看两不厌。从小到大，我女儿都受到我这种衷心之诚的影响，也一直有好朋友相往来。她有幼儿园时期缔结的友情，持续二十年，而至今不淡；也有远在天边少相聚的友谊，跨越太平洋，却依然保鲜。

延伸阅读

　　挂念是人类最朴素的情感，在诗人的笔下，更是别有一番意境。"花径不曾缘客扫，蓬门今始为君开"是杜甫诗歌《客至》里的名句，如今被当作书法作品高悬在我办公室的墙上，时时感悟诗圣笔下的友情。唐五代道士吕岩在《梧桐影》一词中写道"今夜故人来不来，教人立尽梧桐影"，表达了久等朋友不至，依然坚信朋友不会爽约的心情。我相信这种心理体验，很多人都曾有过。而"有约不来过夜半，闲敲棋子落灯花"表达了因客人久候不至而内心的焦躁心情。诗人在百无聊赖之际，感觉到灯芯很长，笃笃的敲棋声将灯花都震落了。

人不可能脱离社会而存在。作为有感情的动物，每个人都像是一只被放飞的风筝一样，线的另一头永远连着你的家乡、祖国和亲朋。无论你走多远，都走不出牵挂你的人的视野。

为生活而艺术

2022年6月23日，聆听了中国摄影家协会主席李舸题为《为生活而艺术》的讲座。李舸主席在讲解摄影史并引用各个历史阶段的摄影作品时，播放了同一时期甚至是同一年份问世的乐曲。这种音乐和图像交融呈现的方式，给人留下了深刻的印象。受疫情影响，近三年来，很多摄影家取消了外出采风等创作计划，改变了创作方向，把镜头对准自己所居住的小区，甚至跟拍自己家人生活的日常，由此涌现出许多富有人间烟火味、很接地气的摄影作品。

艺术就是生活，生活就是艺术。我想说的是，没有艺术的生活不叫生活，只能叫生存。艺术的出现，极大地提升了人类的生命质量。艺术的作用，不仅美化了我们的生活，而且温暖了世道人心。可以毫不夸张地说："艺术使人生更美好。"

阿炳的《二泉映月》已成为人间绝响。世界上类似阿炳这样的民间艺术家有很多，他们的物质生活也许很贫乏，但精神上非常富有。我主张每一个人在解决了温饱之后，都要尽可能地学一门或几门艺术，让艺术来陶冶自己的情操，丰盈自己的精神世界。有的人认为自己没有艺术细胞，学不了艺术，这也不要紧，不会艺术可以欣赏艺术。要在生活中，通过耳濡目染和潜心向学，努力提高自己的艺术素养。让艺术融入自己的生活当中。

　　有的人一说艺术，就想到钢琴考级、舞蹈晋级，仿佛只有专业从事艺术工作的人，才配与艺术结缘。殊不知，艺术和生活早已水乳交融。你有心涉猎最好，无意插柳也能成荫。音乐、美术、摄影等艺术，都是世界通用语言。人们在生活中应多接触一些艺术门类，提高自己的鉴赏水平。多年以前，我曾以金华市少工委委员的身份，应邀参加温州南麂岛中秋赏月的联欢活动。按照游戏规则，所有参加活动的人都要表演一个节目。我表演的是诗朗诵。是夜，皓月当空，蔚蓝色的海水拍打着金色的沙滩，令人心旷神怡。我即兴背诵古人写的十首诗，并在朗诵前言明自我要求"诗中必须兼有明月和大海的双重意象"。我从张若虚的《春江花月夜》开始背诵，一连背了十多首。唐诗宋词中的明月大海与现实中的明月大海交相辉映，斯时斯景深深地刻在当年同行者的脑海里。这就是艺术的力量。

　　先民们"手之舞之，足之蹈之"所喊的劳动号子，就是艺术。艺术并非高不可攀。三岁小孩就会涂鸦。艺术之心也就是诗心和童心。认为天地之间一切都可爱，人间万物皆有情，所有美好的事物都值得歌颂。怎么歌颂？于是人们发明了诗词歌赋，发明了绘画、舞蹈和戏剧等艺术样式，用以表达自己的梦中所盼、心中所想，歌颂真善之美、真情之好。

　　我这种有点偏执的"艺术化的生活"或"生活化的艺术"，是不是也曾"赋能"身边人尤其是女儿，我无法评估，但我相信她之所以热爱写作、对文字有敏感、对生活有见解，多少是受到了一些潜移默化的影响吧。著名电视剧制作人黄澜的父亲从小对他比较严格，称得上是"虎爸"，每天逼她写日记，甚至"连画等号都要我用尺子"。但黄澜也在一档节目里说道，她从小记得父亲经常与作家、诗人朋友们在家里一起大声讨论文学艺术的场景，他们一会儿朗读，一会儿吟诵。也许正是此类场景在不知不觉中牵引着她、召唤着她走向文艺相关的领域。奠定一个孩子的志趣方向的，一定不是具体的功课辅导之类，而是那些更泛在、更日常化的场景，是它们无形中对孩子所构成的引力。这样的引力是一种最浑厚的家教。

延伸阅读

　　我们学习艺术的初心，是用以丰富自己的生活，提高自己的审美能力，充盈自己的心灵。生活美学的核心诉求，就是让人人都成为生活艺术家，将各自的生活都过成艺术。诚如李舸先生所言："对我而言，摄影就是换个角度去思考问题，通过创作来完善自己的生活经验和人生历程。"由此想到，我们学习并不是为了应付考试，而是为了提升自己的综合素养，以便找到用武之地，实现自己的人生价值。

惜食者有福报

2022年6月8日晨，家乡父母官来电告知，浦江平安中心幼儿园将于今年9月开园，嘱我寄语一二。我想说的是：与人为善和助人为乐，是人格塑造的最要紧处。教会孩子爱惜粮食，比教授他们文化重要；教会孩子懂得感恩，比教会他们才艺重要；教导孩子珍爱生命，比教授他们知识重要。家长期盼孩子平安一世，快乐一生，"平安"二字值千金，幼儿园既以"平安"为名，就应该高擎"平安"大旗，引导小朋友们爱惜粮食，谨防"病从口入"。

惜食，珍惜粮食，对于经历过大饥荒的人来说，就是一种深入骨髓的自觉，根本无须人教的。然而，对于"在蜜罐里泡大的孩子"来说，大多不知惜食为何物，还是值得认真说道说道的。

很多儿童都会背古诗"锄禾日当午，汗滴禾下土。谁知盘中餐，粒粒皆辛苦"，但是，为什么会"粒粒皆辛苦"？却很少有人能说出所以然来。究其原因，是因为缺乏农事体验，想象不出"锄禾日当午"的真实场景。

古人有联云："惜食惜衣，非为惜财缘惜福；求名求利，但须求己莫求人。"意思是说，珍惜衣食不只是为了珍惜钱财，更重要的缘由是为了珍惜福分；追求名利无可厚非，但要依靠自己的艰苦努力，通过正当的途径来获得，不需要求人。

　　如果你参观粮食博物馆，就可以真切地感受到在生产力不发达的古代，一个人能吃饱饭就是件无比幸福甚至幸运的事情。所以千万别像那个晋惠帝一样，听说老百姓没饭吃了，就来一句："何不食肉糜？"事实上，连皇帝的饮食也未必如我们想象的那样总是满桌子堆着山珍海味。有一部古装剧里的魏王曹操，饭碗里只有一点米饭和青菜，有食物掉地上了他还捡起来吃，吃好以后他甚至把刷碗水连同剩余的饭粒儿一并吃下去了。这样的场景可能更加接近真实。所以古人说："一粥一饭，当思来之不易；半丝半缕，恒念物力维艰。"顺便说一句，我多次带着女儿参观杭州凤凰山脚下的中国丝绸博物馆，看到那一架架老式的纺车，可以想象到纺织娘在深更半夜一梭一梭织布纺纱的辛苦场面。

　　导致青少年对浪费粮食的行为不以为意、习以为常的原因是多方面的，关键是他们没有饿肚皮的经历。而承担着教育职责的社会、学校和家庭则长期忽略了"惜食教育"。

　　"一粥一饭，当思来之不易；半丝半缕，恒念物力维艰。"——《朱子家训》中有很多古人的智慧，可惜现在已不要求孩子们从小背诵了。为什么要惜食？其实不仅仅是为了节约粮食，还因为"惜"字背后有乾坤。诸葛亮在《诫子书》中明确提出了"俭以养德"的教育观，认为节俭有助于养成质朴勤劳的德行和操守。

　　惜时和惜福有着直接的关联。有的年轻人很聪明，通过电商平台，在学习之余，动动鼠标，就可以轻轻松松地赚钱。他们往往会认为："我花自己的钱买吃的，吃不掉就扔了，谁管得着？"其实，这是认知上的一个误区。钱是你的没错，但资源是社会的。你浪费了社会的资源，就应该受到谴责。

　　古人将"惜食"和"惜福"并列，是含有深意的。任何一种食物，都蕴含着日月之精华、自然之恩赐，都是劳动所得。人，贵为万物之灵，没有食物则无法生存。由此可见，食物于人有恩。吃了饭，剩下一半，说自己吃饱了，扔下碗筷走人，让家人或食堂工作人员来帮你"收拾残局"。这表面上看是浪费粮食，不珍惜劳动成果，本质上既是对他人的不尊重，也是对自身福报的漠视。

为什么要加强对孩子的惜食教育？是因为懂得惜食的孩子，才会真正明白父母含辛茹苦供养自己读书是多么的不容易，才会懂得万物有灵，一颗米、一片瓜、一块肉，凝聚着长辈的爱和温暖，寄托着家国的希望和未来，不可轻言丢弃。懂得惜食的孩子，会持家，会顾家，做事有计划、有章法，更重要的是，会顾及他人的感受。

很多学校也开设了"食育"课程，这很好，但不够。家庭里，也要有餐桌上的教育学。家庭教育从来不是单向的、居高临下的输出，更不是靠言不由衷的说教和强人所难的灌输，它必定是以家长的自我修养为起点的，也就是父母必须"从我做起"。不是有这么一句话吗？——你期待在孩子身上看到什么样的品性，他们在我们身上看到的，将来我们也会在他们身上看到。

延伸阅读

老一辈人有一个习惯：倘若吃饭时不小心把米饭掉到桌上了，会马上捡起来吃掉。米粒背后连着老百姓朴素的惜福观，是中华民族传统美德的一种无声体现。陶行知先生说"生活即教育"。幼儿时期的教育非常重要，很多行为习惯往往在幼儿时期就养成，并影响终身。家长送孩子上幼儿园，不要过于关心孩子会识多少字、算多少道数学题，而更应该关注孩子做事是否有条理，午餐时是否老剩饭？跟其他小朋友之间能否友好相处？

童心一念即为善

2022年6月1日一大早，好朋友亚男通过微信从杭州给我发来一剂"药方"："一味好奇，一味热爱，一味相信，一味孤勇，一生一心，六一快乐！"

好朋友星桦，给长女取名"童心"，寓天真永驻、快乐相随之意也；给次女取名"童予"，寓给予、赋予之意也。给予比索取更快乐，而童心乃快乐之源。星桦是我国第一家互联网银行腾讯微众银行的发起人和股东之一、深圳市清华大学校友会紫荆同学会主席。他不但以身作则，经常为灾区人民捐款捐物，还带着年仅几岁的童心童予小姐妹参与这些慈善活动，从小培养她们的爱心和同情心，塑造她们与人为善、助人为乐的品格。

我向来相信中医，对于《黄帝内经》《神农本草经》和《本草纲目》等中医经典中引述的中草药名略有所知。而当"好奇""热爱""相信"和"孤勇"作为中草药名出现在我视野中时，内心还是受到震撼的。毫无疑问，这是从哲学角度提炼出来的"中草药名"，专治被人情世故磨损了的"童心消泯症"。

是啊，我们要像孩子那样看世界，对天地万物都保持一颗好奇之心。因为好奇是一切创造力的发动机。我们要对生活充满热爱，这种爱的热度，不随年龄的增长而消退。我们要相信一切美好的事物，像小时候那样渴望过年，渴望穿新衣裳，渴望在冬天里打雪仗，在夏日里拥有一支冰激凌。我们要有一颗"虽千万人，吾往矣"的孤勇之心，面对滚滚红尘，保持"出淤泥而不染"的本色。人生旅途本寂寞，面对挫折要勇敢。

童心是一个人最可宝贵的品质，是人在饱尝人生的酸甜苦辣之后，依然保持内心深处最真最纯的部分。我们常常用"童心未泯"来形容一个人的纯真情怀。我的微信图标里一直保留着一个跳绳的图案：一男一女两个小朋友在摇绳，而中间一梳辫子的小女孩在跳绳，绳子上方有八个字"保持童心，永远快乐"。这是我最喜欢、经常使用的图标。

童心，就是孩子气，就是时时葆有儿童般的心情。宋代陆游《园中作》诗云："花前自笑童心在，更伴群儿竹马嬉。"每一个成年人都曾经是儿童，每一个成年人都是永远的"超龄儿童"。因此，我们不妨把儿童节看作"成年人缅怀童年节"。只有永葆一颗不掺杂任何杂质的本心，才能进入陶行知先生所倡导的"千教万教，教人求真；千学万学，学做真人"的境界。

人之初，双眸是清澈的，心地是清纯的。童心就是真心。好友建成兄在发给我的儿童节祝福语中说："愿我们人老心不老，知足不贪，没有心机，不玩心眼，跟小孩一样，眼里有光，心存善良。"

我很开心，在儿童节这一天能收到很多祝福微信。这当中，很多祝福语具有很深的哲学意味，譬如"使生活如此美丽的，是我们藏起来的真诚和童心""心中有趣，便是童真"……

延伸阅读

是啊，童心是善良的代名词，是向上向善向美的原动力，是向南向阳山坡上的一抹朝霞，是无须张扬的优秀，是你我心中永远的圣洁之地。

成功请从日课始

　　享年仅五十五岁的鲁迅先生给世人留下了六百四十万字的精神文化遗产。有人做过这样一个统计：鲁迅从 1918 年 5 月发表第一篇小说《狂人日记》起，到 1936 年 10 月逝世为止，他每年平均写作三十五万多字。"时间就像海绵里的水，只要愿意挤，总还是有的"——这是鲁迅先生的经验之谈。现在很多作家用电脑写作，一年用键盘敲打几十万字也是有的。而今天我们所能目睹的鲁迅手稿，都是用毛笔写成的。且不要说创作，就是让你一年用蝇头小楷抄写三十五万字，都不是一个轻松的活儿。

　　所谓日课就是每天要做的功课。在我的朋友圈里，坚持日课的人很多，有的人坚持每天写一首诗，如杭州市文广新局原局长陈先生、黄山市文化委员会原党组成员吴先生；有的人坚持每天用毛笔写一封信札、一篇日记，如嵊州市文化广电旅游局副局长张女士等等。

　　每天坚持做一件有意义的事，说起来容易，做起来难。当今社会，生活节奏、工作节奏都很快，一些人常常忙得昏天黑地，觉得时间不够用。其实，时间对于每个人都是公平的。就看你怎么安排。2014 年，我提出"一日一诗"倡议时，有人惊呼："一日一诗，庸常的生活里，哪里会有那么多诗！"殊不知，古人习诗，都是坚持一日作一诗的,这是一个由量变到质变的过程。

有一位老师,因为每天坚持做班主任工作实录,稍加整理,写成了一本《我的一天,我的一年》。里面的文字并没有什么美学上的修辞,也很少有经过提炼的闪光的观点,但却真实地诠释了一位育人者不仅仅作为"思考者"更是作为"行动者"的意义和价值,因此那些内容颇受同行喜爱。而且,写作无论采取什么样的方式,都已经内在地蕴含着自我审视和反思,因此哪怕只有"一日一段",也是有助于自己成长的。

日课说到底,是对一个人毅力的考验,是一个人自信、专注、果断和自制能力的一种综合体现。日课是毅力的表现方式。毅力是指一个人为达到预定的目标而自觉克服困难、努力实现的一种意志品质。这种品质包括愈挫愈勇的"心理忍耐力"、不达目的不罢休的"工作持久力"、自觉向消极怠工宣战的"自我革新力"。

日课说到底,是对一个人时间管理能力的考验。时间管理是指通过事先规划和运用一定的技巧、方法与工具实现对时间的灵活以及有效运用,从而实现个人或组织的既定目标的过程。时间管理者首先要确立个人的价值观。价值观好像是给孤航者设立一座灯塔。对于一个作家来说,每天安排一定的时间专心创作是有必要的;而对于一个渔夫来说,就没必要安排创作时间。每个人都要明确自己每天、每周、每月和每年的工作计划,然后严格按计划行事。

一般成功人士每天都会给自己设置半小时到一小时的"不被干扰"时间,仿佛有一个开关,把他自己的精神从纷繁的世俗里切割开来,真正进入属于自己的封闭思想空间,以便专注做某事。这样的工作方式,效率一定很高。

日课说到底,是对一个人专业水平的考验。假如说工作是一个人谋生的手段,那么事业就是一个人卓立于世的根本。而专业水平,是支撑一个人事业大厦的梁柱。

延伸阅读

家长要鼓励孩子坚持"日课",而且要带头"日课",为孩子做好示范。坚持日课就是要倒逼自己学习,"成功请从日课始"。日课要用心用情用功,不能流于形式。我们要自觉树立终身学习的理念,把握好每一个学习的机会,利用好所有的碎片化时间,以持久的耐心和专注的精神,通过日课来丰富自己的专业知识,提升自己的专业才能。经年累月,必定会大有收获。

幸福是人间烟火

2022年4月25日我在小区乘坐电梯时，碰到一位刚刚送完快递的中年大叔，在电梯里自言自语："现在年轻人怎么都不会烧饭呢！这个年轻人居然一次购买了两大箱方便面！"电梯里的人相视而笑，没人接他的话茬。大叔出了电梯门，摇了摇头，顾自走了。

有一位心理学家曾经说过，去菜市场买菜具有心理治愈功能。无论是去城市里的超市还是去农村里的菜市场或农贸市场，面对翠色欲滴、林林总总的蔬菜瓜果以及活蹦乱跳的鱼虾，会让人想到"生活是如此美好"，忘却烦恼。

狭义的烹饪指的是做菜，广义的烹饪指的是调和关系，处理矛盾。烹饪是一个人基本的生存技能。现在很多年轻人喜欢点外卖，认为吃外卖简单方便，进厨房自己动手烧饭做菜太浪费时间了。这种观点不但失之偏颇，而且是有害的。

年轻人，无论学习任务多重、工作多忙，都要记得"劳逸结合"，而自己动手买菜烹饪是一种非常好的调剂生活的方式。

烹饪讲究的是色香味俱全，不但要好吃，而且还要好看。2021年暮春，我曾带领一队摄影家去某地采风，发现同一场地，摄影家们取材、角度、构图不同，拍出来的照片完全不同。同样的道理，同一堆食材，不同的厨师，烹饪出来的菜肴也是完全不同的。就像是高考命题作文，不同的考生面对已知的写作素材，尽情发挥想象，写出来的文章也一定是迥异的。如果构思平庸，写流水账，那么写出来的文章，必定了无新意，是不可能得高分的。

  疫情期间，碰到小区隔离等情况，独居年轻人倘不会做饭，日子就难过了。一些聪明的家长，会从小培养孩子做菜烧饭的本领。他们在烹饪的过程中可以教会孩子认识不同的食物的品相及其功效，帮助孩子建立对食物的"感情"，同时教会孩子安全地使用炊具。与孩子共同烹饪的过程，其实是建立亲子关系的良机。这就是生活本来的样子。自己亲手做的饭菜特别香。食材经过烹饪由生变熟的过程，以及使食物原料色泽更加美观的过程，既能使人增添劳动的乐趣，又会给人以美的享受。

  烹饪之法，在于精耕细作。老子云："治大国，若烹小鲜。"这句话可以双重解读：一是说治理大国就好像烹调小鱼，油盐酱醋料要恰到好处，不能放多了，也不能放少了；二是说治理大国像烧菜一样难，应该像烧菜一样精心，两者都要掌握火候，注意作料。后人在此基础上演绎出多种说法，但我认为，最根本的是这两种。

延伸阅读

  烹饪的过程，其实是一个"五味调和"的过程。这使我想起小时候随父亲逛家具市场，农村里传统的碗柜都是刷红漆的，上面绘有牡丹等花卉以及四季瓜果图案，上面往往写着"风调雨顺、五味调和"八个字。由此可见，老祖宗是多么重视"吃"的问题啊！俗话所说"人生在世，吃穿二字"虽然是一种消极的人生观，但在物资匮乏的年代，却说出了很多老百姓的心里话。

  请家长和孩子一起走进厨房，学会烹饪吧！做自己喜欢吃的菜，做生活的主人！

第六辑

迟钝一些又何妨

让好习惯成自然

小杰的上课走神现象特别严重。虽然上课注意力不集中是孩子普遍存在的现象，但是像他这么不专注的却为数不多。小杰的父母平时工作很忙，因此照料孩子的工作主要由爷爷奶奶承担。爷爷奶奶对小杰百依百顺，使其养成想干什么就干什么、想吃什么就吃什么的坏习惯，而且给小杰买了一屋子的玩具。于是，小杰养成了贪玩的坏习惯。

我们常说"习惯成自然"。说某某人的习惯很好，某某人的习惯不好。说明习惯在一个人成长过程中的作用非常大。那么，什么叫习惯呢？习惯是指积久养成的生活方式，与个人成长环境中的生活习俗、道德传统和长辈经验等相关。

环境造就人，一个人习惯的养成，并非一朝一夕的事。当你意识到自己的习惯存在缺点时，要适时制定规划，努力调整行为方式，以期养成新的习惯。拥有良好习惯的人，往往具有明确的人生目标，长期坚持做正确的事情，有决心，有毅力，工作效率高。

"种下一个行动，收获一种行为；种下一种行为，收获一种习惯；种下一种习惯，收获一种性格；种下一种性格，收获一种命运。"——这是美国心理学家威廉·詹姆斯对"习惯"所下的定义。

习惯是一种思维方式。有的人习惯早起诵读，这是一种很好的学习习惯；有的人习惯每晚入睡前通过写日记的方式回顾当天的所见所闻所思所想，这是一种很好的记录习惯；有的人遇到问题喜欢举一反三、由此及彼，这是一种很好的求证习惯；有的人不喜欢人云亦云，崇尚独立思考，这是一种很好的思维习惯。

习惯是一种生活方式。有的家长喜欢晚睡，久而久之，孩子也养成了熬夜的习惯，这就是生活环境对一个人习惯的影响。有的人喜欢饭后散步，有的人喜欢串门聊天，在习惯中享受生活的乐趣。

习惯是一种处世态度。有的人习惯于做好事，认为天地万物都可爱，人生诸善皆奉行，觉得做了好事以后自己心情舒畅，相比于物质上的"给予"，自己精神上的"获得"更多。好事做多了，做好事就成了一种习惯。这种一再重复的思想行为，是具有惯性作用的，像转动的车轮一样。

如果说一个人幼时的生活习惯是在无意识之中形成的，那么，当一个人具备明辨是非的能力之后，就应该以强大的意志力和自制力，有计划、有目的地去训练自己的好习惯。正因为"习惯成自然"，因此，要养成好习惯殊为不易。但是只要我们有深刻的思想意识，强烈的内在需求，坚持不懈地朝着好习惯的目标去努力，习而成惯还是有可能的。

一个成年人，当你意识到习惯的重要性时，往往习惯已经养成。因此，很多人会喟叹"江山易改，本性难移"，对于改变习惯心生畏惧。其实，只要你认真制订计划，严格按计划去实施，假以时日，自然会养成新的习惯。譬如说，有的人在居家办公期间，除了完成日常工作任务以外，坚持每天锻炼一小时、阅读一小时。等疫情过去了，新的习惯也就养成了，岂不快哉？

延伸阅读

　　克服坏习惯，培养好习惯，是年轻人最有价值的人生功课。正因为是难事，因此也是好事。人的习惯是一个盘根错节的生态系统。有的人通过学习和实践，摸索出好的自学方法，因而使自己拥有良好的学习习惯；有的人因为祖辈是中医，从小接受中医理念的熏陶，因而养成了良好的养生习惯……好习惯犹如人生伴侣，如影随形，为你服务，使你受益。

　　习惯决定命运，影响人生的走向。

打造好人生底色

小玢学习成绩一般，有点内向敏感，但他父亲很注重对儿子的人格塑造，经常带他一起去看望敬老院老人、帮助福利院的孤儿。同时，还带儿子到建筑工地搬砖拌石灰，让他从小体会劳动者的辛苦。小玢大学毕业后回到家乡，成了一位自食其力的创业者。他遵纪守法，孝敬父母，勤劳肯干，与邻里的关系也相处得很好。认识小玢爸爸的人无不夸他养了个好儿子。

底色的本义是指打底的颜色，绘画时第一层着色，是决定整幅画基本色调的颜色。底色还是一个专用名词，指的是染纺织品前用作底层的颜料。

人生如画。我们每一个人就是自己人生这幅画的作者。人生的底色是什么呢？是你成长的经历，是你人生初始阶段所受到的教育，是你人格塑造最初的样子。人生的底色就是一个人从小养成的人生信仰、道德修养和行为准则。人生底色健康向上的人，一定能在漫漫人生旅途中无惧风雨，抵挡住形形色色的诱惑，保守住自己的本心。人生犹如调色板，可以有千万种颜色，但唯有底色是不能轻易改变的，我们要擦亮人生的底色。百折不挠是刘玄德的人生底色，乐观向上是苏东坡的人生底色，坚守信仰是夏明翰的人生底色……

自古成大事者，都能不忘初心，坚守底色。底色是定盘星，底色是家乡的山峦，底色是时代的印记，底色是事业成功的保险箱。

俗话说"三岁看大，七岁看老"。底色是一个人修养、气质和智慧的总和。我们了解一个人，常常会问他的原始学历、家庭出身、籍贯等等，却往往忽略了对其人生底色的关注和了解。因为底色如空气，看不见摸不着，却能够让人实实在在地感受到，真真切切地体会到。

"一张白纸，没有负担，好写最新最美的文字，好画最新最美的画图"，这是伟人毛泽东被广为传诵的一句话。作为家长，要重视孩子的人格塑造和底色培养；作为年轻人，要重视自己的底色熏染，擦亮底色，让理想之光在奋斗的征程中熠熠生辉。

底色是自信色。坚守底色，就是坚持文化自信、历史自信、思想自信。自信是一个人人生价值的驱动器，是传承和创新的不竭动力，是躬身践行的力量之源，是安身立命的重要根基。人生是一个不断成长的过程，而底色，就像广袤的草原，可以供你驰骋；就像蔚蓝的天空，可以供你仰望；就像满天的繁星，可以供你遐想；就像无边的田野，可以供你耕耘。

底色是青春色。坚守底色，就是保持青春活力。王蒙先生写的《青春万岁》鼓舞了一代又一代人。小说以高昂的革命乐观主义精神，刻画了一批成长于新旧交替时代的青年人特有的精神风貌，歌颂了青春的力量，如今读来依然让人激动、使人振奋。

底色是向阳色。阳光是什么颜色的？有人说是金色的，有人说是红色的。要我说，阳光就是一切暖色调的母本，是温暖之色、明亮之光、力量之源。人之初，性本善。保持人生的向阳色，就是保持自己乐观向上的品质，用以驱散人生道路上的一切阴霾和乌云。

延伸阅读

　　底色培养也就是人格塑造比分数更重要。家长要牢记这一点。千万不要一味地跟其他孩子比分数。学习成绩好不等于有孝心，有爱心。青少年正处在人生发展的重要时期。擦亮底色，就是要坚定自信心，强化自律精神，向上向善向美，在实践中磨砺自己，在学习中提升自己，在坚守中完善自己。要将"小我"融入"大我"，在浩浩荡荡的时代潮流中，找到属于自己的人生点位。

做学生的邓丽君

与国好兄结缘是因为孩子。2018年2月20日，我带家人去武义拜年，见到两位浦江老乡，一位是时任武义县副县长朱兄，还有一位是武义县教育局局长王兄。两位老乡得知小女是第19届全国新概念作文大赛一等奖获得者，就告诉我：武义有一位第17届全国新概念一等奖获得者，叫章珺格，是武义一中学术委员会主任章国好老师的女儿。我闻言提议让两个孩子见面认识一下。结果是朱兄请客，我们两家人在武义江畔见了面，相谈甚欢。事后我才知道，当时国好兄的夫人已罹患癌症，但气色尚好，他们不说，外人无从知晓。

国好兄伉俪情深，在夫人驾鹤西去之后，他曾一度沉沦，失去了生活的勇气。在这个时候，有一位好朋友给他推荐了十首邓丽君的歌曲，让他在烦闷之时反复倾听。在听了这些歌曲之后，国好兄果然慢慢地走出了内心的阴霾。

2023年春，章国好兄如约发来《学生邓丽君》一书的书稿，嘱我作序。说是如约，是因为他事先同我商量，从哪个角度写邓丽君比较好？我建议从学生的角度。理由是，大家都知道邓丽君是歌手，却不知邓丽君是一位从学生时代就崭露头角的优秀青年。她热爱学习，精进不已，无论是在学生时代还是走出校门之后，她的求学精神和学习品质都是值得称道的。国好兄是著名特级教师，桃李满天下。从教师的角度来剖析"学生"邓丽君一定会言之有物，让人耳目一新，多有教益。国好兄从善如流，在繁忙的教学之余动笔，仅仅用了一个学期的业余时间就完成了书稿，着实令人惊奇且敬佩！

众所周知，音乐不但能让我们的神经得以放松，心灵获得愉悦，还可以帮助我们缓解忧愁和悲伤，从痛苦中获得一定程度的解脱。音乐具有疗伤的功能是被科学证明了的。章国好迷上了邓丽君的歌曲，进而开始研究邓丽君其人。随着研究的深入，一个立体、形象、生动的邓丽君出现在他的脑海里。他发现一代歌后邓丽君在华人圈里拥有很高的知名度。她的歌可以说影响了几代人，歌迷遍布全世界。难能可贵的是，邓丽君为人谦虚好学、尊老爱幼，不但是励志榜样，而且从无绯闻。这在演艺界十分难得。

为了探究邓丽君成长之路，章国好在暑期特意安排时间飞到台湾，寻访邓丽君的母校及故交。从不追星的他竟然成了邓丽君无数粉丝中的一员。但相比于其他粉丝，章国好比较特殊，他决心要写一部《邓丽君传》，让邓丽君的音乐艺术和人格力量受益于更多的人。他是按照《邓丽君传》来准备素材的，但开笔之前想到要征求一下我的意见。我听后建议改《邓丽君传》为《学生邓丽君》，这样切入口小一点，以小见大，也符合著作者的教师身份。国好兄当即表示同意。

俗话说：想想容易做做难。斯人已逝，章国好只好到处寻找与邓丽君相关的资料，以期"还原"自己心中的"学生邓丽君"。邓丽君出山之后，曾旅居日本多年，章国好到处搜集日本媒体当年对邓丽君的报道。因为不懂日文，章国好为此还请教日文专家。真可谓淘尽黄沙，费尽心血。

功夫不负有心人。成书之后，章国好被告知，须得到邓丽君家人的授权，方可出版此书。为此，他又通过台湾邓丽君文教基金会上

第六辑　迟钝一些又何妨

海办事处，联系上邓丽君的家人，请求审读书稿并授权。章国好费时费力写这部书稿，旨在弘扬邓丽君的艺术和精神，除此之外，别无他图。他的内心是澄澈而光明的。他从心底里认同邓丽君，欣赏邓丽君，希望能有更多的人从邓丽君的歌曲中得到心灵的安宁，获取生活的勇气和力量。

心之所向，步之所履。在这种精神的感召之下，章国好给自己拟定了奋斗的目标。不但彻底走出了丧妻之痛，而且激发了他的创作热情。可以说，是教育家的责任感和使命感在驱使着他奋笔疾书。

长期以来，歌星影星往往带有神秘色彩，花边新闻多，负面消息多，使得"追星者"和"粉丝"往往给人以狂热、痴迷、不理智等印象。其实，歌星影星之中，不乏像邓丽君这样的"清流"存在。而亿万歌迷之中，也不乏像章国好这样的理性、睿智者。《学生邓丽君》的意义在于，通过探究歌星的另一种身份，正本清源，揭示"三百六十行，行行出状元"的真谛，为亿万歌迷提供一个认识邓丽君的崭新视角。

其实，我们每一个人都是由多重"身份"组合而成的社会人，你可以是父亲、母亲、兄弟、姐妹、儿子、女儿，也可以是领导、员工、老师、学生、服务人员……一辈子以教书为业的章国好深深知道，"写作，就是写你熟悉的人和事"。他和邓丽君，素昧平生，在时空上从无交集，却因歌结缘，在精神上引为知音。这是一种多么纯粹的写作观！

教师、家长的职责在于教授给孩子探究真理和知识的方法和路径。南宋大诗人陆游说"汝果欲学诗，工夫在诗外"。章国好用自己的写作实践告诉我们，真正的教育，一定在课本之外。如果说，因歌结缘邓丽君是一种缘分的话，那么，他在知天命之年，以一己之力，为早已驾鹤云游的邓丽君造像，则是一种使命和担当。

延伸阅读

　　每一个人都有着多重的身份，以"学生"的身份来定位歌星邓丽君使人感到新鲜。可以毫不夸张地说，我们的民族需要像章国好这样的追星者：无功利之心，有豪迈之气；无盲从之意，有独创之举。我们不妨把这部书稿看作章国好老师写给"学生邓丽君"的一百封信。相信从学生邓丽君身上，当代青少年能得到教育，同时也能够给广大教育工作者和家长以启迪。

家长要反省纠错

据报载，在山东淄博，一位爸爸辅导儿子功课的时候讲错一年级数学题，儿子反给爸爸辅导，但爸爸就是不承认错误，结果儿子被气哭。孩子妈妈说，儿子本来题做对了，但是爸爸就认为做错了，儿子就很努力地给爸爸讲这道题，结果就被气哭了。在家庭教育的过程中，家长要认识到自己对事物的认知会带有片面性。小到一道数学题，大到关于人情世故的判断，大人思考问题的角度会与孩子不同。孩子的观点未必不全面、不合理，大人要多学会换位思考。

反省是一种自觉，一种品质和能力。曾子曰："吾日三省吾身：为人谋而不忠乎？与朋友交而不信乎？传不习乎？"在学习方法上，反省类似于复习功课时的拾遗补阙；而在为人处世上，则体现为谦虚好学，从善如流。

每年中考或高考一结束，总会有媒体记者采访优胜者，而优胜者在传授学习经验时往往会提到"纠错本"。纠错本的功能在于时时提醒自己，不要犯错，尤其是不要重复犯同样的错。在知识求索的道路上，大人是否也需要像孩子一样，在身边常备一本"纠错本"呢？回答是肯定的。

在家庭教育的环节上，如果孩子能当面对父母的某一观点质疑，那么至少可以肯定一点:这样的家庭教育氛围一定是宽松的、民主的。生活不易,每个人都承担着来自方方面面的压力。大人有工作上的压力,孩子有学习上的压力。重压之下,有人奋起,有人消沉。适时反省自己是为了走出"当局者迷"的怪圈,使自己时刻保持清醒的头脑,不给人添堵,不为自己"躺平"找借口。

反省是反躬自省的简称。人非圣贤,孰能无过?经常回头看看自己走过的脚印,检查自己思想和行动中的错误,是修身的必由之路。

反省不是目的,纠错才是目的。人非圣贤,孰能无过?大到人生道路的抉择,小到某一题目的解答、某一件艺术品的构成,及时纠错,既可减少损失,也是完善人格和提高水平的需要。

很多成绩优秀的孩子都有一本"纠错本",将那些做错的题目收集起来,时时研磨,以巩固知识点。而家长在思想观念和言行举止方面,是不是也该有这样的"纠错本"呢?我觉得完全应该有。反省自己决策是否优柔寡断、效率低下?反省自己做事是否虎头蛇尾、三心二意?反省自己在与孩子的沟通上是否言不由衷、词不达意?反省是为了明白产生错误的根源,以期找到解决问题的方法。

纠错的前提,就是千万不能自以为是。教养孩子是一门艺术,在过程中需要随时反省才行。写出《高效能人士的七个习惯》的史蒂芬·柯维,有一个儿子学习成绩很差,与同学交往也很不成熟,经常弄得周围人很尴尬。他和夫人觉得,要想办法激励他,要用积极的态度激发他自信,于是儿子稍有进步就猛夸。可是这么做不但徒劳,反而伤害了他的自尊心——就像有个妈妈,为了增强儿子的自信心,大搞赏识教育,有一天去球场,即使儿子篮球打得一塌糊涂,照样是一通猛夸,结果让儿子在球友面前羞愧得想钻地缝。柯维夫妇开始反省,认识到自己在刻意鼓励孩子的时候,孩子接收到的不是积极的信号,而是另一种潜台词,即"你不行,你需要父母的保护"。意识到这一点后,夫妇俩从内心深处不再拿孩子跟别人比较,而是心平气和地欣赏儿子的优点，相信他有能力应对人生种种挑战，也不急于保护他免受外界的嘲笑。几个月后儿子渐渐有了信心，开始肯定自我价值，以自己的步调和速度发挥出了潜能，在学业、运动场和社交场上，表现都很出色。这一切都发生在转念之间，发生在家长拥有自我纠错能力之后。

延伸阅读

　　古人说，"一叶遮目，不见森林"。自省的目的就是要自觉去除遮住你眼睛的那片树叶，以便看到广阔的森林。每个人的成长经历不同，对事物的认知水平各异。因此，"吾日三省吾身"是我辈应该遵循的传习之法，而"以纠错本纠错"则是研习技法、提升技能的良途。

守时是基本素养

  上周与北京大学的一位老师聊天,谈到国外高校教授的时间观念很强。某高校教授布置给学生作业,要求当晚必须通过网络提交。有的学生自作聪明,认为:"这么晚了,教授肯定睡觉了,今晚交和明晨交有什么区别呢?"结果到了次日凌晨提交作业时,发现怎么发送邮件也提交不成功,原来教授在系统里设置了时间,过了凌晨零点,所有的作业都无法提交。教授就会给这门功课打零分,而且根本无法通融。因为你违反了规则,而规则是无法通融的。因为可以通融的话,就不成其为规则了。

  我娘舅家表哥们取的名字都是"守"字辈的:守富、守林、守贵……假如我提前二十年来到人间,一定给舅舅们提个建议,将其中一位表哥的名字取为"守时"。因为在我看来,守时,实在是做人的第一要义。如果你做不到守时,那么你一定也做不到守信,又何以做到"人生天地之间,信誉为本"呢?

  守时是对别人尊重的体现。我们都知道,人的生命是由时间组成的,浪费时间等于浪费生命。组团外出旅游,说好了几点钟集合发车,大家都到齐了,你却姗姗来迟,让一整车的人都坐在车上眼巴巴地等你,别人不在心里骂你才怪。约好了与朋友见面的时间,人家准时到了，电话问你到哪儿了。你明明刚刚出发，却谎称自己快到了。迟到理由千万条，不守时是第一条。

守时是对自己尊重的体现。倘若一个人非常爱惜自己的羽毛，视失信为耻辱，怎么可能不守时？而一个人一旦连自己都不尊重自己，还指望别人来尊重你吗？不守时，没有时间观念，没有工作效率，是难以有所成就的。

守时就是守住做人的底线，守时就是守住社交活动的原则，守时就是守住好人缘。守时就是遵从规则意识，能够自觉做到将心比心、换位思考。尊重他人，从尊重他人的时间开始。

当今社会，守时其实还有另一层寓意，我们不应该迟到，但早到太多也不一定是礼貌。比如有人邀请你六点到他家做客，你提早一个多小时到了，敲开门，你看到的可能是一片忙乱甚至惶急的景象：男主人正趴在地上拖地，女主人还穿着旧衣服在匆匆收拾客厅，孩子可能刚才还因为作业拖拉挨过训，正噘着嘴生气呢……所有这一切，主人并不希望被你这位访客看到，但是没想到你早到了这么多，一时间措手不及，环境和心理准备都没做到位，彼此尴尬是难免的。

所以，如果能做到另一层意思的守时，那才算是真的有体贴心和共情力。记得有一次我跟朋友要访问一位老师，约好的时间是下午两点。没想到我和朋友提前四十分钟就到了校门口，怎么办？第一念头是想直接打电话给那位老师，让她出校门来接。但转念一想，老师在校是从早忙到晚的，也许她就要靠中午小睡二十分钟"续命"，此时就打电话过去，她就得来校门口接，一点宝贵的休息时间就被我们搅没了。于是我们决定在校外先散一会儿步，直到一点五十分才与她联系。

守时的修养，体现在不随意耽误别人腾出的时间，也不肆意闯入别人独享的空间，所以是"刚刚好"。

延伸阅读

守时是做人的基本素养,这是放之四海而皆准的真理。

守时教育应作为家庭教育的核心内容来抓,因为守时是实现人生价值的必由之路。一个人守时了,效率就高了,人缘就好了。守时是表明自己自律性的最好方式之一。守时的人,通常能与他人建立更紧密、更友好的关系,并在团队中发挥更大的作用,从而使自己的事业获得更大的成功。

迟钝一些又何妨

2022年6月19日下午，带小女拜访了两位出版界的大咖——尹老师和包老师，宾主进行了三个小时的长谈。我在心里暗暗地为小女感到庆幸。作为师长，尹老师和包老师毫无保留地分享了他们的人生经验和学习心得。细心的包老师像变魔术一般拿出一块蛋糕，为我们两位父亲过了一个特别有意义的父亲节。临别时包老师寄语小女："年轻人不妨让自己迟钝一些。"

我们形容一个人很灵光，常常说他思维敏锐，身手敏捷，反应灵敏。反之，说一个人反应迟钝，似乎带有贬义。其实不然。现在的年轻人普遍比较敏感，动不动就"共情""代入"，把局部的社会问题扩大化，明明是初出茅庐的青年，偏偏要做出饱经沧桑的样子。万里之外那场灾难的主角明明不是你，你却痛不欲生、遍体鳞伤。

年轻人，你不妨迟钝一些，碰到问题，不要那么敏感。迟钝，未必是坏事。迟，是让事情往后延一延，事缓则圆。钝，就是锋芒不要太露，刚则易折。敏感容易迟钝难。年轻人血气方刚，遇事容易激动，缺乏"三思而行"的智慧和定力。

现在的年轻人，有时候甚至会因为长辈一句责怪的话而崩溃到哭，这种敏感和脆弱的背后，是因为日益"内卷"的生活让人感到竞争无处不在，压力时时都有。融媒体时代，信息传播速度很快，任何地方发生的新闻都能以闪电般的速度抵达你的眼前。不管这些新闻是否与你有关，你都要保持自己的战略定力和真正属于自己的判断力，不妨"让子弹多飞一会儿"。迟钝，就是要举重若轻，遇事拿得起放得下；迟钝，就是要对负面情绪说"不"，拥抱阳光和快乐；迟钝，就是让生活放慢脚步，不要风风火火，不要连奔带跑，而要优哉游哉，开心快乐。

迟钝不是迟到，而是让判断经受更多时间的考验；迟钝不是死板，而是在更宏观视角之下的变通；迟钝不是愚钝，而是大智若愚，谈笑风生；迟钝是忍耐力和反弹力的叠加。

微信时代的年轻人没有经历过电报时代。电报时代的人们拍电报传递信息那可是按字算钱的，费用昂贵，多一个字就要多付钱，因此，拍报人一定会字斟句酌，多余的字一个都不能要。而现在的人们发微信，不但不要钱，而且传递速度快。这是科技的进步，但也带来一些问题。如有的年轻人经常使用微信的"撤回"功能，发了好长一段话，结果发现有错别字或语义表达不准确，赶紧撤回，结果一而再、再而三，多次撤回。由此，我想，假如年轻人让自己"反应"迟钝一些，是否可以变得更从容？迟钝的背后是成熟，从容的背后是自信。

安徒生童话里有一篇著名的《豌豆公主》，说有一位王子要找一位真正的公主，却一直找不到。有一个风雨之夜，来了一位女孩求宿，并自称是真正的公主。王子的母亲给她准备被褥时，特意在几十层垫子和被子下面放了一粒豌豆。第二天王子的母亲问女孩睡得怎么样。女孩说，整个晚上她都没睡好，因为总觉得床上有什么硬的东西硌着她。于是她就被认定为是真正的公主了。安徒生从来没有说过这个故事想说明什么，你甚至无法揣测作者对如此娇嫩、敏感的女孩的态度究竟如何，但在我看来，这应该是在嘲讽那种病态的敏感。敏感的人很聪明，但太聪明了就易受伤害。这样的聪明未必就是智慧，比如林黛玉对别人一句不相干的话就会多心，就会受伤，实非有福之人。所以古人说"难得糊涂"，日本作家渡边淳一写过一本颂扬"钝感力"的书，都是深谙人性的通达之论。为人最难得的不是敏感的聪明，而是通达的智慧。

延伸阅读

学习书法艺术的人都知道，书法线条贵在"收"。无论是"万毫齐力"还是"尽一身之力而送之"，都强调对书法线条的控制，绝对不是信马由缰、随心所欲。在我看来，用笔沉稳、巧中藏拙才是书法的真境界。学书如此，教育如此，人间诸事亦同理也。

真诚者不患无友

2022 年 6 月 16 日晚,小女初中同学的父母自杭来京,我和爱人同往其住地一见。久别重逢,大家相谈甚欢。彼此之间有很多共同感兴趣、共同关心的话题,因此聊得很开、聊得很久。回顾我们两家十多年的交往,毫无功利之心,有的是彼此关心和认同。这样的友谊,犹如老酒在窖,是愈久愈醇的。

"近朱者赤,近墨者黑"。人生在世,不可无友。只要为人真诚,不患无友。很多人一旦出问题,旁人往往会做如是点评:"交友不慎呀!"可见,交友是人生一个重要的课题,朋友是一个人与世界连接的重要桥梁和必备环节。

人从上幼儿园开始,就面临着如何交友、交何种朋友的问题。也许,有的人会说,为什么要交朋友?我一个人独来独往,我行我素,无拘无束,岂不快哉?事实并非如此,社会交往是人类最基本的需求之一。孤单,寂寞,无助,让人难受。"交朋友贵在长情""朋友多了路好走"已成为越来越多人的共识。

物以类聚,人以群分。交友,要把品德放在第一位,德不孤,必有邻。以诚交友,才能交到真正肝胆相照的良友、益友、挚友。友直,友谅,友多闻,则友有益于我;友便辟,友善柔,友便佞,则有损于我。有人说,选择与什么样的人做朋友,其本质是生活方式和生活品质的选择和认同。同门曰朋,同志曰友。双月为朋,有交相辉映之意。光可以相互照耀,温暖能够相互传递。因此,交朋友是人生必修课,切不可等闲视之。

有的人自认为有很多朋友,真正碰到困难时,这些朋友一个人影也不见了。由此可见,对于朋友的定义,首先要能够互帮互助,以心换心。心事能否主动相告、相商?当你遭遇困苦时会不会舍你而去?这是衡量一个人是不是真心朋友的重要指标。

交朋友不可有"临时"观念:今天是好朋友,明天是陌路人,就像小猴子掰玉米,掰到哪里扔到哪里。交朋友也不可有功利心。用到的时候是朋友,用不到的时候装作不认识。这样的人,是难以交到真心朋友的。真正的朋友就要互相关心,经常问候,取长补短。

古人云:"疾风知劲草,患难见真情。"朋友间的情谊,是在日复一日的交往过程中,由点滴细节累积而成的。财富不是朋友,但朋友一定是财富。明高启《次韵周谊秀才对月见寄》中写道:"朋友凋零江海空,弟兄离隔关山迥。"假如没有朋友,江海都感觉空了;兄弟一旦隔离,眼前山水的景象也感觉迥异了。

延伸阅读

《论语·子罕》云:"岁寒,然后知松柏之后凋也。"任何友谊都要经过时间的考验。有的人走着走着就走"丢"了,有的人走着走着就远了,而有的人则越走越近。明天和意外,你永远不知道哪个会先来,无论人生长与短,真诚者不患无友,有友陪伴不孤单。

天生我材必有用

　　记得在杭州萧山机场入口处,曾经竖立着一块高大的户外广告牌,上面写着"信自己,信未来"六个字,落款是某某银行。这六个字很有视觉冲击力,给我留下了深刻的印象。虽然做广告者的本意是吸引公众去银行储蓄,为未来投资,但我更愿意把它当作公益广告来看。每次出差杭州抬头见到这六个字,内心都有一种振奋感。

　　我觉得,诗仙李白最伟大的贡献,不是他高超的诗歌艺术,而是他豪迈的精神气概。"天生我材必有用,千金散尽还复来。"高度的自信,成就了他人生价值的高度,为"盛唐气象"书写了浓墨重彩的一笔。

　　自信,自己相信自己,是绝对意义上的自我认同。自信不等于自负。自信是建立在扎实的思想认识和丰厚的知识和技能储备的基础之上的。

　　自信是一种积极的力量。当你心中抱定"我一定行"的信念时,你就会想方设法来支持你的信念。自信就是在人生的暗夜里开启的灯火,会照亮你前行的道路。自信的人,浑身上下都充满着正能量,碰到问题决不绕道走,乐于迎接任何挑战。面对困难,他会在心里想,"检验我能力的机会来了,多好呀",而不是缩手缩脚、裹足不前。

如果成功是一座高楼大厦，自信就是它的基石。没有基石，大厦不可能建成，即使建成，倒塌也在俄顷之间。而事业成功和生活幸福之间，有着紧密的内在联系。

自信会激发我们的潜能，而人的潜力是无限的。华坪女子高中有一句校训："我生来就是高山而非溪流，我欲于群峰之巅俯视平庸的沟壑；我生来就是人杰而非草芥，我站在伟人之巅藐视卑微的懦夫。"这句校训说到底，是为了唤起一个人内心深处的自信心，以及建立在自信心基础之上的崇高的使命感和责任感。张桂梅校长之所以经常带领学生朗诵这一校训，就是要不断地提醒孩子们："你比你想象的还要好。"用张桂梅校长的话来说，就是要给予孩子足够的自信，让她们能勇敢走出去，通过努力学习改变她自己的命运以及她家庭的状况。

自信好像看不见摸不着，但存在于我们的日常生活当中。自信心并非与生俱来，而是需要环境的熏陶和后天的培养。父母不妨带孩子去拜访自己身边的成功人士，让他们现身说法谈一谈对自信的理解和认识。

值得一提的是，自信并不意味着张扬，自信也不是靠外在的东西（如家境的优越或成绩的优秀）来支撑的。《哈利·波特》系列小说的作者J.K.罗琳有一年给哈佛大学的毕业生作过一场演讲。她回顾了自己经历过的最糟糕的日子，婚姻破裂，失业，贫困，那是一种彻底的失败感。但恰恰在经历这些失败之后，她却拥有了一种内心的安全感。她说她经历困顿后才意识到自己的意志很坚强，比她自己以前想象的要坚强。这种由内而外的自信，使她"重塑了自己的人生"，开始投入《哈利·波特》系列小说的撰写当中。没错，成功感可以强化自信，失败也能为自信奠基，而且因失败而建立起来的自信更宝贵，因为它同时意味着坚强。

延伸阅读

　　法国作家罗曼·罗兰曾说过:"人生成功只有一个源头,而这个源头就是自信。"在自我评价上的积极态度是自信的根本属性。自信是对自身力量的确信。一个人,如果连自己都不相信自己,就甭指望人家会相信你。

　　"自信人生二百年,会当水击三千里。"如果一个人是一支队伍,那么自信就是这支队伍的领头羊,它的后面跟着勇气、力量和毅力,而在它的前方竖着一块告示牌,上面写着"成功 + 幸福"。

大智若愚实非愚

我最早接触"若愚"这个名字,是在《中国新闻出版报》浙江记者站站长任上。当时,浙江出版联合集团的办公室主任名叫"若愚"。若愚主任聪慧敏达,做事沉稳,这"若愚"二字用在他身上可谓贴切。调到北京工作之后,随着社会交往面的扩大,发现朋友中名叫"若愚"者众,可见,这"若愚"二字中蕴含着古人的智慧,凝聚着长辈的期望。

香港首富李嘉诚在传授"生意经"时说:人不可不精明,但不可太精明。不精明会上当受骗,太精明会失去合作伙伴,因为没人会愿意跟一个太精明的人合作。在精明和不精明之间,是做人的一种最佳状态。一个经常虚心向人请教的人,永远比自作聪明的人更受欢迎。

有两个成语,"大智若愚"和"大巧若拙"。前者语出苏轼《贺欧阳少师致仕启》,意思是说,有智慧有才能的人,看起来好像很愚笨;比喻有智慧的人富有涵养,不露锋芒。后者语出《老子》,意思是指真正聪明的人,不显山露水,从表面看,好像是个笨拙之人。

若愚,并不是真的愚,只是看起来像"愚"一样。让人发现你聪明并不难,因为这个世界上总是聪明人多而愚蠢者少。但是,明明你是一个聪明人,但要让大家都认为你并不聪明却很难。这不是叫你伪装自己，而是由内而外地散发一种气质，一种待人接物的气度，让人从你的言谈举止中推断你是一位"并不很聪明，但诚实可靠的人"。以"若愚"的面貌示人，既是一种自我保护，又体现了对他人的尊重。

在我的朋友中，"若"字辈的有不少。一友名"若凡"，这分明是偶落凡尘的仙人啊；一友名"若兰"，分明是以兰心蕙质自许；一友名"若水"，分明是追求"上善"的意思……窃以为在这众"若"之中，当以"若愚"为人生的座右铭。中国有一句老话："在家靠父母，在外靠朋友。"我们要做一个真正的若愚者，把自己的人脉圈搞得大大的，把自己的人缘搞得好好的，把自己的朋友搞得多多的。

"愚"是一种质朴的状态。所谓"若愚"，就是指其言行或想法与那些愚笨者类似，因此常常被人当作愚笨的人。"若愚"本质上是旁人的误判，而非自己故意伪装。小聪明往往浮于表面，大智慧则深刻于内心。大智若愚，绝非装疯卖傻，装腔作势，而是发自内心的一种善良，一种自然流露的质朴，一种让人愿意与之亲近的醇正。

延伸阅读

父母给孩子取名若愚，寄寓了很深的期许。真若愚还是假若愚？与你的修养和境界有关。"若愚"是一种为人处世的状态，是"事事不与人争"的智慧，是一种海纳百川的胸怀，是一种登高望远的格局。年轻人血气方刚，切不可锋芒太露，应谨记"木秀于林，风必摧之；堆出于岸，流必湍之；行高于人，众必非之。前鉴不远，覆车继轨"。

请不要误会自由

一年一度的毕业季，很多年轻人走出校园，如出笼的鸟儿一样飞向社会，大喊终于自由了！仿佛离开了老师的约束，就获得了自由；离开了父母的管教，就得到了自由。那是对自由多大的误会啊！

年轻人崇尚自由，大多会以匈牙利的爱国诗人裴多菲·山陀尔所写的"生命诚可贵，爱情价更高。若为自由故，二者皆可抛"一诗加以佐证。追求自由是人类的天性，但任何事物都是有边界的，这个世界上从来没有绝对的、可以天马行空、为所欲为的自由。规则之下，自由才显得真实、可爱、轻松、自在！

自由的本义是指人类可以凭借自身意志采取行动，并对自身行动负责的行为。自由是人类渴求提高生命质量，实现人生价值的价值取向和行为方式。基本生存保障，是获取自由的前提。

人为什么追求自由？因为自由是一种幸福的状态。很多人以为逃脱约束就获得了自由，殊不知，自由之母正是约束，倘无约束，也就没有了自由。自由和规则如影随形，水乳交融。有自由的地方，必然有规则。有规则，把规则自身具有的外部约束力内化为自制力，并且通过古人所说的"克己功夫"，使之变得不再用力、不再勉强，仿佛一桩自然而然的事情后，才有真自由。朱熹老夫子就一遍遍地说过，这番"克己功夫"是通往自由之境的不二路径：它就像"杀贼"，就像"孤军遇强敌"的"血战"，只有"立定脚跟"了，才有"生路"。它也像是行舟，水涨了船自行；像是推车，起初费力，车动起来以后就很省力了。这个时候，他律已成自律，而自律也不再勉强，成为自由，恰似"解缆放船，顺风张棹"，不亦快哉！

　　自由是一种心境。由于受新冠疫情的影响，一些小区被封控，当疫情远去，小区被解封，很多居民载歌载舞，以多种形式来庆祝重获自由。由此可见，自由就藏匿在每一个平淡的日子里。我们在享受自由的同时，往往忽视了自由的存在。有的孩子把父母对其的关心，简单理解成操控自己。他们渴望自由，却不懂得自由的真正定义。在父母眼里，无论你年龄多大，都是一个孩子。

　　每个人对自由的理解不同，因此，自由的定义往往带有个人情感色彩。我有一位朋友，长期在政府部门工作，几年前下决心辞职，成为一名自由职业者。头两年觉得舒心自在，结果发现，虽然没有了单位制度的约束，但所有的公民都得遵守社会规则，而一切经营活动，都必须在国家法律法规的框架之下。在社会上闯荡了几年之后，他终于明白：离开单位制度的约束，他的幸福指数并没有提升，没有了归属感，反而使他感到孤单。当然，辞职下海人员，也有很多是游刃有余，日子过得逍遥自在的。由此可见，适合自己的"自由"，才是真正的自由。

延伸阅读

　　蓝天白云是自由的，山川河流是自由的。人类对"自由"概念的认定，有一个从模糊到清晰的过程。自由是人类价值体系中的共识元素，是社会主义核心价值观的重要组成部分。对民族而言，自由是指国家独立、民族自主；对个人而言，自由是指身心健康有保障，个性发展有空间，生活方式可选择，事业追求能自主。窃以为，对年轻人而言，与其口口声声说要追求自由，毋宁把追求自由的口号落在脚踏实地的行动上。

爱人者人恒爱之

2023年7月，有一段视频在网络上热传：一个男孩因沉溺游戏，其手机被母亲没收，结果他居然对母亲大打出手吓哭其弟弟。经民警调解，这个孩子承认了错误。

在家庭教育过程中，很多独生子女由于长期娇生惯养，养成了"唯我独尊"的性格，表现为衣来伸手、饭来张口，动手能力普遍不强，心理承受能力普遍较弱，团队精神普遍缺乏。究其原因，是因为爱人意识淡薄，感恩教育缺位。由此可见，从小教育孩子要尊敬长辈，友爱同学和朋友，培根铸魂，让他们早早建立起"责任感大厦"是何等重要啊！

我这里所说的"爱人"，不是指婚姻伴侣或恋爱对象，而是指友爱他人的意思。儒家所说的"爱人"是以"修己"为前提的。《孟子·离娄下》有言"仁者爱人"，即爱人者，首先要是"仁者"，而"仁者"的仁爱之风是人们在思想道德和行动上的自觉表现。

当今社会，爱己者众而爱人者寡。友爱他人，不仅仅是一种品德，更是一种能力。我们常常羡慕有的人为什么人脉那么广，人缘那么好，殊不知，爱人者之所以爱人，是因为他深深懂得只有友爱他人才能被他人所友爱。爱人，是一种主动施与的行为，因为你自身足够强大，具有元气满满的能量，你才会有能力去爱别人。爱人者人恒爱之，敬人者人恒敬之。这是一个辩证的关系。对于社会而言，爱人者多寡，决定了一个社会和谐程度的高低。

爱人者往往自爱。王安石在《荀卿》中指出："爱己者，仁之端也，可推以爱人也。"爱别人是一种美德，爱自己又何尝不是呢？很难想象，一个不自爱者会去爱人。

子曰："知者不惑，仁者不忧。"仁者，意指有德行的人。仁者之所以不忧，是因为他们心胸宽广，为人坦荡。纵观古今中外，但凡有德行之人，皆是爱人之人。我们要培养孩子爱人的能力，鼓励他们向身边的榜样、家族中的榜样学习，培养他们做一个"仁者"。

作为家长，首先要以身作则，做孝亲爱人的模范，同时，应鼓励孩子多参加一些社会实践活动，尤其是公益活动。譬如说，让自己的孩子与孤儿结对子、帮扶残障人士等，引导孩子产生对弱势群体的同情心，并付诸关怀行动。孩子做了好事，哪怕只是借橡皮给同学用一下、在路上捡了纸屑扔进垃圾桶等细微小事，也要给予及时的表扬和鼓励。帮助孩子养成与人分享的习惯，小到分享一袋糖果，大到分享一场电影、一顿晚餐，让孩子从小体会到分享的快乐，养成分享的习惯。

延伸阅读

从本质上来说，爱人和爱己，并无分别。一个人只要心里时时装着别人，会爱敢爱能爱，那么，世界对于他而言，一定是一个充满爱意的阳光世界。

奋力划桨必"上岸"

  2022年刚好碰到了"千禧宝宝"扎堆,考研的人特别多,"上岸"的难度大大增加。一位名叫淑婷的女孩,从浙江水利水电学院金融工程专业本科毕业后,立志报考新闻与传播专业硕士。她有着清晰的职业规划,懂得在什么阶段应该做什么事。为了实现理想,她付出了辛勤的努力。她的选择得到了家人的大力支持。天道酬勤。相信"淑婷们"在"上岸"之后,一定能找到属于自己的美丽风景。

  上岸原指弃舟登陆,网络名词"上岸"比喻考生在茫茫大海上漂泊,考研成功抵达彼岸。"上岸"一词代表了广大家长和考生的心声。窃以为,"上岸"是一语双关的,可以指考研、升学、求职,也可以指人生某一阶段的转型。2021年,是我从"新闻人"转型为"出版人"的第一年。这一年在地铁上所写的诗,在一定程度上代表了我的心路历程。地面之下,人潮汹涌;地面之上,空气清新。芸芸众生,每天从地铁站进进出出,又何尝不是一种"上岸"呢?上岸是一个人灵魂的净化过程。这当中,包括方向的确定、方案的实施、目标的实现等等。行动来自思想,思想源于道德。

  一位朋友曾跟我说:"人人不可能都成为诗人,但生活应该充满诗意。"当今社会,生活节奏和工作节奏都很快。"眼前的苟且"让人身心俱疲，又有多少人会去挂念"诗和远方"？我坚持诗歌"日课"，意在提醒自己："一日一诗"即是"一日一誓"，因为我知道时间有限而个人无能，唯有珍重此时此刻。

是的，用诗歌传递光明与温暖，是我人生使命当中非常厚重的一部分。诗歌是我对这个世界所讲的真话。我相信，我的诗正在明媚的春光里排着队，有的已经"上岸"，有的正在"上岸"的路上。

人生的道路，因为有许多未知而充满探索的意义。一个人无论是追求事业的成功，还是婚姻的美满，都是一个由"此岸"到"彼岸"的过程。我现在所居住的地方，毗邻萧太后河，十年前是一条臭水沟，经过整治之后，如今已成为一条景观带。双休日我步行去朝阳区弘燕路菜市场买菜，但见流水潺潺，但闻蛙鸣声声，河两岸水草丰茂、樱花盛开。近十年来，我用无数次南来北往的旅程，见证了萧太后河两岸美丽的嬗变。曾几何时，我从小武基桥北的小红楼走进又走出，无数次徜徉在萧太后河畔。真实的河岸，想象中的春潮，构成了我们人生多彩的版图。

延伸阅读

"上"是一种行进的姿态，"岸"是人生的一个目标。"上岸"的荣光属于那些奋力划桨者。大海航行靠舵手，舵手靠灯塔。对于参加一年一度考研的广大学子来说，能够成功"上岸"的毕竟是少数。我想，只要你心中有目标，咬定青山不放松，那么，"上岸"只是时间问题。反之，一个人如果只是在大海里随波逐流，那么他注定是与"岸"无缘的。

要重视技能教育

2022年春节过后,我曾实地参观浙江省兰溪市江南职业技术学校,对这所集学历教育、技能培训、劳务派遣、驾驶员培训为一体的综合性职业学校印象深刻。为了强化技能教育,该校开设了航空服务、电子商务、汽修、工业机器人、工艺美术、烹调工艺与营养、动漫设计、运动训练以及护理、药剂等十二个专业,涵盖了社会生活的方方面面。这所创办迄今已二十六年的学校,成为当地实体经济发展的助推器,办学规模日益扩大,社会效益显著。由此可见,技能教育是社会发展的刚需。奔驰、宝马、奥迪、保时捷等德国名车享誉世界的背后,是德国机械设备制造者德国技师的强大支撑。当然,德国政府对职业教育的大量投入和全社会对技工的尊重,才是"德国制造"享誉世界的根本原因。德国技工工资高于全国平均工资,技校毕业生的工资几乎普遍比大学毕业生的工资高。不少行业的技工工资远远高于普通公务员,甚至高过大学教授。

2022年5月1日是国际劳动节,一则刷屏新闻引起了我的关注:浙江省金华市荣光学校校长、全国劳模徐锦生校长"变身"理发师,为全校师生提供无偿理发服务。因防疫需要,金华荣光学校两千多名同学吃、住、学都在学校里,三百多名老师也全部在学校里照看孩子们，已经封闭管理了半个多月。

徐锦生曾数年间每月上门，为患有腿疾不便下楼的数学老师理发。没想到这一技能在特殊时期派上了用场。"Tony 徐"发型屋在校内一开张，就受到了师生们的追捧。

孩提时代的劳动经历，既是难忘的记忆，更是人生的财富。当年妹妹刚刚参加工作时，我曾用毛笔亲书"劳动光荣"四字相赠。

技能是指一个人运用已有的知识经验，通过练习而形成的一定的动作方式或智力活动方式。清代李绿园《歧路灯》第四十四回："这孙海仙说了这些江湖本领，不耕而食，不织而衣，遨游海内，艺不压身。"意思是技艺不会压垮身体，比喻人学会的技艺越多越好。家父家母从小非常重视对我们的劳动教育，种田、割稻、砍柴等农活我都干过，经历过农村盛夏时节的"抢收抢种"，常常累得汗流浃背、气喘吁吁。

有一位新闻界的朋友，从记者做起，一路做到了社长总编辑，但他始终没忘记自己"记者"的身份，总是利用工作之便、工作之余深入基层采访，笔耕不辍。他说，"新闻无官"，很多优秀记者走上领导岗位后便不再写文章，这于公，是一大损失；于己，是舍本逐末。

什么东西小偷偷不走？火烧不坏，水淹不死？答案就是知识和技能。"一技成，天下行"并非虚言。随着时代的发展，越来越多的技能成为一个现代人的"必备技能"，如驾驶汽车技术、电脑技术，曾经属于稀缺技能，现在已经普及。基本技能不掌握，参与社会生活都会有困难，形势所迫，不得不学。技能不会从天而降。无论是运动技能还是心智技能，都需要通过刻苦学习和坚持训练才能获得。高水平的技能是人们进行创造性活动的重要条件。

高水平技术工人是实体经济发展的关键支撑力量，更是一个国家综合国力的重要体现。近年来，随着我国制造业水平不断提升，对于高级技工的渴求日益迫切。人社部近日出台《关于健全完善新时代技能人才职业技能等级制度的意见（试行）》，其目的是畅通技能人才发展通道，提高其待遇水平。

延伸阅读

　　重视技能教育，于国有利，于己有益。受疫情影响，一些小区临时封闭，人们出行不便，居家生活期间，正是考验你生存技能的时候。像本文开头所提到的全国劳模徐锦生校长那样，平时可以教书育人，非常时期可以"变身"为理发师、炊事员、全科医生，则善莫大焉。

互信难得胜千金

十多年前,我出差金华,去古子城逛古玩市场,在一家商店里看中了一块竹雕工艺品,结果发现出门匆忙,身上没带钱。那时候还没有微信,不能扫码付款,想想只能忍痛割爱。不想我与店老板的对话被身后的顾客赵女士听到,赵女士得知我在杭州工作,便主动帮我代付了这一款项。

我与赵女士素不相识,没想到她居然帮我代付这笔钱。这令我大为惊讶,也很感动,主动给她留了地址电话并索要了她的联系方式。原来她也是在杭州工作,节假日一家人到金华来游玩,因为喜欢古玩,便来到了古子城。回杭之后,我马上联系她,把钱给她送过去。

谈到代付缘由,她说:一是金额较小,也就几百元钱,即使碰到赖账不还,损失也不大;二是"你这个人看上去不像是坏人";三是这件竹雕工艺品本身打动了她,她非常认同这件工艺品的寓意,有成人之美之心。

这件竹雕工艺品一直摆在中国新闻出版报浙江记者站的办公室里,雕刻的是朱熹的《偶成》诗:"少年易老学难成,一寸光阴不可轻。未觉池塘春草梦,阶前梧叶已秋声。"雕刻者信息不详,隶书,线条遒劲。其本义是提醒世人要珍惜光阴，但对我而言，却多了一层寓意：不但要惜时，而且要守信。

据《资治通鉴》记载：有一年临近年关，唐太宗李世民突然想到，京城监狱里关着四百名等待秋后问斩的死囚，心生怜悯。他就与监狱中的囚犯约定，可以先让他们回家与家人团聚，但必须在次年秋后全部回来接受死刑。结果到了约定的时间，四百个囚犯全部回来受死，一个不少。李世民见他们如此守信，下令全部释放，给他们悔过自新的机会。

一个人如果不讲信用，那么还拿什么在社会上立足呢？人与人之间，国与国之间，单位与单位之间，都要互信。互信是一切社交活动的基石。黑格尔说："世界上没有无缘无故的爱，也没有无缘无故的恨。"互信是由一点一滴的小事积累而成的。人，一旦失信于人，要想重新唤回对方的信任就很难。因此，为人处世，一定要牢记"人无信不立"的古训，要自觉做到"勿以善小而不为，勿以恶小而为之"。

2022年5月5日是二十四节气中的立夏，俗话说"立夏不下，桑老麦罢"，可见节气也是有信的。一切农事活动都要遵循时令行事，否则老天爷是不会买账的。一个人最大的能耐，不是你多有钱，职位有多高，而是你在社会上的信任度和美誉度有多高。如果人人信任你，那么，即使你身无分文，依然不会落魄。

"某某人是值得信任的"——这样的社会评价是千金难买的。在心理学中，信任是一种稳定的信念，维系着社会共享价值和稳定，是个体对他人话语、承诺和声明可信赖的整体期望。

人际信任的经验是个人价值观、态度、心情及情绪、个人魅力交互作用的结果。信任是在博弈中做出合作性选择的行为。对他人知识、能力和善意的假设，是信任的前提，就像本文开头所述的那位赵女士，她就认定我一定会还钱的。

延伸阅读

　　人贵有自知之明，更贵有识人之明。如果仅是一厢情愿地相信他人而无任何怀疑，将会导致危机，轻者借钱不还，重者还会导致人身伤害。因此，谈互信容易，践行互信难。如果仅是一方有信，而另一方无信，那么彼此就不可能建立互信，年轻人在人际交往中一定要擦亮眼睛。

万卷诗书堪用世

有幸应邀参加北京大学 2021 年度的毕业典礼，记得中文系学生喊出的口号是"万卷诗书堪用世，一塔湖图总故乡"，深以为然。一个腹藏万卷诗书的人，一定是"堪用世"的。

钱锺书高考时，数学只考了 15 分，而他的国文和英文成绩都是满分，结果被清华大学外文系录取。有考证者指出，当年清华大学的新生录取标准是，国文、英文、数学三门平均 40 分以上。其中部分科目有最低分的限制，国文和英文不低于 45 分，数学不低于 5 分即可。由此可见，钱锺书并非被"破格"录取，凭的是自己的真本事。数学成绩差并没影响钱锺书成为优秀的学者和作家。

一位优秀的理工生因为写不出文笔流畅、思想深刻的文章而苦恼。虽然他的数理化成绩非常优秀，且据此考上了名牌大学，但在"下笔千言，一挥而就"的文科生面前，总觉得自己很弱小。有一天，他碰到了一位优秀的文科生校友，一聊天，结果发现对方非常崇拜自己。这位文科生认为文史哲知识虽可丰盈一个人的灵魂，但真正经世致用的还是理工科知识。

原来，双方都站在自己的角度看待学问。看待问题的角度不同，得出的结论自然不同。我想说的是，文理科各有所长，既不要妄自菲薄，也不要妄自尊大。能文理兼修固然好，做一个优秀的文科生或者一个优秀的理科生也未尝不是好事，没有必要削足适履。把长处加长，一样可以造福社会，找到自己的用武之地。

从专业设置上来说，对文科生的要求更高一些。理工科就业面广，很多人出于从众心理都去学理工科。在高考的时候，文科的选择面非常小，文科能报的专业理科大多可以报，理科能报的文科大多不能报。文科生素有"万金油"之称，在就业上具有较强的灵活和适应性。很多媒体的从业人员就是文科生。窃以为，要辩证地来看待"就业面广不广"这个问题。说到底，看你"就"什么"业"。在日本留学期间，鲁迅观看了"日俄战争教育片"，深感学医只能医治国人的身体，却不能开启民智，只有将手中的笔作为武器，才能使国人清醒过来，于是他作出了影响他一生的决定：弃医从文。事实证明，对于改造一个民族的思想，文学远远比医学要"有用"。

清代诗人黄景仁在《杂感》一诗中写道："仙佛茫茫两未成，只知独夜不平鸣。风蓬飘尽悲歌气，泥絮沾来薄幸名。十有九人堪白眼，百无一用是书生。莫因诗卷愁成谶，春鸟秋虫自作声。"书生真的是百无一用吗？其实，这不过是诗人黄景仁的自嘲而已。黄景仁天资聪颖，乾隆二十九年参加童子试获得第一名，之后虽沉沦下僚，但并非"书生"的身份之误，而是时运和个性使然。

章太炎先生在《读史与文化复兴之关系》中指出："以中国幅员之大，历年之久，不读史书，何能知其梗概？鉴往以知来，援古以证今，此如弈者观谱，旧谱既熟，新局自创。"如果不懂得文史哲的常识，对自己国家、家族的历史都不了解，就会堕入明末清初文学家张岱的《夜航船》中讲述的那位半吊子秀才卖弄才学出洋相的境地。

延伸阅读

　　文科生要学理工科知识,理科生要学文史哲知识。虽术业有专攻,不必为难自己一定要成为通才,然广泛涉猎,博览群书,当为每一个现代人终其一生的学习任务。

谨防"迷路之困"

2022年7月18日,与北京的几位专家学者一起赴河北赞皇县考察文旅产业,晚饭后在嶂石岩大道散步。出门时夜幕尚未完全降临,我们往山上方向走。下山时天色已黑,不知不觉迷了路,最后不得不给当地朋友打电话,才解了迷路之困。

为什么会迷路?陈教授说那是因为我们一直在聊天,谁也没有刻意去记路标,潜意识里认为:不就是一条大道吗,怎么可能会迷路呢?不料上山时风光和下山时景象完全不同。因为出门时天上尚有余光,可以看到太行山赭色的山岩,巍峨无比。而下山时已是满天繁星,四下里一片漆黑,山石树木浑然不可辨。

由此想到我们的教育。孩子在学习过程中走弯路或者短时间迷路是难免的。迷路的原因,要么是太大意,要么是太自信,要么是固有的观念左右了你的思维,要么是从众的心理使你放松了警惕。

由此想到有的艺术工作者一味地求新求变,刻意独辟蹊径,忽视了对传统文化的学习和基本功的训练,其结果是兜兜转转,又回到了原处。其实比起那些"失之毫厘,谬以千里"的迷路者,走回原处并不算是最坏的结果。在艺术探索的道路上,任何人都不要有走捷径的想法,做学问就得老老实实,一步一个脚印。

"迷路"语出《后汉书·逸民传·逄萌》："后诏书征萌，托以老耄，迷路东西。"迷路，多指失去正确的方向，或者说走上了错误的道路。只要不沿着错误的道路一直走下去，迷途知返，则迷路的经历，未尝不是一种收获。在人生的道路上，迷路之时，定是思想迷惘之际。就像所有的年轻人都必须经历青春期的阵痛一样。路上的荆棘、坎坷、险滩、独木桥乃至泥石流，未尝不是一种别样的风景。

当然，迷路还有一个很重要的原因是没有提前做功课。饭后短距离迷路，大不了多费一些时间寻找。倘若在沙漠或雪地里迷了路，那就危险了。家长都希望自己的孩子能走正道，这就需要从小对他们进行人格塑造，在大是大非问题上时刻保持清醒头脑。在学习方法上不迷路，可以提高学习效率；在思想认知上不迷路，可以养成良好的行为规范。

放到人生层面来看，人会迷路，多缘于迷思。南岳衡山上"磨镜台"的故事，或许可以给我们一点启发。有个小和尚成天在禅房里打坐念经，一个老和尚见状就成天在他房间外磨砖，吵得小和尚静不下心来。小和尚就问老和尚为何磨砖，老和尚反问："那你为何念经？"小和尚说他是为了成佛。老和尚说自己是为了把砖磨成镜子。小和尚讪道："砖怎么能磨成镜子呢？"老和尚又反问："天天念经就能成佛吗？"于是，据说这个小和尚顿悟了，他就是马祖道一禅师。而那个老和尚是小和尚的师父怀让禅师。

朱光潜谈读书时说过一句话："不知道'光'的所在，只是窜头乱撞，终难成功。"青春期的孩子大多会经历一个迷茫期，当他们在独自摸索时碰壁或陷于迷思的时候，家长们要像怀让禅师一样去"点化"他们，让他们知道自己的方位，进而清楚自己的方向。也就是说，家长要让孩子知道"光的所在"。

延伸阅读

迷路并不可怕，只要我们没有放弃寻找正确的方向，终究能够看到光亮，走上正途。人在旅途，周边环境无时无刻不在发生变化，要给自己一双慧眼，能够蒙风尘而不污其目，遇风暴仍辨灯塔之光。如此，则路可迷而心不迷。纵使道路泥泞前路漫漫，我心向阳如驰骏马，则旭光可见，胜利可得。

相信未来就是相信历史

《相信未来》是我国著名的朦胧诗人食指先生作于1968年的一首诗。该诗以深刻的思想、优美的意境、朗朗上口的诗风让人们懂得了在逆境中，怎样好好地生活，通过自我鼓励，来恪守自己对明天的承诺。该诗曾以手抄本的形式在社会上广为流传。

时光流转到半个多世纪后，杭州市萧山区江南初中校长、特级教师陈向红辗转找到食指先生的邮箱，给他发去该校师生朗诵《相信未来》的视频，有幸得到食指先生的回复。现辑录于下：

杭州萧山区江南初级中学的师生们：

今天我要在这里强调一点，这是我几十年经历中悟出的道理，相信未来，就是相信历史。小时候都憧憬未来，但是，我们当时的未来已成为现在的历史，请记住，未来是从历史中一步步走过来的。记得好像雷锋日记里写过，每个人每天都在写自己的历史。所以，同学们，不仅要有美好的愿望，而且立刻开始走好、走正每一步，在生活中磨炼，在艰苦面前经受考验，一步步成长起来，这才是真正的相信未来，热爱生命。

就热爱生命,我强调一下,在困难挫折和危险的时候,有可能夭折,一腔热血应珍重,切不可有躲避而选择轻生的念头,这就是热爱生命,也是我不凡经历中悟出的道理。

最后谢谢孩子们喜欢这首诗。

食指(郭路生)

2022年9月22日

在创作《相信未来》五十四年之后,诗人依然能收到热心读者的来信,这充分说明优秀的文学作品具有历久弥新的精神力量。因为相信未来,所以不畏将来。"相信未来"是食指先生用他坎坷的人生经历和生命体验发出的呐喊。这呐喊的声音穿越时空,直抵世道人心。如今我们重温《相信未来》,尤其是让青少年朗诵《相信未来》,并不仅仅是向文学经典致敬,更是从中汲取精神力量的需要,是时代之需、教育之需、青少年之需。

四年前,浙江省人民政府提出"以诗串文""以路串带",分别绘就浙东唐诗之路、大运河诗路、钱塘江诗路、瓯江山水诗路"四条诗路"。在四条诗路中,萧山是非常重要的一个驿站。萧山区江南初中发起"诗学校园"建设,其目的是为了呼应浙江诗路建设的大目标,创新学校教育品牌培育的新模式,营造爱读诗、读好诗、善读诗的良好氛围,从而达到"以诗育人"的目的。

一年来,江南初级中学在萧山区教育局、钱江新城管委会等上级主管部门的大力支持下,坚持线上线下双结合、全校覆盖无遗漏,引领区域诗学建设新风尚,通过书单指南、活动创新、平台推广等方式,多维度打造诗学校园品牌,助力浙江文化大省建设。

萧山是唐代状元诗人贺知章的故乡。萧山区教育局推行"诗学校园"建设,极具创新意义,而江南初中不忘初心,牢记使命,将诗学校园建设常态化、制度化,不但使广大师生深受其益,而且带动了周边地区的诗教活动的开展，提升了广大师生的"美好生活指数"，其志弥坚，善莫大焉。

萧山区江南初中不但"请"来了食指，还邀请《青春万岁》作者王蒙、北大教授谢冕为学校题词。同学们朗诵完"当灰烬的余烟叹息着贫困的悲哀／我依然固执地铺平失望的灰烬／用美丽的雪花写下：相信未来"，接着朗诵"所有的日子，所有的日子都来吧／让我编织你们，用青春的金线／和幸福的缨络，编织你们"——整座校园都洋溢在诗意的春天里。

王蒙先生的题词就六个字——"创造美好人生"，却囊括了教育的真谛。创造怎样的美好人生、怎样创造美好人生？这正是我们需要根植于孩子内心的精神种子，也是为人父母者和广大教育工作者需要在日常生活中"教会"孩子的地方。

延伸阅读

食指先生说"相信未来，就是相信历史"，我深以为然。未来不是虚无缥缈的，而是从历史中走来的。我们每个人都要坚持自己的道路自信和历史自信。孔子厄而作春秋，屈原放逐乃赋离骚，挫折往往是成功的指路明灯。一个人一定要学会永远为自己感到骄傲！人生没有白走的路，所有的经历都是财富。

后 记

一本书的问世需要有一种机缘。这本书有相当一部分内容是应《经济观察报》所约写的专栏文章，还有一部分发表于各地报刊，收入本书时对标题和内容做了修改。因此，首先要感谢"经观传媒"总裁王咏静老师及其同事的鼓励和鞭策。

我本来并不想出这样一本关于家庭教育的书，更不敢以"成功家长"自居。事实上，我同千千万万的家长一样，有过欣喜、快慰，也有过焦虑、困惑。因为曾经"卷"过，才真正明白"舒"的可贵。孩子要茁壮成长，家长就要带孩子一起逃离那些自觉和不自觉的"内卷"现场，进入"舒展"的境界。这些文章，并非我的"经验之谈"，而是人生感悟，是与家长的坦诚交流，是和孩子的平等对话。之所以取名为《不畏将来》，是因为"畏将来"是家长焦虑的根源所在。之所以不取名为《父亲的叮咛》或者《给家长的忠告》，是因为现在的孩子渴望平等交流，现在的家长都很睿智，无须我在此饶舌。因此，这不是一本只讲道理的书，而更多的是讲自己的亲身经历和感受。在一个家庭里，"爸爸有话说"的前提是，先听孩子说，孩子说完，再听妈妈说。孩子和妈妈都说了，最后爸爸举手说："我也有话说。"。

书中的这些文章，本来想收到一部杂文集中，大约有六十万字。

今年7月25日，我碰到了几位教育界的朋友，跟他们探讨出杂文集的构想，他们极力主张把其中与家庭教育相关的文章抠出来，单独出一本书。我是一个说干就干的人，第二天利用午休和晚饭后的时间，连续工作几个小时，就把文章整理出来了。我把书稿发给了人大附中的吴兆华老师，请她提提宝贵意见。吴老师是南开大学中文系的高才生，曾担任北京市高考语文作文阅卷老师，一直关心着小女的成长。吴兆华老师对书稿中的文章认真做了分类。假如这本书是一个婴儿，那么吴兆华老师是名副其实的"催生婆"。教育观察家、美学博士吴志翔先生利用在国家教育行政学院脱产学习的课余时间，认真阅读书稿，并提出了许多修改意见。资深教育出版人金晓光先生研读了书稿并贡献了智慧。衷心感谢他们的友情支持！

这本书的执笔者是我——曾经的"海淀家长""陪读家长"，但给予我支持和鼓励的家人——尤其是我的爱人和女儿，也是本书广义上的"作者"。希望这本集子能够给您带去些许有用的信息或者启示，是我们共同的心愿。

家庭是社会的细胞，孩子的教育问题是每一个家庭的头等大事。中华民族的伟大复兴，寄希望于一代又一代人的接续奋斗。孩子每一天都在长大，终将飞离父母身旁，去开创属于自己的精彩人生。希望每一位家长都能珍惜与孩子在一起的幸福时光。

吴重生
2023年9月20日于北京

图书在版编目（CIP）数据

不畏将来 / 吴重生著 . —北京：作家出版社，2024.4
ISBN 978-7-5212-2770-3

Ⅰ.①不… Ⅱ.①吴… Ⅲ.①家庭教育 Ⅳ.① G782

中国国家版本馆 CIP 数据核字（2024）第 062089 号

不畏将来

作　　　者	吴重生
责任编辑	张　平
装帧设计	林智广告
出版发行	作家出版社有限公司
社　　　址	北京农展馆南里 10 号　　邮　编：100125
电话传真	86-10-65067186（发行中心及邮购部）
	86-10-65004079（总编室）
E-mail	zuojia@zuojia.net.cn
http	//www.zuojiachubanshe.com
印　　　刷	唐山嘉德印刷有限公司
成品尺寸	152×230
字　　　数	294 千
印　　　张	22
版　　　次	2024 年 4 月第 1 版
印　　　次	2024 年 4 月第 1 次印刷
ISBN	978-7-5212-2770-3
定　　　价	68.00 元

作家版图书，版权所有，侵权必究。
作家版图书，印装错误可随时退换。